Strengthening Deep Neural Networks

안전한 인공지능 시스템을 위한
심층 신경망 강화

| 표지 설명 |

이 책 표지의 동물은 '슬림 이솝' 누디브란크스(페이스리나 오리큘라타Facelina auriculata)며, 주로 유럽 북서부 남쪽 해안을 따라 지중해까지 살고 있습니다.

누디브란크스의 뜻은 '알몸 아가미'입니다. 누디브란크스는 전 세계 바다에 서식하며, 작고 부드러운 몸매의 연체동물입니다. 작은 크기에도 불구하고 형형색색의 화려한 외관으로 유명합니다. '바다 달팽이'라고도 불리는 이 생물은 달팽이, 조개, 문어 등의 연체동물에 속하며, 성장 초기에 껍질을 벗겨 냅니다. 대부분은 암초와 해저 사이를 가로질러 사냥합니다. 바다 아네모네, 하이드로이드 등 작은 생물을 찾아 '라들라'라는 기관(이빨을 가진)를 사용하여 음식을 섭취합니다.

몸길이는 최대 3.8cm 정도까지 성장하며 코 위에 있는 기관을 이용해 냄새와 맛에 따라 먹이를 찾습니다. 누디브란크스는 자웅 동체입니다. 짝짓기는 동물 사이의 물질 교환을 수반합니다. 알은 리본 모양을 가진 보관함에 넣습니다.

누디브란크스의 시선을 사로 잡는 착색은 보호색으로 여겨집니다. 이 유형의 채색은 포식자에게 이 동물이 유독하거나 맛이 좋지 않다고 경고합니다. 또한 피부는 부분적으로 반투명하기 때문에 먹이의 색조를 띠게됩니다.

오라일리 표지에 실린 대대수의 동물은 멸종 위험에 처해 있습니다. 모두가 세상에 중요입니다.

헨리 아담스와 아서 아담스의 『The Genera of Recent Mollusca』(Books on Demand, 1858) 속의 선 그리기를 기반으로 한 카렌 몽고메리의 그림입니다.

안전한 인공지능 시스템을 위한 심층 신경망 강화

적대적 공격에 속지 않는 심층 신경망 만들기

초판 1쇄 발행 2020년 12월 1일

지은이 케이티 워 / **옮긴이** 김영하 / **펴낸이** 김태현
펴낸곳 한빛미디어(주) / **주소** 서울시 서대문구 연희로2길 62 한빛미디어(주) IT출판부
전화 02-325-5544 / **팩스** 02-336-7124
등록 1999년 6월 24일 제25100-2017-000058호 / **ISBN** 979-11-6224-353-4 93000

총괄 전정아 / **책임편집** 서현 / **기획** 서현 / **교정** 김묘선
디자인 표지 최연희 내지 김연정 전산편집 김민정
영업 김형진, 김진불, 조유미 / **마케팅** 박상용, 송경석, 조수현, 이행은, 고광일 / **제작** 박성우, 김정우

이 책에 대한 의견이나 오탈자 및 잘못된 내용에 대한 수정 정보는 한빛미디어(주)의 홈페이지나 아래 이메일로 알려주십시오. 잘못된 책은 구입하신 서점에서 교환해드립니다. 책값은 뒤표지에 표시되어 있습니다.

한빛미디어 홈페이지 www.hanbit.co.kr / 이메일 ask@hanbit.co.kr

지금 하지 않으면 할 수 없는 일이 있습니다.
책으로 펴내고 싶은 아이디어나 원고를 메일(writer@hanbit.co.kr)로 보내주세요.
한빛미디어(주)는 여러분의 소중한 경험과 지식을 기다리고 있습니다.

Strengthening Deep Neural Networks

안전한 인공지능 시스템을 위한
심층 신경망 강화

O'REILLY® **HB** 한빛미디어
Hanbit Media, Inc.

지은이·옮긴이 소개

지은이 케이티 워 Katy Warr

컴퓨터 성능과 데이터가 부족해 딥러닝 이론을 구현하지 못하고 있던 시절에 에든버러 대학교에서 인공지능과 컴퓨터공학 학위를 받았습니다. 오랫동안 엔터프라이즈 소프트웨어를 개발했으며, 최근에는 인공지능 전문가로 활동하고 있습니다. 일상생활에 깊숙이 스며든 인공지능과 함께 삶의 즐거움을 누리고 있습니다.

옮긴이 김영하 fermat39@gmail.com

새로운 기술에 관심이 많은 개발자이자 번역가. 삼성SDS, 미래에셋증권, GS홈쇼핑 등 기업에서 다양한 프로젝트에 참여해 실무 경력을 쌓았습니다. 현재는 디플러스에서 데이터 분석 연구원이며, 주로 인공지능과 데이터 분석 분야 강사로 활동합니다. 또한 새 기술과 최신 정보를 공유하고자 『Do it! 데이터 분석을 위한 판다스 입문』(이지스퍼블리싱, 2018), 『파이썬 웹 스크래핑』(2017), 『Splunk 앱 제작과 대시보드 개발』(2016 이상 에이콘출판사), 『뷰티플 자바스크립트』(2016), 『누구나 쉽게 배우는 스몰베이직』(2016, 이상 비제이퍼블릭) 등을 출간해 번역가로도 활동합니다.

들어가며

인공지능은 우리 생활에 널리 퍼져 이미 삶의 현장 곳곳에 들어와 있습니다. 머신은 매일 복잡한 데이터를 처리합니다. 즉 감시 시스템은 얼굴을 인식하고, 디지털 어시스턴트는 인간이 말하는 언어를 이해하며, 자율 주행차와 로봇은 무질서하고 제약이 없는 물리적 세계를 탐색합니다. 인공지능이 이미지, 오디오, 텍스트 데이터를 처리하는 능력은 인간의 능력에 버금가며 처리 속도와 정확성 측면에서는 이미 인간의 능력을 능가합니다.

인공지능의 발전이 반갑지만, 대부분의 인공지능 시스템에서 사용하는 심층 신경망DNN은 최근 의도적인 입력(적대적 공격)으로 위험에 처했습니다. 미세하게 변경된 입력 데이터는 심층 신경망을 속일 수 있으며, 발각되지 않은 채 그대로 숨어있거나 설사 인간이 보더라도 무심히 지나칠 때가 많습니다. 예를 들어, 눈에 띄지 않을 정도로 작게 이미지에 변화를 주면 심층 신경망이 이미지 콘텐츠를 잘못 해석할 수 있습니다. 인공지능 시스템이 대개 외부 소스(예: 음성 인식 장치 또는 소셜 미디어 업로드)에서 입력을 수집하므로 적대적 입력에 속는 이 기능은 종종 새롭고 흥미로운 보안 위협에 빌미를 제공합니다. 이 책은 이러한 위협과 심층 신경망을 설명하고, 인공지능이 공격에 대응할 수 있도록 인공지능의 복원력을 강화하는 방법을 알려줍니다.

또한 인공지능이 이미지, 오디오, 비디오 데이터를 처리하기 위해 우리 일상생활에서 악용되는 실제 상황을 고려해 그곳에서 야기되는 적대적 입력의 동기, 실현 가능성, 위험성을 알아봅니다. 이 주제를 알기 쉽게 직관적으로 설명하는 동시에 수학적으로 조리 있게 설명하고, 인공지능 시스템을 적대적 입력에 맞서 어떻게 더 견고하게 만들 수 있는지 살펴봅니다.

인공지능을 속이는 방법을 이해하면 종종 베일에 싸인 듯 불투명해 보이던 심층 신경망 알고리즘, 그리고 이러한 알고리즘과 인간의 뇌가 감각 입력을 처리하는 방법상의 차이를 명확하게 알게 됩니다. 이 책은 이러한 차이와 어떻게 하면 이 둘 간의 격차를 좁혀 미래에 인공 학습이 생물학적 학습에 더 가까이 다가갈 수 있는지 그 방법을 탐색합니다.

누구를 위한 책인가

- 심층 신경망을 개발하는 데이터 과학자. 적대적 입력에 맞서 심층 신경망을 더 견고하게 만드는 방법을 잘 이해하게 됩니다.
- 신뢰할 수 없는 소스에서 이미지, 오디오, 비디오 데이터를 가져오는 운영 파이프라인에 딥러닝을 통합하는 솔루션 및 보안 설계자. 조직의 정보 보증과 잠재적 위험 완화 전략에 미치는 적대적 입력의 위험을 이해하게 됩니다.
- 인공 인식과 생물학적 인식의 차이가 궁금한 독자. 인간의 인식을 모방한 듯 보이는 심층 신경망이 잘못된 결과를 도출하는 이유를 딥러닝 개념과 함께 알게 됩니다. 또한 인공지능이 우리 사회 어디에서 어떻게 사용되고 있는지 알게 되며 인공 학습이 생물학적 지능을 앞으로 어떻게 모방해 발전할 수 있을지 통찰하게 됩니다.

일부 독자들이 관심을 둘 만한 깊이 있는 내용도 다루면서, 종사하고 있는 분야와 갖추고 있는 지식에 상관없이 모든 사람들이 이해할 수 있게 책을 썼습니다. 인공지능, 오디오, 이미지에 대한 인간의 인식, 정보 보안 등의 내용을 다룹니다. 대단히 흥미로우며 급변하고 있는 이 분야를 바라보는 관점상의 차이를 포착하기 위해 의도적으로 여러 학문을 아울렀습니다.

심층 신경망을 잘 알아야 이 책을 읽을 수 있는 것은 아닙니다. 3장에서는 독자의 이해를 돕기 위해 심층 신경망의 기본 개념을 상세히 설명합니다. 딥러닝을 잘 안다면 3장을 건너뛰어도 무방합니다.

수학을 잘 몰라도 이해할 수 있게 설명했습니다. 딥러닝, 적대적 입력을 계산하는 수식에 대해 더 알고자 하는 분들을 위해 수학적 배경도 설명했습니다. 고등 수학을 잊었거나 재교육이 필요하다면 부록을 참고하세요.

또한 예제 코드로 배운 내용을 직접 실행해볼 수도 있습니다. 예제 코드는 주피터 노트북을 사용해 파이썬으로 작성했습니다. 책에서는 중요한 코드를 설명하며 이외의 모든 코드는 깃허브에 수록되었습니다. 코드를 실행하는 방법과 자세한 내용 또한 깃허브에 들어있습니다.

이 책에서는 머신러닝이라는 광범위한 주제를 둘러싼 보안을 다루지 않습니다. 이미지나 오디오 데이터를 처리하는 심층 신경망 기술과 인간의 눈에 띄지 않고 신경망을 속일 방법에 초점을 맞춥니다.

책의 구성

이 책은 총 4개 부, 11개 장으로 구성되었습니다.

1부 인공지능을 속이는 기술: 적대적 입력과 공격 동기를 소개하고 이미지와 오디오 데이터 처리를 위한 딥러닝의 기본 개념을 설명합니다.

- **1장** 적대적 인공지능과 딥러닝이라는 광범위한 주제를 소개합니다.
- **2장** 적대적 이미지, 오디오, 비디오의 생성 뒤에 숨겨진 잠재적 동기를 살펴봅니다.
- **3장** 딥러닝 개념을 설명합니다.
- **4장** 이미지, 오디오, 비디오 처리에 사용하는 심층 신경망을 수준 높게 개괄하여 이후 내용을 이해할 수 있는 기반을 마련합니다.

2부 적대적 입력 생성하기: 적대적 입력과 적대적 입력을 생성하는 방법을 구체적으로 설명합니다.

- **5장** 적대적 입력을 뒷받침하는 개념을 설명합니다.
- **6장** 적대적 입력을 생성하는 계산법을 추가해 더 자세히 설명합니다.

3부 실제 위험 이해하기: 2부에서 설명한 방법을 기반으로 공격자가 실제 세계에서 사용하는 공격 방법과 이때 마주하는 어려움을 알아봅니다.

- **7장** 2부에서 정의한 방법을 기반으로 실제 시스템에 사용할 때 실제 공격과 적대적 공격이 직면하는 과제를 설명합니다.
- **8장** 물리적 세계에서 개발되고 만들어진 적대적 물체나 적대적 소리의 구체적인 위협을 탐구합니다.

4부 방어: 3부의 내용을 기반으로 적대적 입력을 방어하는 방법을 알아봅니다.

- **9장** 신경망의 견고성을 평가하는 두 가지 방법, 즉 경험적 평가와 이론적 평가를 설명합니다.
- **10장** 적대적 입력에 대비해 심층 신경망 알고리즘을 강화하는 방법 중 가장 최근에 알려진 자료를 살펴봅니다. 그다음 종합적 관점에서 신경망 기술에 도입할 수 있는 방어 조치를 고려한다.
- **11장** 미래 동향과 심층 신경망이 향후에 어떻게 진화할지 내다봅니다.

CONTENTS

PART 1 인공지능을 속이는 기술

CHAPTER 1 소개

CHAPTER 2 공격 동기

CONTENTS

CONTENTS

CHAPTER 11 미래 동향: 속지 않는 견고한 인공지능

인공지능을 속이는 기술

1부에서는 심층 신경망(DNN)을 소개하고 '적대적 입력'이 인공지능을 어떻게 속이고 왜 속이는지를 살펴봅니다.

1장에서는 적대적 입력의 개념과 역사를 간략하게 알아봅니다. 심층 신경망에 대한 통찰력을 제공하는 주목할 만한 연구를 기반으로 심층 신경망이 어떻게 속는지 살펴보겠습니다. 이어서 2장에서는 소셜 미디어, 음성 제어 장치, 자율 주행차와 같은 시스템의 인공지능을 속이려는 동기를 알아보고, 적대적 입력의 잠재적 영향을 학습합니다.

1부의 후반부에서는 심층 신경망을 잘 모르거나 다시 정리하려는 독자를 위해 이미지, 오디오, 비디오 데이터를 다루는 심층 신경망을 소개합니다. 또 이 책을 읽을 때 알아야 할 기초 개념을 설명합니다. 3장에서는 머신러닝과 딥러닝의 기본 원리를 설명합니다. 4장에서는 이 기본 원리를 확장하고 적용해서 이미지, 오디오, 비디오 데이터를 이해하는 일반적인 방법을 설명합니다. 3장과 4장에서는 적대적 입력을 만들고 방어하는 방법을 배우고 뒷부분에서 다시 살펴볼 예제 코드를 제공합니다.

1부를 마치면 적대적 사례와 적대적 사례의 생성 동기, 공격 위험에 처한 시스템을 이해하게 됩니다. 이후 2부에서는 이미지와 오디오 데이터를 처리하는 심층 신경망을 속이는 적대적 입력을 어떻게 생성하는지 알아봅니다.

Part I

인공지능을 속이는 기술

CHAPTER 1

소개

이 책에서는 주로 인공지능의 다양한 측면을 뒷받침하는 딥러닝 알고리즘인 심층 신경망^{Deep} Neural Network(DNN)을 다룹니다. 인공지능은 인간의 지능을 모방해 이미지, 오디오, 언어 처리 등을 해석하고 이를 바탕으로 지능형 기계를 만드는 광범위한 분야입니다. 예측할 수 없는 물리적 및 디지털 환경을 학습하고 추상적 아이디어와 개념에서 추론하는 상호작용을 합니다. 인공지능을 구현하기 위해 광범위한 머신러닝 및 전통적인 프로그래밍 알고리즘과 같은 방법도 활용하지만, 인간의 능력을 모방하는 딥러닝 기능인 심층 신경망이 인공지능 분야의 중심이 되고 있습니다. 심층 신경망은 이미지 처리, 음성 인식, 텍스트 이해와 같은 작업에서 인간의 능력을 모방할 수 있으며 때로는 능가합니다. 이 책은 심층 신경망이 얼마나 정확하고 빠른지를 이야기하지 않습니다. 신경망을 속이는 방법과 그러한 속임수에 대비해 우리가 무엇을 준비해야 하는지, 무엇을 할 수 있는지를 배웁니다.

1장에서는 심층 신경망을 간략하게 소개하고 애초에 우리가 기대하던 답을 항상 얻지는 못할 수도 있음을 말합니다. 또한 인공지능이 널리 보급되고 있는 사회에서 적대적 입력과 적대적 입력이 함축하고 있는 잠재적 의미를 설명합니다.

1.1 딥러닝 소개

심층 신경망은 일종의 머신러닝 알고리즘입니다. 머신러닝 알고리즘은 기존의 소프트웨어 프로그램과 같이 프로그래밍 단계에서 명시적으로 동작을 제어하거나 규칙을 정하지 않고, 훈련 데이터로 할 일을 학습합니다. 학습한 알고리즘은 또 다른 새로운 알고리즘을 생성하는 데 사용하는 훈련 데이터의 특성 모델을 제공하기 때문에 '모델'이라고 부릅니다.

심층 신경망은 인공 신경망Artificial Neural Network(ANN)이라는 광범위한 알고리즘의 하나입니다. 인공 신경망의 역사는 1940년대와 1950년대로 거슬러 올라갑니다. 이 시기에 연구원들은 처음으로 인간 과학과 학습이 신경 과학에 기반한 알고리즘을 통해 인공적으로 시뮬레이션될 수 있다고 추측했습니다. 이러한 사상적 배경에서 인공 신경망은 때때로 뉴런 및 이들을 연결하는 축색 돌기와 시냅스와 같은 신경 생물학적 구성체 측면에서 고차원적으로 설명됩니다.

인공 신경망은 계층화 구조로 돼 있습니다. 인공 '시냅스'를 연결해 다음 계층으로 전달하고 활성화하는 인공 '뉴런'의 첫 번째 계층으로 데이터를 수집합니다. 이 과정은 최종 뉴런 계층이 결과를 생성할 때까지 계속됩니다. [그림 1-1]은 더글러스 애덤스Douglas Adams의 『은하수를 여행하는 히치하이커를 위한 안내서The Hitchhiker's Guide to the Galaxy』(책세상, 2005)에서 컴퓨터 '깊은 생각 Deep Thought'이 수행한 고급 인공 신경망을 극도로 단순화한 것입니다. '깊은 생각'에 데이터를 입력하면 답으로 삶의 의미를 산출합니다.[1]

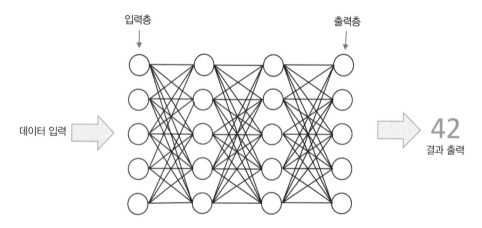

그림 1-1 삶의 의미를 정립하는 컴퓨터 '깊은 생각'의 심층 신경망

---

1 심층 신경망이 작업을 수행하는 데 필요한 입력 데이터의 종류를 결정하는 일은 독자의 몫으로 남겨둡니다.

심층 신경망은 시냅스와 뉴런이 작용하는 상황과 그 범위에서 사례를 보고 행동을 학습합니다. 사례는 훈련 데이터 형식으로 제공하며 모델이 원하는 방식으로 결과를 낼 때까지 신경망을 조정합니다. 간단한 인공 신경망과 달리 심층 신경망 모델은 데이터를 입력하는 입력층과 데이터를 출력하는 출력층 사이에 여러 개의 뉴런층을 포함하기 때문에 심층 신경망을 만들기 위한 훈련 단계는 '딥러닝'으로 분류합니다. 심층 신경망은 데이터나 문제가 단순한 인공 신경망이나 전통적인 머신러닝 접근법에 비해 매우 복잡한 경우에 사용합니다.

심층 신경망 모델은 다른 머신러닝 알고리즘처럼 단순한 '수학 함수'로 나타낼 수 있습니다. 이 것은 정말 중요한 포인트입니다. 연결된 뉴런으로 묘사하면 개념을 더 쉽게 이해할 수 있지만, 신경망을 구현하는 소프트웨어에서는 뉴런이나 시냅스를 참조해 볼 수 없습니다.

심층 신경망을 뒷받침하는 수학은 특히 강력해서 모델이 '모든' 수학 함수에 근접할 수 있습니다. 따라서 심층 신경망은 충분한 데이터와 계산 능력을 갖추고 훈련하며, 복잡한 입력 데이터 셋을 필요한 출력에 매핑하는 방법을 배울 수 있습니다. 딥러닝은 비정형 데이터 또는 주요 특성을 식별하기 어려운 데이터를 이해하는 데 특히 유용합니다. 심층 신경망 모델은 이미지 처리, 번역, 언어 이해, 날씨 예측, 금융 시장 동향 예측에 효과적입니다. 놀랍게도 심층 신경망은 훈련을 통해 인간의 창의성을 흉내 낸 것처럼 사실적인 이미지나 텍스트와 같은 데이터를 '생성'할 수도 있습니다. 심층 신경망의 발전 덕분에 복잡한 계산 작업을 쉽게 처리할 수 있게 되었으며, 이러한 신경망은 우리 사회의 많은 영역에 널리 보급되고 있습니다.

1.2 딥러닝 역사

금세기 초에 딥러닝과 신경망은 전문 연구원들만 이용하는 세계였습니다. 심층 신경망은 이론적이었고 구현하기가 어려웠습니다. 심층 신경망 기술을 실제로 구현할 때 관건은 모델을 훈련시키는 과정입니다. 즉, 실제 알고리즘이 올바르게 작동하도록 훈련시키려면 막대한 양의 훈련 데이터와 계산 비용이 필요하고 훈련 데이터에는 '라벨'이 있어야 합니다. 또한 각 훈련 예제에는 정답을 사용할 수 있어야 합니다. 예를 들어 이미지를 훈련시킬 데이터셋에는 이미지의 내용과 해당 내용이 있는 위치를 표시하는 데이터가 있어야 합니다.

머신러닝 모델을 훈련시키는 방법

머신러닝 모델 훈련에는 다양한 방법이 있습니다. 아래에 소개한 방법의 자세한 내용과 머신러닝 예제에 적용하는 방법은 3장을 참조합니다.

지도 학습

머신러닝 모델은 라벨이 지정된 데이터셋을 사용해 훈련합니다. 입력된 데이터를 기반으로 예상 답변을 만듭니다.

비지도 학습

라벨이 없는 데이터셋에서 패턴을 발견하고 머신러닝 모델을 훈련시킵니다. 이 알고리즘은 훈련 중에 '답변'을 표시하지 않고 데이터에 패턴을 설정합니다.

반지도 학습

라벨이 부분적으로 지정된 훈련 데이터를 이용하는 학습 방법입니다.

강화 학습

모델 스스로 더 높은 점수를 얻기 위해 시스템을 지속적으로 테스트하며 새로운 모델을 만듭니다. 강화 학습은 훈련 데이터셋을 사용하지 않지만 주어진 '환경'과의 상호작용을 통해 학습합니다.

심층 신경망을 훈련시켜 비전 인식과 같은 복잡한 작업을 처리하려면 보통 수만 또는 수백만 건의 훈련 데이터가 필요합니다. 각 데이터에는 라벨이 올바르게 지정되어야 합니다. 머신러닝 애호가들은 필요한 만큼 충분한 양의 데이터를 라벨링하는 일이 엄청나게 많은 비용과 노동을 요구한다는 사실을 일찍이 깨달았습니다. 그러나 현대는 인터넷의 성장으로 무한한 훈련 데이터를 얻을 수 있게 되었습니다. 구글이나 페이스북과 같은 인터넷 거대 기업은 언어 번역과 같은 비즈니스 용 모델을 훈련시키기 위해 방대한 양의 데이터를 활용하기 시작했습니다. 한편 연구원들은 훈련 데이터셋에 라벨을 붙이기 위해 크라우드소싱 프로젝트를 시작했습니다. 이 획기적인 대표 사례가 컴퓨터 비전을 위한 심층 신경망 기술 개발의 핵심 요소인 이미지넷입니다.

TIP_ 이미지넷

이미지넷ImageNet은 머신 비전 분야를 발전시키기 위해 생성한 이미지에 대한 링크 데이터베이스입니다. 1,400만 개 남짓한 이미지에는 링크가 달려 있으며 각 이미지에는 내용에 따라 하나 이상의 범주가 할당됩니다. 데이터베이스는 다양한 수준의 일반화(예: '개' 또는 '래브라도'와 같은 구체적인 품종)를 사용할 수 있도록 계층 구조로 구성됩니다. 이미지넷 프로젝트는 크라우드소싱을 활용해 각 이미지에 적절한 라벨을 직접 적었습니다.

이 프로젝트는 2010년부터 매년 시각적인 물체 인식 소프트웨어 영역에 대한 연구를 진행하기 위해 연례적으로 이미지넷 대규모 시각 인식 대회ImageNet Large Scale Visual Recognition Challenge(ILSVRC)를 개최합니다.

하드웨어 기술도 발전하고 있습니다. 특히 컴퓨터 그래픽과 이미지 처리(특히 게임용)를 위해 개발된 GPUGraphics Processing Unit는 심층 신경망 학습에 필요한 복잡한 매트릭스를 처리하는 속도에 도달했습니다. 이로 인해 2010년 무렵부터 심층 신경망 개발이 가능했으며, 곧이어 인공지능 영역에서 인간의 능력과 동등한 수준의 시각적 인식과 음성 번역이 가능한 정확성과 속도에 도달했습니다.

1.3 인공지능의 '착시 현상'

심층 신경망의 정확성과 진보를 자축하며 들떠 있던 2013년, 세게디와 그의 연구원들은 다음 해 국제 학습 표현 회의(ICLR)에서 「신경망의 흥미로운 속성」이라는 논문을 발표해[2] 딥러닝 알고리즘이 잘못된 결과를 내놓을 수 있다는 사실을 폭로했습니다.

이들이 연구하던 알고리즘은 이미지 분류를 위한 심층 신경망이었습니다. 이들은 이미지를 입력으로 가져와서 가장 널리 사용되는 내용으로 분류합니다. 예를 들어, 책상이 그려진 이미지를 '책상'으로 분류하는 것입니다. 이러한 신경망은 이미지 분류에서 최첨단 기술로 널리 인식되었지만, 인간이 인식하지 못하는 작은 픽셀을 의도적으로 변화시키면 이미지 분류 과정에서 놀라운 실수를 저질렀습니다. 사람은 이미지 변화를 알아차리지 못했지만 신경망은 작은 변화로 인해 분류에 중대한 오류를 일으킨 것입니다.

---

2 「Intriguing Properties of Neural Networks」(Christian Szegedy et al., 2014), http://bit.ly/2X2nu9c.

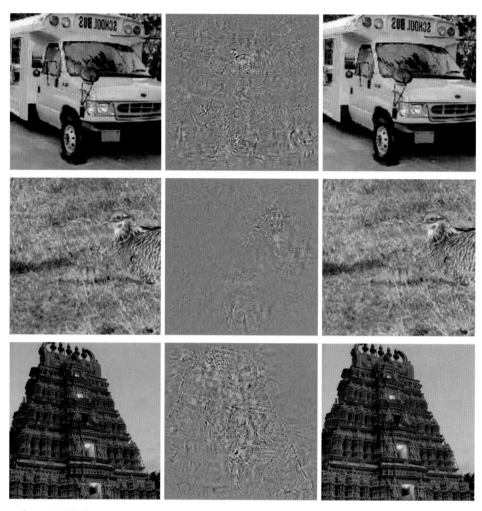

그림 1-2 미묘한 섭동으로 인해 오분류된 이미지(세게디, 2014)

[그림 1-2]는 논문에서 제시한 오분류된 이미지를 세 가지 보여줍니다. 왼쪽 열 이미지는 심층 신경망 알고리즘으로 올바르게 분류한 원본 이미지입니다. 가운데 열 이미지는 원본 이미지를 위해 특별히 제작된 적대적 섭동입니다. 이 이미지의 각 픽셀 변화에 분수를 곱해 섭동을 줄입니다. 눈에 보이지 않는 섭동을 원본 이미지에 추가해 오른쪽 이미지를 생성합니다. 오른쪽 열 이미지는 모두 원본 이미지와 동일해 보이지만, 모든 알고리즘이 이 이미지를 '타조'로 잘못 분류했습니다.

이 결과는 인공지능 분야에 종사하는 사람들뿐만 아니라 머신러닝에 대한 배경 지식이 없는 사람들에게도 흥미로웠습니다. 더 나아가, 심층 신경망을 쉽게 속일 수 있다는 사실은 언론의 관심을 끌었습니다. 일부 기사에서는 이 현상을 인공지능의 '착시 현상'으로 설명했습니다.

우리는 신경망이 신경 과학에서 영감을 받아 인간의 지능을 효과적으로 모방한 것처럼 보였기 때문에 인간처럼 인식한다고 생각했습니다. 애초에 심층 신경망은 뇌의 시냅스와 뉴런에서 착안해 이들을 단순화한 개념이므로 심층 신경망이 뇌의 시각 피질과 유사한 방식으로 이미지를 해석한다고 가정하는 것은 문제가 되지 않았습니다. 그러나 이것은 사실이 아닙니다. 사람은 이미지를 분류하는 데 사용하는 추상 기능을 명확하게 추출해내지는 않지만 서로 다른 규칙을 사용합니다. 신경망 기술을 연구하는 사람들은 알고리즘이 어떻게 속일 수 있는지를 이해함으로써 알고리즘 자체에 대한 통찰력을 얻게 되었습니다.

세게디가 논문에서 밝힌 것처럼 심층 신경망이 속임수에 취약하다는 점은 음성이나 텍스트에서도 증명되었는데, 이는 이미지 데이터를 처리하는 심층 신경망에만 국한되지 않고 더 광범위하게 적용될 수 있음을 나타냅니다. 갈수록 심층 신경망에 대한 의존도가 커지고 있는 세계에서 이 발표는 빅뉴스가 되었습니다.

1.4 '적대적 입력'이란 무엇인가

이미지 처리 분야에서 말하는 '적대적 입력'의 개념은 인공지능에서 발생하는 착시 현상을 말합니다. 고양이 사진에 있는 픽셀을 일부 변형하면 인공지능은 '고양이 사진'을 '개'로 분류합니다. '개'라고 인식할 수 있는 변화를 넣어줌으로써 적대적 이미지를 생성하는 것입니다. 도로 표지판을 예로 들면 적대적 입력은 낙서로 보일 수도 있지만 자율 주행차가 표지판을 잘못 해석하도록 하는 표시가 될 수도 있습니다. 더 나아가 오디오로 확장해보면 음성 인식 시스템이 잘못 해석하도록 음성 내에 사람에게는 들리지 않는 적대적 명령을 포함할 수도 있습니다. 이 모든 시나리오는 심층 신경망 모델이 있기에 가능한 것입니다.

세게디가 처음 사용한 '적대적'이라는 용어는 앞의 [그림 1-2]와 같은 예를 설명합니다. 이 용어는 적대적 입력이 실제로 신경망을 속이는 데 성공했는지 여부에 관계없이 모델이 잘못된 결과를 반환하도록 입력을 의도적으로 정의한다는 의미를 내포합니다. 그러나 일반적으로는 더 좁은 의미에서 신경망 혼동을 목표로 하는 입력을 뜻합니다. 이 책에서 말하는 '적대적 입력'과

'적대적 사례'라는 용어는 신경망을 '성공적으로' 속여서 인간이 부정확하다고 생각하는 예측을 생성하는 입력을 의미합니다. 따라서 이 책의 맥락에서 비적대적 입력이란 적대적 의도로 개발되었더라도 신경망을 속이지 못하는 데이터를 의미합니다.

> **TIP_ 적대적 입력으로서의 악성 코드**
>
> 소프트웨어 고유의 복잡성과 끊임없이 진화하는 멀웨어 특성으로 인해 위협을 나타낼 수 있는 소프트웨어의 특징을 명확하게 표현할 수 없으므로 멀웨어 검출에 신경망을 적용하는 일에 관심이 커지고 있습니다.
> 적대적 입력이라는 용어는 멀웨어 방지 소프트웨어가 머신러닝으로 구현할 때 멀웨어를 정의하는 데 사용하기도 합니다. 머신러닝 모델이 잘못된 '양성' 결과를 반환하도록 멀웨어가 입력되기 때문에 이는 논리적 정의입니다.

이 책은 시각과 청각의 디지털 정보를 처리하는 심층 신경망 모델에 중점을 둡니다. 물론 우리의 생물학적 뇌가 손쉽게 처리할 수 있는 디지털 데이터입니다. 이미지 데이터는 '연속적인' 값을 가진 픽셀이며, 오디오 또한 '연속된' 값의 주파수입니다. 반면에 텍스트와 같은 복잡한 데이터는 '이산적'이며 정량화 가능한 값으로 구성되지 않습니다. 불연속 영역에서는 '작은' 변화를 정량화하기 어렵기 때문에 탐지되지 않는 적대적 사례를 만드는 것이 더 어려울 수 있습니다. 예를 들어, 텍스트에서 한 단어의 철자 하나를 살짝 바꾼 경우 오자로 여겨 눈감아줄 수도 있지만, 그로 인해 결과적으로 의미가 크게 달라진다면 명백하게 변경된 셈입니다.

이미지나 오디오 데이터를 처리하는 인공지능 시스템과 사람이 '잘못된' 결과를 인식하는 방식은 크게 다르지 않습니다. 그러므로 적대적 사례가 생물학적 지능을 속이는 일 또한 가능합니다. 그렇다면 이런 질문이 생깁니다. 우리는 인공지능이 세상과 같은 방식으로 세상을 해석하기를 원할까요? 대부분의 경우, 우리는 인공지능이 인간의 인식 실패까지 따라 할 정도로 인간의 사고를 모방하기를 원하지 않습니다. 이 책에서 논의하는 대부분의 적대적 사례는 인간의 뇌, 즉 생물학적 신경망을 속이지 않을 것입니다. 이 사례들은 흥미로운 위협 모델을 소개하고 인공지능과 인간 지능의 차이를 강조합니다.

어떤 머신러닝 알고리즘이든 적대적 입력에 노출될 잠재적 위험이 있지만 심층 신경망은 데이터에서 학습할 가치가 있는 특성을 설정하는 어려운 과업을 월등하게 해내기 때문에 훨씬 더 민감할 수 있습니다. 데이터는 심층 신경망 알고리즘에서 중요합니다. 알고리즘이 의사 결정에서 사용하는 데이터를 우리가 이해하지 못한다면 알고리즘의 견고성을 보장하기 위해 좋은 테스트를 구축하려는 시도가 무슨 희망이 있을까요? 적대적 입력은 딥러닝 모델이 극소수의 훈련 예제를 기반으로 수백만 개의 가능한 입력 변형을 처리한다는 전형적인 사실을 이용합니다.[3] 학습한 모델은 복잡성을 처리할 수 있을 만큼 유연한 동시에 이전에 보이지 않았던 데이터에도 다분히 일반화되어야 합니다. 결과적으로 대부분의 가능한 입력에 대한 심층 신경망의 동작은 평가되지 않은 상태로 남으며, 때로는 예상치 못한 결과를 낳을 수 있습니다.

이것이 세게디가 설명한 섭동 공격입니다. 그러나 심층 신경망을 속이는 또 다른 방법이 있습니다. 이어서 다양한 범주의 접근법과 적대적 입력 영역에서 사용되는 주요 용어를 소개하겠습니다.

1.4.1 적대적 섭동

[그림 1-2]는 원본 이미지를 정교하게 계산한 후 각 픽셀을 조금씩 변경해 생성한 적대적 이미지입니다. 이것을 '섭동 공격'이라고 부릅니다. 또 다른 방법은 몇 개의 픽셀을 신중하게 선택하고 이들 픽셀에 더 큰 변화를 주는 것입니다. 변경할 픽셀 수나 픽셀당 변경의 정도가 다양할 수 있지만, 전반적인 효과는 인간의 눈에 띄지 않거나 눈감아줄 정도로 매우 작습니다. 섭동은 무작위로 나타날 수 있지만 실상은 결코 그렇지 않습니다. 즉 각 픽셀은 필요한 결과를 얻기 위해 정교하게 조작된 것입니다.

적대적 섭동을 단지 이미지에서만 생성할 수 있는 것은 아닙니다. 예를 들어 유사한 기술을 오디오에도 적용할 수 있습니다(그림 1-3 참조). 원리는 동일합니다. 심층 신경망이 처리할 때 혼동을 일으키도록 오디오에 작은 변화를 줍니다. 앞에서 살펴본 적대적 이미지는 '공간' 차원을 이용해 픽셀 변화를 유발하는 반면, 적대적 오디오는 '시간'에 걸쳐 분포된 오디오 주파수에 변화를 유발합니다. 예를 들어, 사람의 귀에 들리지 않는 음성 세그먼트 동안 음성 주파수에 미묘한 변화를 주어 음성-텍스트 모델이 음성으로 발화된 구문을 잘못 해석하게 할 수 있습니다.[4]

---

3 훈련 데이터셋은 일반적으로 수천 개의 예제를 포함하지만, 그조차도 가능한 입력의 소수에 불과할 뿐입니다.

4 「Audio Adversarial Examples: Targeted Attacks on Speech-to-Text」(Nicholas Carlini and David Wagner, 2018), http://bit.ly/2IFXT1W.

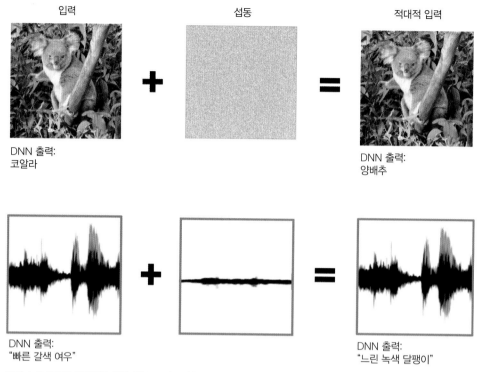

그림 1-3 이미지 분류기와 음성-텍스트 시스템을 속이는 적대적 섭동

1.4.2 부자연스러운 적대적 입력

2015년에 응우옌과 연구진은 「심층 신경망은 쉽게 속일 수 있습니다: 인식할 수 없는 이미지에 대한 높은 신뢰도 예측」이라는 논문을 발표했습니다.[5] 이 연구는 실제 내용의 사실이 중요하지 않을 때, 자연계에서 볼 수 있는 어떤 것도 닮지 않았음에도 적대적 이미지를 생성해 심층 신경망이 확신을 가지고 잘못된 분류를 하게 할 수 있음을 증명했습니다. [그림 1-4]는 논문에서 제시한 예입니다.

---

5 「Deep Neural Networks Are Easily Fooled: High Confidence Predictions for Unrecognizable Images」(A. Nguyen et al., 2015), http://bit.ly/2ZKc1wW.

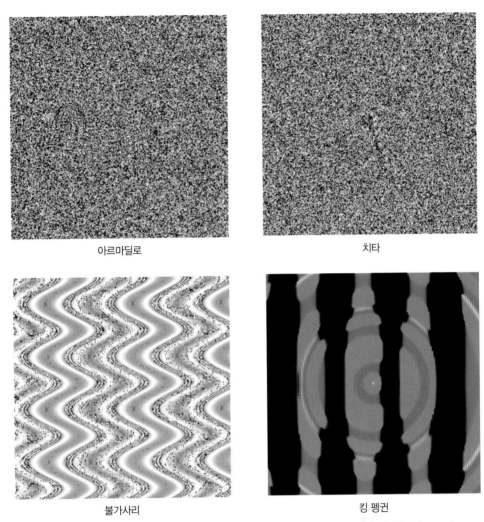

아르마딜로

치타

불가사리

킹 펭귄

그림 1-4 최첨단 심층 신경망의 분류를 통해 인간이 인식할 수 없는 디지털로 생성된 적대적 사례(응우옌, 2015)

[그림 1-4]는 심층 신경망이 인간은 인식할 수 없는 이미지 데이터로도 학습한다는 사실을 알려줍니다. 분명 이 네 개의 이미지가 사람을 속일 수는 없습니다. 그러나 무시해서는 안 됩니다. 이와 같은 사례는 이미지로 인해 시스템에 데이터가 범람해서 시스템이 서비스 거부를 유발하는 오탐false positive 결론을 내리도록 공격자에 의해 사용될 수 있습니다.

1.4.3 적대적 패치

적대적 사례를 만들기 위해 입력 여러 곳에 두루 변화를 주는 방법 외에 다른 접근법은 한 특정 영역에 초점을 맞추고, 기본적으로 심층 신경망의 주의를 '분산시켜' 데이터에 집중하지 못하게 하는 것입니다.

적대적 패치는 데이터에 추가되는 '스티커'로 정교하게 만들어집니다. 이 패치는 입력 데이터에 대한 심층 신경망의 주의를 분산시켜 잘못된 답변을 산출하게 합니다. 구글 연구원이 디지털로 생성한 적대적 패치를 [그림 1-5]에 나타냈습니다. 이 스티커는 심층 신경망의 관점에서 실제 세계에 존재하는 물체보다 특징이 더 두드러지도록 수학적으로 최적화되어서 확신을 가지고 오분류를 하게 만듭니다.

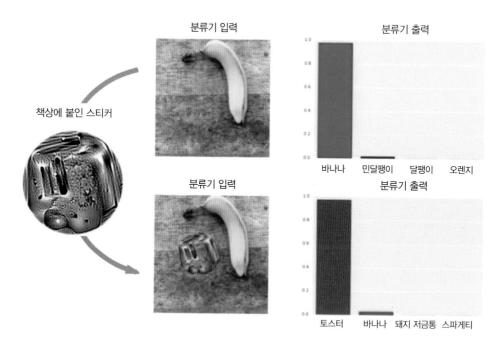

그림 1-5 분류기가 바나나를 토스터로 잘못 분류하게 하는 디지털로 생성된 적대적 패치(브라운, 2017)[6]

---

6 「Adversarial Patch」(Tom B. Brown et al. 2017), http://bit.ly/2IDPonT.

앞에서 살펴본 적대적 섭동은 사람이 관찰해보면 명확하지만 이미지를 구분하는 데 영향을 미치지 않을 정도로 미미하다면 문제가 되지 않습니다. 예를 들어 이미지 가장자리에 위치해 로고로 가장할 수 있습니다. 또한 우리는 바보처럼 속아서 이 장면에 바나나가 아닌 토스터가 있다고 믿지는 않을 것입니다. 왜냐하면 패치는 사람에게가 아니라 심층 신경망에게 두드러지게 부각되도록 특별하게 고안되었기 때문입니다.

오디오에도 동일한 원리를 적용해봅시다. 오디오 패치는 사운드 클립과 동일하거나 듣는 사람이 무시할 만큼 짧거나 작은 소리일 수 있습니다. 적대적 이미지 패치가 최적의 크기로 최적의 공간에 위치한 것과 동일한 방식으로, 오디오 패치는 적절한 시간적 위치와 강도를 요구합니다. [그림 1-6]은 이미지와 오디오에 적용한 적대적 패치의 원리를 설명합니다.

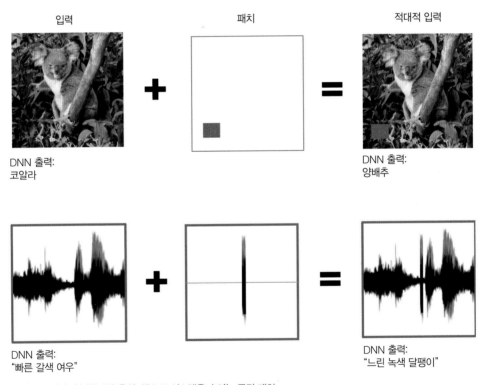

입력   패치   적대적 입력

DNN 출력:
코알라

DNN 출력:
양배추

DNN 출력:
"빠른 갈색 여우"

DNN 출력:
"느린 녹색 달팽이"

그림 1-6 이미지 분류기와 음성–텍스트 시스템을 속이는 공격 패치

적대적 패치의 흥미로운 특징은 적대적 섭동보다 더 쉽게 재사용할 수 있다는 것입니다. 예를 들어, 디지털 방식으로 생성한 적대적 패치는 여러 이미지에 온라인으로 공유하거나 다양한 환

경에서 복사해 붙일 수 있어 효과적입니다.

1.4.4 실제 세계의 적대적 사례

[그림 1-2]의 적대적 사례는 디지털 조작으로 생성합니다. 이 경우 이미지에 작은 픽셀 수준에서 정보를 변경했으나 이는 공격자가 모델에 전달하는 데이터의 디지털 형식에 접근할 수 있다고 가정합니다. 공격자가 JPEG와 같은 디지털 이미지를 처리할 인터넷 사이트에 업로드한 경우입니다.

많은 설정에서, 공격자는 디지털 데이터가 생성되는 센서(예: 마이크 또는 카메라)에 입력되는 정보에 영향을 주기 위해 물리적 세계[7]에서만 액세스할 수 있습니다. 공격자는 장면에서 2D 인쇄물 또는 3D 객체 형태로 디지털 방식으로 생성한 공격 패치를 이용할 수 있습니다. 샤리프는 적대적 안경을 착용함으로써 얼굴 인식 소프트웨어가 얼굴 감지를 혼동하게 할 수 있다고 말합니다. 이 아이디어는 「범죄의 접근: 최첨단 얼굴 인식에 대한 실제적이고 은밀한 공격」[8]에서 성공적으로 보여줍니다. [그림 1-7]은 적대적 안경의 예입니다.

그림 1-7 얼굴 인식 시스템을 속이는 적대적 안경(샤리프, 2016).

---

7 이 책에서 '물리적 세계'라는 용어는 디지털 컴퓨터 도메인 외부에 존재하는 세계의 측면을 나타내는 데 사용합니다.
8 「Accessorize to a Crime: Real and Stealthy Attacks on State-of-the-Art Face Recognition」(Mahmood Sharif et al., 2016), http://bit.ly/2x1Nebf.

공격자가 데이터의 디지털 표현에 영향을 미치지 못하면 섭동 공격은 훨씬 더 어려워집니다. 물리적 세계에서 자주 인용되는 적대적 공격 시나리오는 조종, 반응, 속도 등을 결정할 때 카메라에 포착된 이미지 데이터 처리를 기반으로 하는 자율 주행차에 혼동을 주기 위해 환경을 변화시키는 것입니다. 따라서 차량의 동작은 도로 표시, 다른 차량의 주행 패턴, 도로 표지판의 변경에 취약합니다. 에익홀트와 그의 연구원들은 섭동의 원리에 기초해 실제 세계에서 적대적 공격을 생성하는 일이 가능함을 증명했습니다.[9]

[그림 1-8]은 교통 정지 표지판에 사용한 섭동 공격을 보여줍니다. 이 공격은 심층 신경망이 표지판을 잘못 해석하도록 유도해 자율 주행차를 속입니다.

그림 1-8 정지 표지판에 적용된 물리적 섭동은 이미지 데이터에 의존하는 자율 주행차를 속입니다(에익홀트, 2018).

물리적 세계 사례의 흥미로운 점은 앞에서 설명한 디지털 섭동 공격과 달리 사람이 이를 명확하게 감지하지 못한다는 사실입니다. 공격자의 목표는 우리가 환경의 변화를 평소와 다르게 특이하다고 알아차리지 못하게 하는 것입니다. 예를 들어 [그림 1-8]의 정지 표지판에서 모종의 변화를 볼 수 있지만, 자세히 보기 전까지는 뭔가 의심쩍은 것으로 인식하지 못할 수 있습니다.

9 「Robust Physical-World Attacks on Deep Learning Visual Classification」(Kevin Eykholt et al., 2018), http://bit.ly/2FmJPbz.

단순한 낙서처럼 보이므로 운전자에게는 그저 평범한 정지 표지판으로 인식됩니다.

이와 유사한 접근법을 사용해 적대적 오디오도 광범위하게 생성할 수 있습니다. 적대적 오디오는 말이나 소리, 심지어는 침묵 속에 만들어져 은폐된 채, 음성 제어 시스템(예: 음성 제어 디지털 어시스턴트)을 위협합니다.[10]

1.5 '적대적 머신러닝'의 광범위한 분야

이 책에서는 주로 이미지와 오디오 신경망 처리에 대한 적대적 사례를 다룹니다. 적대적 사례는 더 잘 알려진 용어인 적대적 머신러닝 또는 적대적 머신러닝에 속하는 광범위한 공격의 일종입니다. '적대적 머신러닝'은 머신러닝 알고리즘(심층 신경망 및 기타 기존 머신러닝 알고리즘)과 모든 유형의 데이터를 겨냥한 모든 잠재적 공격을 아우릅니다.[11]

적대적 사례는 (정확하게 말해) 회피 공격이라고도 하는데, '회피 공격'은 머신러닝 알고리즘의 탐지를 피하기 위해 입력을 수정하는 것입니다. 그러나 적대적 입력은 회피 이외의 목적으로도 사용할 수 있습니다. 이 책에서 논의하는 공격의 대부분이 회피 공격이지만, 그렇지 않은 공격도 있습니다. 예를 들어, 시스템에 적대적 사례가 넘쳐서 많은 오탐false positive이 생성되어 서비스 거부를 일으킬 수 있습니다.

적대적 머신러닝 분야 전반에서 발생하는 또 다른 공격은 다음과 같습니다.

중독 공격

중독 공격은 악의적인 데이터를 의도적으로 훈련 데이터셋에 추가해 알고리즘이 잘못된 학습을 하게 하는 공격입니다. 신뢰할 수 없는 출처에서 얻은 데이터를 기반으로 지속적으로 학습하는 시스템은 이 유형의 공격에 취약합니다(이 책에서는 중독 공격을 다루지 않습니다).

---

10 사례는 칼리니와 와그너의 「오디오 적대적 사례Audio Adversarial Examples」를 참조합니다.

11 '적대적 머신러닝'이라는 용어를 맨 처음 들었을 때 시스템을 공격하기 위해 공격자에 의해 사용되는 머신러닝을 의미하는 말로 잘못 이해할 수 있습니다.

머신러닝 모델 리버스 엔지니어링

공격자가 머신러닝 알고리즘의 사본을 획득한다면, 훈련 데이터의 특성과 관련된 잠재적 기밀 정보 또는 민감한 정보를 추출하도록 알고리즘을 리버스 엔지니어링할 수 있습니다(이 책에서는 이 유형의 공격을 다루지 않습니다).

1.6 적대적 입력의 의미

심층 신경망 모델은 우리 사회 전체에 널리 퍼져 있으며 일상생활의 여러 분야에 스며들어 있습니다. 또한 이 모델이 탑재된 많은 인공지능 시스템은 제어할 수 없는 데이터로 작동하며 때로는 온라인 디지털 소스와 실제 세계에서 입력을 받습니다. 예를 들면 다음과 같습니다.

- 외부인의 접근을 감시하는 얼굴 인식 시스템
- 공격적 또는 불법적 이미지의 업로드를 감지하는 온라인 웹 필터
- 제약이 없는 물리적 환경에서 작동하는 자율 주행차
- 전화 음성 사기 탐지
- 음성 명령으로 작동하는 디지털 어시스턴트

적대적 사례가 심층 신경망을 쉽게 속일 수 있다면 신뢰할 수 없는 출처의 데이터를 수집하는 인공지능 솔루션이 사이버 위협이 될까요? 적대적 입력이 실제로 일상생활에서 사용하는 시스템의 보안과 무결성에 얼마나 많은 위험을 초래할까요? 마지막으로 시스템 개발자는 이러한 공격 경로가 악용되지 못하도록 어떤 완화책을 사용할 수 있을까요?

이러한 질문에 답하기 위해서는 공격자의 동기와 능력을 알아야 합니다. 왜 심층 신경망이 적대적 입력의 함정에 빠지고 어떻게 해야 심층 신경망이 속임수에 속지 않게 할 수 있는지 알아야 합니다. 또한 심층 신경망이 포함된 광범위한 처리 연쇄 법칙과 어떻게 이 처리로 인해 시스템이 공격에 더 견고해지고 덜 견고해지는지 이해해야 합니다. 현재 심층 신경망을 적대적 입력에 대해 완전히 복원할 수 있는 메커니즘은 없지만, 공격자와 방어 조직 양 측의 관점을 모두 이해하면 더 강력한 보호 조치를 개발할 수 있습니다.

한편 적대적 입력은 또 다른 관점에서도 흥미를 끕니다. 즉 인간의 신경망과 심층 신경망이 각각 정보를 처리하는 방식의 차이가 생물학적 신경망과 인공 신경망의 불일치를 강조한다는 관

점입니다. 심층 신경망이 처음에 신경 과학에서 영감을 받고 '신경'이라는 단어가 심층 신경망을 일컫는 용어에 쓰인 것은 사실이지만, 효과적인 딥러닝의 개발 훈련은 수학자와 데이터 과학자에 의해 주도되었습니다. 심층 신경망은 본질적으로 데이터를 입력으로 사용해 결과를 생성하는 복잡한 수학 함수입니다. 심층 신경망 모델 훈련이란 단지 수학 최적화를 연습하는 것에 불과합니다. 즉 기능(또는 함수)의 정확도를 최고로 끌어올리기 위해 복잡한 기능(또는 함수)의 여러 측면을 반복적으로 바꿔보는 것입니다. 적대적 입력은 존재 자체만으로 인간의 사고에 근접한 사고를 심층 신경망에 구현한다는 개념에 근본적 결함이 있음을 시사합니다.

마지막으로, 확인되지 않은 입력이 있을 때 시스템의 알고리즘에 결함이 있다면 컴퓨터 시스템에 파괴적, 사기성 또는 유해한 행동을 유발할 위험이 있음을 잊지 말아야 합니다. 컴퓨터 시스템이 적대적 입력에 견고함을 보장하는 것은 머신러닝 알고리즘이 포함된 컴퓨터 시스템 일체를 광범위하게 보장할 때 최우선사항이 되어야 합니다.

## CHAPTER 2

공격 동기

심층 신경망 기술은 우리 삶의 일부가 되었습니다. 예를 들어, 아마존 알렉사, 애플 시리, 구글 어시스턴트, 마이크로소프트 코타나와 같은 디지털 어시스턴트는 딥러닝 모델을 사용해 음성 명령(오디오)에서 의미 있는 데이터를 추출합니다. 웹 검색과 같은 온라인 상호작용을 가능하게 하고 큐레이션하는 많은 알고리즘은 심층 신경망을 활용해 관리 중인 데이터를 이해합니다. 특히 자율 주행차와 같이 안전이 중요한 응용 분야에서 딥러닝 모델을 점점 더 많이 사용하는 추세입니다.

인공지능 기술은 카메라와 같은 물리적 세계나 소셜 미디어에 업로드하는 이미지 등 사람이 소비하는 데이터를 직접 가져옵니다. 그러나 컴퓨터 시스템이 출처를 신뢰할 수 없는 데이터를 처리할 때는 취약점이 생길 수 있어 문제가 될 수 있습니다. 이러한 취약점을 악용하기 위해 적대적 입력을 생성하려는 동기는 다양하지만 다음과 같은 범주로 크게 나눌 수 있습니다.

회피

자동화한 디지털 분석에서 콘텐츠 숨기기. 예를 들어 웹 필터 우회(2.1), 감시 위장(2.3), 개인 정보 온라인(2.4)을 참조합니다.

영향

개인, 상업 또는 조직의 이익을 위한 자동 결정에 영향 미치기. 예를 들어 온라인 평판과 브랜드 관리(2.2)를 참조합니다.

혼란

조직을 불신하거나 혼란에 빠뜨릴 혼동 만들기. 예를 들어 자율 주행차의 혼동(2.5), 음성 제어 장치(2.6)를 참조합니다.

2장에서는 적대적 사례를 만드는 공격의 동기를 이야기합니다. 모든 사례를 일일이 이야기하지는 못하지만 위협의 유형과 특징을 설명합니다.

2.1 웹 필터 우회

조직은 공격성이 있거나 적절하지 않은 콘텐츠를 차단하기 위해 외부에서 유입되는 웹 콘텐츠를 관리해야 하는 압력을 받습니다. 예를 들면 외부 데이터에 의존하는 비즈니스 모델인 소셜 미디어 제공 업체나 온라인 마켓 플레이스와 같은 회사입니다. 조직은 불쾌감을 주는 자료를 모니터링하고 더이상의 전파를 방지해야 하는 법적 의무가 있을 수도 있습니다.

이러한 조직은 갈수록 고전을 겪게 됩니다. 빠른 속도로 업로드되는 모든 데이터를 지속적으로 모니터링하고 필요한 경우 조치를 취할 인력이 충분하지 않습니다. 소셜 미디어에는 하루에도 수십억 개의 데이터가 업로드됩니다. 게다가 게시물 데이터는 필터링하기 쉽게 구조화된 데이터가 아닙니다. 이미지, 오디오, 텍스트 정보는 '공격적/비공격적' 또는 '합법/불법'으로 분류하기가 매우 미묘합니다. 그렇다고 사람이 업로드된 모든 콘텐츠를 모니터링하고 필터링할 수는 없습니다.

따라서 확실한 해결책은 [그림 2-1]에 나타낸 것과 같이 지능형 시스템을 사용해 데이터를 모니터링, 필터링, 선별하는 것입니다. 이런 해결책에서 심층 신경망은 점점 더 주요한 핵심이 될 것입니다. 즉 심층 신경망은 언어에서 감정과 범죄를 분류하도록 훈련받을 수 있고 이미지 콘텐츠를 분류할 수 있으며 심지어 비디오 콘텐츠 내에서 활동을 분류할 수도 있습니다. 예를 들어, 심층 신경망은 이미지에 약물 사용 표시가 있을 때를 인식하도록 훈련되어 사람이 추후 검증할 수 있도록 이 이미지 범주를 선별할 수도 있습니다.

해당 웹사이트의 정책을 준수하지 않는 콘텐츠를 업로드하려는 개인이나 그룹의 경우, 필터링 또는 모니터링이 적용되지 않은 업로드 콘텐츠를 통해 사람에게 정보를 전달하려는 동기가 있습니다. 자사의 웹 콘텐츠를 모니터링하는 조직의 관점에서 공격적 입력을 포착해 '불쾌', '부적절', '불법' 등을 판단하기 위해서는 더욱 정확한 알고리즘이 필요합니다. 공격자의 관점에서 볼 때, 공격자의 웹 콘텐츠는 인공지능에 의한 탐지를 계속 피하고 사람이 보거나 읽거나 들을 때 동일한 구문적 의미를 전달하기 위해 모니터링 시스템에 발맞춰 개선해야 합니다.

공격자는 이와 다른 태세로 공격을 감행할 수도 있습니다. 웹 업로드 필터를 속일 수 없다면, 방어 조직에 혼란과 추가 비용을 초래할 많은 데이터를 담아 스팸메일을 보내는 것은 어떨까요? 인공지능이 데이터 업로드를 '악의적'인 것으로 간주할지 여부를 결정할 때 순전히 이진법으로 결정할 확률은 거의 없지만 일부 임계값을 갖는 통계 측정치로 결정할 확률은 큽니다. 조직에서는 사람이 개입해 임계값 주위의 이미지나 데이터를 고려하므로 인공지능에 의해 '아마도'로 분류되는 무해한 데이터를 대량 생성하면 조직의 운영 능력에 영향을 미치고 인공지능 결과의 정확성 신뢰도를 떨어뜨릴 수도 있습니다. 데이터가 왜 정책 위반으로 간주되는지를 인간이 정확히 규명하기 어렵다면(왜냐하면 데이터가 무해하므로) 데이터 유입은 조직의 시간과 인적 자원을 더 많이 소진할 것입니다. DoS 공격이 그 예입니다.

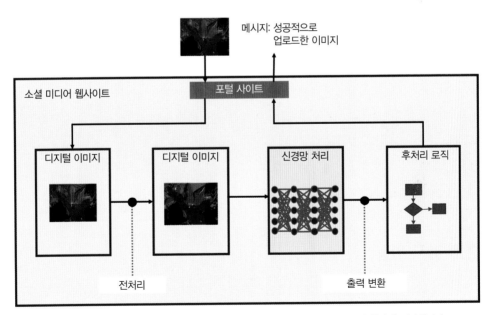

그림 2-1 소셜 미디어 사이트에 업로드하는 이미지는 사이트에 게재되기 전에 인공지능이 확인 후 처리합니다.

2.2 온라인 평판과 브랜드 관리

검색 엔진은 '고양이 스케이트보드'를 검색하면 반환할 결과뿐만 아니라 결과를 표시할 순위를 결정하는 복잡한 알고리즘입니다. 상업적 관점에서 볼 때 최고의 결과를 얻기 원합니다. 따라서 회사 광고가 구글이나 빙Bing 검색 시 첫 페이지에 나타나고 웹페이지에 게재될 때 눈에 잘 띄게 되고 검색 엔진 알고리즘을 이해하고 게임화하는 데 큰 동기를 부여합니다. 이것을 검색 엔진 최적화Search Engine Optimization (SEO)라고 하며, SEO는 수년간 표준 산업의 관행이자 때로는 회사 인터넷 마케팅 전략의 핵심이 되었습니다.

자동화된 웹크롤러를 사용해 페이지 HTML 메타데이터, 페이지에 대한 인바운드 링크, 콘텐츠와 같은 특성을 기반으로 검색 결과를 위해 페이지를 선별하고 색인을 생성할 수 있습니다. 웹크롤러는 사람의 감독 없이 인공지능이 지원하는 자동화 시스템입니다. 검색 엔진은 헤더 정보를 매우 쉽게 조작할 수 있으므로 콘텐츠에 더 의존합니다. 콘텐츠를 기반으로 인덱싱하면 메타데이터에 포함되지 않은 덜 명확한 검색어로도 검색할 수 있습니다.

적대적 사례와 관련해 특히 흥미로운 콘텐츠를 기반으로 하는 특성입니다. 웹사이트 이미지 콘텐츠를 업데이트하면 검색 엔진이 결과를 나타내는 순위에 영향을 줄 수 있습니다. 따라서 대상 고객의 시야권 안에 들어가길 원하는 회사의 관점에서 사람의 해석에 영향을 주지 않고 이미지 분류를 변경하거나 강화하기 위해 '적대적 섭동' 또는 '적대적 패치'를 이용하는 것은 어떨까요? 그렇게 해서는 안 될 무슨 이유라도 있을까요?

또는 적대적 이미지를 생성해서 대상을 손상될 수 있는 무언가와 잘못 연결되게 함으로써 조직이나 개인을 불신하게 하려는 동기가 있을 수 있습니다. 예를 들어, 검색 엔진에 의해 '독극물'로 잘못 분류된 초콜릿 바의 적대적 이미지가 독극물 이미지의 검색 결과에 나타날 수 있습니다. 잠재의식만으로도 충분히 사람들의 브랜드 인지도에 영향을 미칠 수 있습니다.

2.3 감시 위장

감시 카메라는 물리적 세계에서 데이터를 수집해 이전 사례들에서 고려한 내용과는 전혀 다른 관점의 적대적 입력을 보여줍니다. 디지털 콘텐츠는 센서인 카메라 데이터를 기반으로 생성되

며 조직 외부인이 조작할 수 없습니다.[1]

보안 영상(비디오 또는 이미지 스틸)의 디지털 렌더링은 여전히 사람이 모니터링하는 경우가 많지만 관련 정보와 시간으로 인해 실현하기가 점점 더 어렵습니다. 대부분의 감시 영상은 실시간으로 적극 모니터링되지는 않지만 나중에 시간에 구애받지 않고 분석할 수 있습니다. 예를 들어, 범죄 행위가 보고된 경우 인공지능 기술로 감시 데이터를 모니터링하거나 심사하기 위해 자동화된 기술로 전환하는 조직이 늘고 있습니다. 이 기술은 감시 장면에서 특정 얼굴이나 차량을 자동으로 감지하고 경고합니다.

공격자가 그런 시스템을 능가하길 열망하는 시나리오는 쉽게 상상할 수 있습니다.

공격자는 인공지능을 속이면서도 인간의 과도한 관심을 끌지 않는 일종의 '투명 망토'를 만듭니다. 목표는 단순합니다. 이미지나 비디오가 사람의 감시 대상이 되지 않도록 인공지능을 속이는 것입니다. 예를 들어, 공격자는 실시간 공항 보안 시스템에서 얼굴 탐지를 피하려 합니다. 이처럼 실시간 위협 탐지 시스템이 의심스러운 활동을 인식하지 못하는 경우 악의적인 행동을 수행할 수 있는 기회가 더 많아질 수 있습니다. 실시간은 아니지만, 보안 카메라는 사건 발생 후 목격자 증거를 바탕으로 수색에 단서가 될 얼굴이나 번호판 같은 관련 정보를 포착했을 수도 있습니다. 인공지능에서 나오는 이 정보를 숨기면 범죄 탐지율이 낮아질 수 있습니다.

물론 동기는 범죄가 아닐 수도 있습니다. 즉 점점 더 많이 감시되는 세계에서 프라이버시는 인공지능으로부터 얼굴의 두드러진 특징을 위장하려는 동기가 될 수 있습니다. 예를 들어, 개인은 무해한 옷차림이나 화장을 통해 이를 성취하려는 동기를 가질 수 있습니다. 가령 이것이 감시 시스템을 속이려는 의도적인 시도였다고 그럴듯하게 발뺌을 하면서 감시 시스템에 오류가 있음을 강력히 주장하는 것입니다.[2]

또 다른 흥미로운 시나리오가 있습니다. 만약 물리적 변화로 인해 실제 세계에서 비록 인간에게는 무해하고 무고해 보이더라도 감시 시스템에 잘못된 경보가 등록될 수 있다면 어떻게 될까요? 실제로 공격자는 어떤 일을 수행하는 동안 조직의 시선을 분산시켜 방어하거나 복구하기 위한 자원을 엉뚱한 곳으로 보내도록 방해할 수 있습니다.

---

1 외부인이 조직의 내부 콘텐츠에 접근할 수 있는 기본적인 보안 위반이 있는 경우에는 그렇지 않습니다.
2 「Accessorize to a Crime」(Sharif et al., 2016) 참조

2.4 개인 정보 온라인

소셜 미디어는 사용자 경험을 개선하기 위해 업로드된 이미지에서 정보를 추출합니다. 예를 들어, 페이스북은 정기적으로 이미지에서 얼굴을 추출하고 이를 식별해 이미지 라벨, 검색, 알림 기능을 향상시킵니다.

프라이버시(개인 정보)를 지키려고 하는 바람은 개인이 이미지를 변경함으로써 플랫폼이 사용하는 인공지능이 얼굴을 쉽게 감지하지 못하게 하려는 동기가 될 수 있습니다. 이미지 가장자리에 적용된 적대적 패치와 같은 변경은 인공지능에게 얼굴을 '위장'해 보여줄 수 있습니다.

2.5 자율 주행차의 혼동

인공지능 적용이 흔히 회자되는 분야는 자율 주행차이며, 따라서 안전은 시스템에서 중요한 요인이 됩니다. 이 차량은 무질서하고 제약이 없으며 변화무쌍한 물리적 세계에서 작동합니다. 적대적 입력에 민감하면 잠재적으로 치명적 결과를 초래할 수 있습니다.

자율 주행차는 도로에서만 운행하지 않습니다. 자율 주행은 해상, 공중, 수중에 이르기까지 널리 보급되었습니다. 자율 주행차는 공장과 같이 제한되고 폐쇄적인 환경에서 기본 작업 또는 위험한 작업을 수행하는 데도 사용됩니다. 이러한 제한된 환경에서조차도 조직 내(내부 위협) 또는 작동 중인 시스템 영역 접근에 권한이 있는 개인의 카메라에 의한 적대적 입력으로 위험에 처할 수 있습니다. 그러나 자율 주행차는 물리적 환경을 이해하기 위해 센서 데이터에만 의존하지 않음을 기억해야 합니다. 대부분의 자율 시스템은 여러 소스에서 정보를 얻습니다. 데이터 소스는 다음과 같습니다.

오프보드 데이터

대부분의 자율 주행차는 하나 이상의 오프보드 중앙 소스에서 수집한 데이터에 의존합니다.[3] 오프보드 데이터에는 상대적으로 정적 정보(지도와 속도제한), 중앙에서 수집한 동적 데이터

---

3 자율 주행차가 온보드 센서 데이터에 전적으로 의존하는 공장 또는 가정과 같은 제한된 환경이 있을 수 있습니다.

(교통정보), 차량 특수 정보(GPS 위치)가 있습니다. 이러한 유형의 데이터 소스는 모두 웨이즈(Waze), 구글 지도, HERE WeGo와 같은 GPS 내비게이션 애플리케이션에서 이미 사용되고 있습니다.

다른 오프보드 데이터를 다른 도메인에서 사용할 수 있습니다. 예를 들어, 항법 장치인 자동 식별 시스템Automatic Identification System(AIS) 데이터는 해상 선박의 위치를 자동으로 추적하는 데 사용됩니다. 정기적으로 선박은 해양 당국이 선박의 항로를 추적할 수 있도록 AIS에 실시간으로 신원과 위치를 전송합니다.

온보드 센서 데이터

자율 주행차는 카메라, 근접 센서, 가속도계(위치 회전 감지)와 같은 온보드 센서에 기반하여 상황을 판단합니다. 이 데이터는 실시간 경고나 예기치 못한 상황과 같은 즉각적인 변경 정보를 제공하는 데 결정적입니다.

자율 주행차가 오직 센서 데이터에만 의존해 결정을 내려야 할 경우가 있습니다. [그림 2-2]에서 보듯, 도로 위치가 전적으로 센서 데이터에서 도출되었습니다. 이렇게 생성된 정보를 신뢰할 수 없기 때문에 이 시나리오는 안전에 심각한 위험을 초래할 수 있습니다.

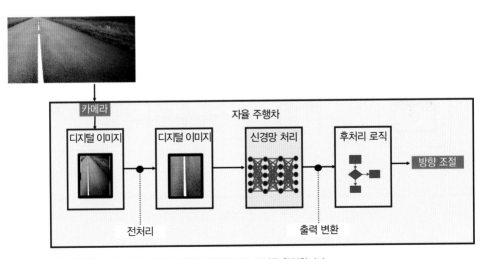

그림 2-2 자율 주행차는 카메라 데이터를 사용해 정확한 도로 위치를 확인합니다.

실제로 자율 주행차는 여러 데이터를 기반으로 설정된 정보를 바탕으로 결정을 내릴 수 있으며 항상 주의를 기울여야 합니다. 도로 규정과 관련된 중앙 데이터(속도제한, 교차로, 정지, 경유 요청)에 접근할 수 있는 경우 정지 신호가 '진행' 신호로 변경되더라도 속지 않을 것입니다. 오히려 공격자는 이런 경고 사태를 악용할 확률이 큽니다. 예를 들면, 위험물로 잘못 해석된 평범한 인쇄 스티커가 대량 도로에 쏟아져 도로망 붕괴를 유발하는 경우입니다.

2.6 음성 제어 장치

음성 제어 장치는 우리 삶의 여러 측면을 제어하며 자연스럽게 손의 수고를 덜어줍니다. 미디어 제어, 홈 자동화, 인터넷 검색에서 쇼핑에 이르기까지 모든 작업을 음성으로 제어합니다. 또한 스마트폰, 태블릿, 오디오 어시스턴트와 같은 음성 제어 장치를 가정집에서 흔히 볼 수 있습니다. 이러한 장치의 중심부 음성 처리는 고급 심층 신경망 기술로 작동하며 매우 정확합니다. [그림 2-3]은 음성 제어 장치의 간단한 처리 연쇄 법칙을 보여줍니다.

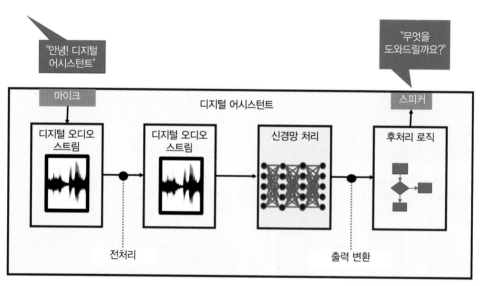

그림 2-3 디지털 어시스턴트는 인공지능을 사용해 음성 오디오를 처리하고 적절하게 반응합니다.

오디오는 라디오나 텔레비전, 온라인 콘텐츠를 통해 가정으로 전달됩니다. 오디오는 듣는 사람이 모르게 적대적 콘텐츠를 포함할 수도 있는데, 어쩌면 리스닝 오디오 어시스턴트에게 노래를 재생할 때 볼륨을 높이라고 지시할 수도 있습니다. 적대적 오디오는 오디오 어시스턴트가 오작동을 일으키게 해서 오디오 어시스턴트를 쓸모없게 만들 수도 있습니다. 예측할 수 없는 행동을 하는 어시스턴트가 짜증 나고 소름 끼칠 수 있습니다. 가정에서는 더이상 장치를 신뢰하지 않게 되며 잃어버린 신뢰는 쉽게 회복할 수 없습니다. 다른 잠재적인 숨겨진 명령은 더 악의적입니다. 예를 들면, 부적절한 SMS나 소셜 미디어 게시물 발송, 장치 설정 변경, 악의적인 URL 탐색 또는 홈 보안 설정 변경 등이 있습니다.

음성 제어 어시스턴트는 우발적이거나 고의적인 오용을 피하고, 더 높은 보안 기능을 수행하기 위해 몇 가지 추가 보안 단계를 요구합니다. 이 어시스턴트가 물어볼 수도 있습니다. "심층 신경망 강화본을 구입하시겠습니까?" 구매하기 전에 확인을 기다립니다. 만약 당신이 아직 구매에 착수하지 않았다면 즉석에서 "예"라고 말할 가능성은 있긴 하지만 높지는 않습니다. 그러나 음성 어시스턴트에 적대적 명령을 내리는 것이 가능하다면 확인 요청을 들을 수 있는 사람이 아무도 없는 한 적대적 반응을 도입할 가능성도 있습니다.

하지만 흥미로운 일도 예상할 수 있습니다. 적대적 사례가 항상 악의적인 것은 아니며 오락을 즐기기 위해 사용될 수도 있습니다. 의도적으로 오디오를 명령을 전송하는 추가적인 방법으로 이용하는 것입니다. 범죄가 아니라 상업적 이득을 위해 적대적 사례를 이용할 가능성이 있습니다.

텔레비전 앞에서 팝콘을 들고 〈샤이닝The Shining〉[4]을 시청한다고 상상해보세요. 이 영화는 기본 메뉴의 영화가 아닙니다. 당신은 '통합 홈 오토메이션'을 사용해보고자 추가 비용을 지불했습니다. 향상된 멀티미디어 버전 영화에는 적대적 오디오가 포함되었는데, 그것은 음성 제어 홈 오토메이션 시스템이 시청 경험을 '향상'시키도록 고안된 비밀 메시지입니다. 어쩌면 적절한 순간에 문을 쾅 닫거나 조명을 끄거나 난방을 끌지 모릅니다. 실제 영화 속 호텔에 있는 것처럼 느껴질 것입니다.

약간 혼란스럽지만, 3장에서 심층 신경망을 본격적으로 설명하겠습니다.

---

4 옮긴이_ 1980년에 개봉한 공포/심리 호러물 영화입니다.

## CHAPTER 3

심층 신경망

3장에서는 이미지와 오디오 처리에 일반적으로 사용하는 머신러닝 모델의 하나인 심층 신경망 (DNN)의 핵심 개념을 살펴보겠습니다. 개념을 알면 앞으로 살펴볼 적대적 사례를 이해하는 데 많은 도움이 됩니다. 3장에 이어서 4장에서는 복잡한 이미지, 오디오, 비디오를 이해하기 위한 모델을 살펴봅니다. 3, 4장에서 적대적 사례를 이해할 수 있도록 충분한 배경 지식을 제공하지만 딥러닝을 설명하지는 않습니다.

딥러닝과 신경망의 원리를 이해한다면 3장과 4장을 읽지 않아도 좋습니다. 그리고 이 책에서 다루는 내용 외에 머신러닝과 신경망에 대해 더 많이 배우려고 한다면 이 책의 깃허브에 링크된 다양한 온라인 자료를 활용하기 바랍니다.

3장의 끝부분에 파이썬 예제 코드를 제공합니다. 이 책에 수록된 예제 코드의 참조 여부는 선택사항입니다. 예제 코드를 실행하지 않아도 적대적 사례를 이해할 수 있습니다. 예제 코드 실행에 관심이 있다면 이 책 깃허브의 주피터 노트북을 다운로드해 실행하기 바랍니다.

3.1 머신러닝

심층 신경망은 광범위한 '머신러닝'(ML)의 한 부분입니다. 기계에 데이터 패턴 규칙을 명시적으로 알려주지 않아도 데이터에서 패턴을 알아낼 수 있는 기능입니다. 학습한 결과 알고리즘을 '모델'이라고 합니다.

모델은 동작을 최적화하기 위해 매개변수로 변환한 수학 알고리즘입니다. 알고리즘은 훈련 데이터를 반복적으로 '학습'하는데, 여기서 훈련 데이터란 학습할 내용입니다. 또한 모델은 훈련할 때마다 매개변수를 조정해 점진적으로 개선됩니다. 알고리즘이 적절히 조정되면서 훈련하는 것입니다. 모델의 정확도는 일반적으로 훈련 데이터가 아닌 다른 데이터로 평가합니다. 모델은 처음에 훈련한 데이터셋 이외의 데이터에 대해서도 잘 수행하리라고 예상하기 때문에 결코 본 적이 없는 데이터로도 좋은 결과를 기대할 수 있습니다.

신경망이 아닌 기존 머신러닝을 사용해서도 상당히 영리한 작업을 수행하는 모델을 만들 수 있습니다. 예를 들어, 다양한 식물 특성(높이, 잎 모양, 꽃 색깔 등)을 나타내는 훈련 데이터와 해당 분류 체계를 기반으로 머신러닝 모델을 훈련시켜 식물을 목록에 따라 분류할 수 있습니다. 식물 분류 시 특성이 복잡한 조합에 의존할 수 있지만, 충분히 훈련하고 올바른 머신러닝 접근법을 적용하면 결과로 생성되는 훈련 모델은 소프트웨어 엔지니어의 도움 없이도 제 기능을 발휘합니다.

1장의 내용을 기억하겠지만, 머신러닝 모델을 훈련시키는 방법은 다음과 같이 다양합니다.

지도 학습

식물군 분류 예제는 모델이 정답을 나타내는 라벨과 함께 특성을 사용해 훈련하기 때문에 지도 학습 범주에 속합니다.

비지도 학습

비지도 학습에서는 훈련 단계에서 라벨을 제공하지 않습니다. 이 모델에는 명확한 해답도 제시되지 않습니다. 데이터에서 패턴을 찾거나 이상을 탐지해 연관성을 찾도록 훈련됩니다. 관련 라벨이 없는 식물 데이터를 사용해 훈련한 모델은 종종 함께 발생하는 특성 조합을 기반으로 식물군을 훈련할 수 있습니다. 그렇게 훈련한 모델은 새로운 식물이 어떤 군에 속하는지를 식물의 특성에 기반하여 결정하는데, 식물의 이상한 점을 식별함으로써 새로운 식물이 모델로 훈련한 어떤 군에도 속하지 않음을 자연적으로 결정할 수 있습니다.

반지도 학습

반지도 학습은 지도 학습과 비지도 학습의 중간 유형입니다. 훈련 데이터를 사용하지만 데이터마다 라벨이 붙어있지는 않기 때문입니다. 모델은 라벨이 없는 데이터를 사용해 패턴을 설정한 다음, 라벨이 있는 데이터를 사용해 정확도를 높입니다.

강화 학습

강화 학습에서 머신러닝 모델은 성능이 얼마나 좋은지 확인하기 위해 피드백을 반환합니다. 모델은 특정 목표(예: 비디오 게임에서 이기는 법 배우기)에 최적화되기 위해서 반복적으로 시도하며 피드백(이를 테면 얼마나 잘했는지를 알려주는 점수)을 받고 접근법을 조정해가면서 정교해집니다.

이 책의 대부분은 지도 학습으로 학습한 모델을 다루며 이를 통해 적대적 입력을 집중적으로 배웁니다. 지도 학습을 위주로 하지만 적대적 사례 개념은 비지도, 반지도, 강화 방법으로 학습한 모델에도 적용할 수 있습니다.

3.2 딥러닝 개념

기존 머신러닝 기술이 아무리 강력하다 해도 작업에 필요한 중요 정보, 즉 두드러진 특성이 명확하지 않은 복잡다단한 데이터는 처리하지 못합니다. 식물의 특성은 식물에 꽃이 있는지 없는지를 나타내는 이진값 또는 꽃잎 수를 나타내는 정수와 같은 구조화된 데이터로 표시합니다. 식물 분류에 있어서 각 특성의 중요성은 명확하지 않을 수 있지만, 특성 자체는 매우 뚜렷하게 표현됩니다.

대부분의 작업에서는 구조화되지 않거나 식별하기 어려운 특성이 있는 데이터 유형을 사용합니다. 그리고 인공지능 세계에서도 이미지나 오디오와 같은 실제 세계에서 추출한 구조화되지 않은 원시 데이터에 초점을 맞추는 경우가 많습니다. 디지털 이미지는 일반적으로 수천 개의 픽셀값으로 표현하며, 픽셀 하나하나는 그 자체로 관련성이 거의 없습니다. 이미지의 의미는 픽셀 간의 복잡한 공간상의 관계를 통해 만들어집니다. 오디오 역시 각 값은 의미가 없으며 시간이 지남에 따라 일련의 값으로 표시되는데, 이 값의 순서와 간격에 의해 사운드를 해석하는 방법이 결정됩니다.

시각과 오디오 데이터는 인간과 동물의 생물학적 '신경망' 뇌로 능수능란하게 처리됩니다. 뇌의 시각과 청각 처리 영역은 눈과 귀로 들어오는 원시 데이터에서 관련 정보를 추출합니다. 인간이 시각과 오디오와 비디오 데이터를 처리하는 일은 매우 자연스럽고 쉽게 이해됩니다. 그래서 이 일이 기계에는 왜 그렇게 어려운 일인지 납득하지 못할 수 있습니다.

고양이를 인식하는 간단한 예를 살펴보겠습니다. 기계가 물체 경계를 인식하고 색을 확인하고 음영 처리를 수행하며 '고양이'를 구성하는 특성을 인식하기란 매우 어렵습니다. 그러나 인간에게는 아무것도 아닙니다. 우리는 최소한의 정보, 즉 꼬리, 발 또는 움직이는 동작만으로도 고양이를 인식할 수 있습니다. 우리는 이전에 본 적이 없는 품종의 고양이를 보고서도 '고양이'로 인식할 수 있습니다.

오디오도 다르지 않습니다. 인간은 소리를 인식하고 말을 쉽게 이해합니다. 배경 소음을 걸러내 무시하고 관련 세부 사항에 집중합니다. 우리는 서로 다른 소리와 맥락의 복잡한 순서에 기초해 말을 이해합니다. 그러나 컴퓨터에게는 이 일이 결코 쉽지 않은 작업입니다. 사운드 파일의 디지털 표현이 복잡하고 혼란스러우며 소음이 여러 곳에서 동시에 발생하기 때문입니다.

인간으로서 우리는 시각과 오디오를 직관적으로 처리합니다. 그래서 우리는 어떤 특성과 패턴이 있어서 고양이로 인식하는 것인지, 아니면 어떤 소리 조합이 특정 문장을 구성하는 것인지 설명하지 못합니다. 어쨌든 우리 뇌는 이러한 특성과 패턴을 학습하며, 학습한 알고리즘을 일상생활에서 소소하게 활용합니다. 그러나 실제 환경에서 가능한 다양한 모든 시나리오에 적합하게 예제 코드를 명시적으로 작성하기란 불가능하며, 기존 머신러닝 알고리즘은 이러한 복잡성을 처리하는 데 필요한 특성을 학습하기에 유연하지 않습니다.

기존 머신러닝 기술은 오디오와 시각을 처리하지 못하지만, 딥러닝은 할 수 있습니다. 심층 모델은 특히 이미지, 오디오 또는 텍스트와 같이 데이터가 구조화되지 않은 경우, 변수가 많은 예측 모델링[1] 등 특성을 식별하기 어려운 경우와 같이 수많은 복잡한 계산 작업에서 탁월한 성능을 자랑합니다.

1장에서는 인공 신경망(ANN)이란 개념을 생물학적 뉴런과 매우 유사한 '신경', 그리고 뇌의 축색 돌기, 시냅스와 유사한 이들 뉴런 간의 연결과 관련지어 시각적으로 소개했습니다. 이 비유는 인공 신경망을 쉽게 이해하게 해줍니다. 인공 신경망은 본질적으로 상호 연결된 뉴런이

---

1 과거 데이터에 기반해서 결과를 예측합니다.

며, 일반적으로 [그림 3-1]처럼 계층[2]으로 표현할 수 있습니다. 이 그림은 '다층 퍼셉트론'으로 알려진 가장 기본적인 유형을 보여줍니다. 이 경우 한 층의 노드가 인접한 층의 노드에 연결되므로 완전히 상호 연결된 신경망 또는 조밀한 신경망으로 분류됩니다.

입력 데이터를 받는 층을 '입력층'이라 하고 알고리즘의 출력은 '출력층'으로 표시합니다. 나머지 계층은 외부에서 보이지 않는 신경망에 의해 수행되는 부분 계산을 나타내기 때문에 '은닉층'이라고 합니다. 은닉층은 신경망을 통해 계산을 전파할 때 마술이 일어나는 곳이며, 인공 신경망을 '깊은' 구조의 신경망으로 만드는 은닉층이 하나 이상 존재합니다.

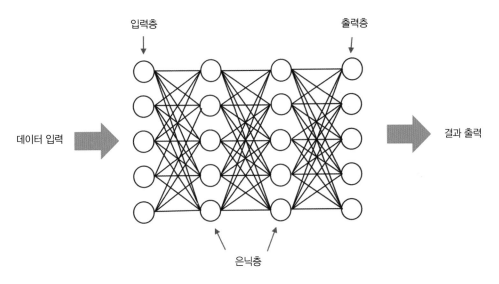

그림 3-1 다층 퍼셉트론

[그림 3-2]는 이 개념을 잘 보여줍니다. 데이터가 첫 번째 계층(왼쪽)을 통해 심층 신경망에 입력되며 이 계층의 뉴런이 다른 강도로 활성화됩니다. 이는 뉴런에 숫자, 활성화 또는 강도가 할당되었음을 의미합니다. 높은 활성화는 뉴런에 높은 숫자값이 할당되었고 낮은 활성화는 낮은 값이 할당되었음을 나타냅니다.

한 계층에서 뉴런이 발생하면 연결부가 이 정보를 다음 계층에 전달해야 하므로 한 계층의 활

---

2 자존심이 강한 데이터 과학자가 지적하듯이 인공 신경망을 반드시 계층으로 표현할 필요는 없지만, 앞으로 인공 신경망 구조를 이처럼 단순화해서 설명하겠습니다.

성화는 이전 계층의 활성화에 의해 결정됩니다. 뉴런은 입력에 서로 다른 반응을 합니다. 동일한 입력이 주어져도 어떤 뉴런은 더 크거나 작은 강도로 활성화됩니다. 또한 일부 연결부는 '더 강력'해서 다른 연결부보다 더 많은 가중치가 부여되므로 다운 스트림 동작의 영향을 결정하는 데 더 중요한 역할을 합니다. 결국에는 오른쪽 출력층의 각 노드에 결과가 출력됩니다. 데이터가 한 방향으로 흐르므로 이를 순방향 신경망이라고 합니다. 정보는 항상 신경망을 통해 '전송'되며 이전 노드로 되돌아가지 않습니다. 즉, 순방향 신경망은 일종의 비순환이며 순방향 그래프입니다.

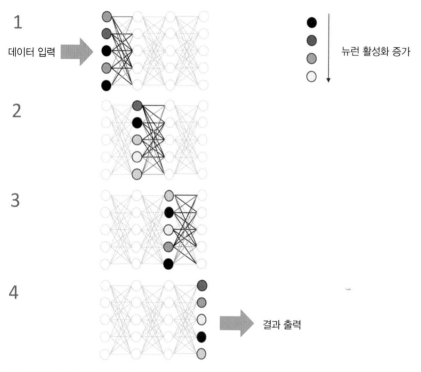

그림 3-2 다층 퍼셉트론의 단계별 과정

데이터가 신경망의 은닉층을 통과해 이미지를 분류하고 오디오를 텍스트로 변환할 때 분명히 많은 일이 일어납니다. 은닉층이 입력받은 데이터를 고양이 또는 'a' 등의 음소와 같은 관련 정보로 처리하는 중이라고 가정할 수 있습니다. 더 높은 수준의 특성을 추출한 다음 관련 결과가 출력층에서 나올 때까지 잠재적으로 조합합니다.

3.3 수학 함수로서의 심층 신경망 모델

지금까지는 뉴런과 그 상호 연결을 고려해 순수하게 개념적, 시각적으로 생물학적 뇌의 처리 과정과 유사한 심층 신경망을 생각했습니다. 그러나 심층 신경망을 포함한 머신러닝 모델은 실제로 수학 함수입니다. 수학에서 함수는 복잡할 수 있지만 머신러닝 모델에서 함수는 단지 수학의 일부일 뿐입니다.

간단히 말해 머신러닝 모델은 입력을 받고 출력을 반환하는 수학 함수입니다. 따라서 다음과 같이 작성할 수 있습니다.

$$y = f(x)$$

함수 f 가 무엇인지 알아내는 과정이 곧 모델이 훈련을 하는 과정입니다.

심층 신경망의 배후에 있는 수학을 소개하기 위해 패션 데이터 예제인 Fashion-MNIST를 사용하겠습니다. 이 데이터셋은 머신러닝 모델 실험과 벤치마킹을 위해 온라인으로 제공합니다.

> **TIP_ 인공 신경망의 보편성**
>
> 기존 머신러닝 기술과 비교해볼 때 심층 신경망 모델이 차별화되는 주된 요소는 심층 신경망이 '일반적인' 경우에도 적용 가능하다는 것입니다. 즉, 함수가 아무리 복잡하더라도 모든 함수의 정확한 근사치를 나타낼 수 있는 신경망이 있습니다. 심층 신경망이 보편성 원칙을 준수하는 데는 은닉층 하나로 충분합니다.

Fashion-MNIST는 28×28픽셀 해상도의 70,000개 회색조 이미지로 이루어졌습니다. 각 이미지는 'T-shirt / top', 'Trouser', 'Pullover', 'Dress', 'Coat', 'Sandal', 'Shirt', 'Sneaker', 'Bag', 'Ankle boot' 총 10가지 중 하나로 분류할 수 있는 패션 아이템을 나타냅니다. 이 데이터셋에 포함된 이미지와 해당 라벨이 [그림 3-3]에 나와있습니다.

Fashion-MNIST 데이터셋은 대부분 이미지에 복잡한 요소가 없기 때문에 특히 심층 신경망 모델을 사용해 이미지 분류를 배우기에 좋습니다. 먼저 이미지 해상도가 낮고 흑백입니다. 따라서 분류를 수행하는 데 필요한 심층 신경망의 복잡성이 줄어 전문 하드웨어 없이도 쉽게 훈련할 수 있습니다. 둘째, [그림 3-3]에서 볼 수 있듯이 각 이미지는 중앙에 배치된 단일 아이템만 나타냅니다. 이미지 내에서 공간 위치를 처리하려면 더 복잡한 심층 신경망 아키텍처가 필요하다는 내용은 4장에서 배우겠습니다.

그림 3-3 Fashion-MNIST 데이터셋에는 단순하게 묘사한 패션 아이템과 관련 라벨이 있습니다.

이 데이터셋을 사용해 간단한 신경망 이미지 분류를 실험할 수 있습니다. 입력 이미지를 제공해 의류 분류기를 생성할 수 있습니다. [그림 3-4]는 바지 이미지를 입력으로 제공해 훈련한 심층 신경망에 우리가 원하는 것이 무엇인지를 개념적으로 보여줍니다.

심층 신경망 모델은 f입니다. 잘 훈련된 이미지 분류 심층 신경망 모델은 몇 개의 바지 이미지(x로 표시)가 제시되면 '이것은 바지 한 벌입니다'라는 의미의 y 값을 반환합니다.

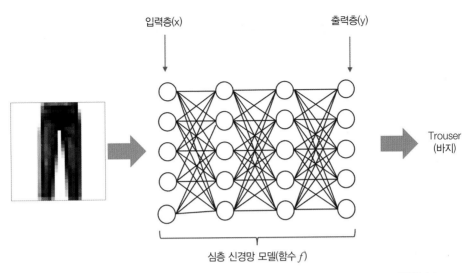

입력층(x)　　　　　　　　　　　　출력층(y)

심층 신경망 모델(함수 f)

Trouser
(바지)

그림 3-4 가장 간단한 수준에서 Fashion-MNIST 이미지 분류 모델은 이미지를 가져와 분류를 반환합니다.

심층 신경망 모델로 이미지를 10가지 패션 아이템 중 하나로 출력하는 훌륭한 작업을 하기 위해 수학자가 될 필요는 없습니다. 먼저 모델에서 입력과 출력을 생각해보고 그다음 입력과 출력 사이에서 이루어지는 과정을 고려하겠습니다. 마지막으로 정확히 예측하기 위해 모델이 어떻게 훈련하는지 살펴보겠습니다.

3.3.1 심층 신경망의 입력과 출력

입력층의 각 뉴런에는 입력 데이터의 측면을 나타내는 값을 할당합니다. 따라서 Fashion-MNIST 입력의 경우 입력층의 각 뉴런은 입력 이미지의 한 픽셀값을 나타냅니다. 각 이미지에 28×28픽셀이 있으므로 모델에는 입력층에 784개의 뉴런이 필요합니다. [그림 3-4]에 보이는 5개의 입력 뉴런은 매우 단순히 표현한 것입니다. 이 계층의 각 뉴런에는 해당 픽셀의 강도를 나타내는 0에서 255 사이의 값을 할당합니다.[3]

출력층은 심층 신경망이 생성하도록 훈련한 출력을 나타내는 또 다른 값(번호) 목록입니다. 일반적으로 이 출력은 각 단일 분류와 관련된 '예측' 목록입니다. Fashion-MNIST 데이터셋에는 10가지 패션 카테고리가 있으므로 출력층에는 10개 뉴런과 10개 숫자가 있으며, 각각

---

3 실제로는 이 값을 모두 0과 1 사이로 조정하는 것이 좋습니다.

은 이미지가 특정 패션에 속한다는 상대적인 신뢰를 나타냅니다. 첫 번째 뉴런값은 이미지가 'T-shirt / top'이라는 예측을 나타내고 두 번째 뉴런값은 이미지가 'Trouser'라는 예측을 나타냅니다.

이것은 분류 작업이므로 출력층에서 가장 활성화한(즉 가장 높은 값의) 뉴런이 심층 신경망의 답을 출력합니다. [그림 3-4]에서 'Trouser'에 해당하는 뉴런은 모델이 성공적으로 분류한 경우 가장 높은 활성화를 나타냅니다.

입력 목록(픽셀값)과 출력 목록(패션 분류 신뢰도)은 수학에서 '벡터'로 표시합니다. 따라서 이전 공식은 벡터 입력 x를 가져와서 벡터 출력 y를 반환하는 함수로 더 잘 표현할 수 있습니다.

$$\begin{pmatrix} y_1 \\ y_2 \\ \vdots \\ y_{n-1} \\ y_n \end{pmatrix} = f \begin{pmatrix} x_1 \\ x_2 \\ \vdots \\ x_{i-1} \\ x_i \end{pmatrix}$$

여기서 i는 입력층의 뉴런 수(Fashion-MNIST의 경우 784개)이고 n은 출력층의 뉴런 수 (Fashion-MNIST의 경우 10개)입니다.

심층 신경망을 나타내는 수학 함수란 개념에서 함수는 하나의 벡터(입력)를 사용하고 다른 벡터(출력)를 반환합니다. 그런데 '함수'란 정확히 어떤 것일까요?

3.3.2 심층 신경망의 내부와 순방향 처리

입력층, 출력층과 마찬가지로 심층 신경망의 은닉층도 벡터로 표시합니다. 신경망의 모든 계층은 뉴런당 하나의 값을 가진 간단한 벡터로 표현할 수 있습니다. 입력층을 기술하는 벡터값은 첫 번째 은닉층의 벡터값을 결정함으로써 예측을 나타내기 위해 출력 벡터를 생성할 때까지 이어지는 은닉층의 벡터값을 결정하게 됩니다.

그렇다면 한 계층의 벡터값은 다음 계층의 벡터값에 어떤 영향을 미칠까요? 심층 신경망 모델이 실제로 답을 계산하는 방법을 이해하기 위해 [그림 3-5]에서 옅은 파란색으로 음영 처리된 신경망의 특정 노드를 확대하고 활성화값을 계산해보겠습니다.

특정 뉴런값은 뉴런 이전 층의 활성화에 의해 정의되며, 각 뉴런은 첨자가 달린 문자 a로 표시되었습니다.

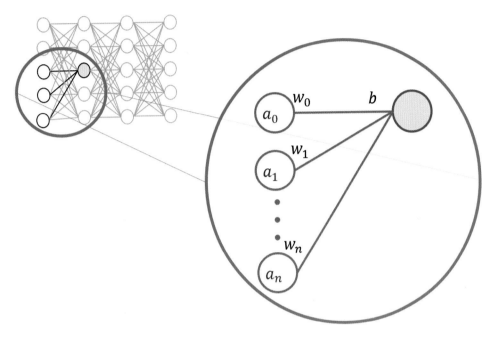

그림 3-5 활성화 함수를 자세히 보기 위해 신경망 뉴런 확대

간단한 순방향 신경망에는 두 가지 유형의 조정 가능한 매개변수가 있습니다.

가중치

개별 가중치값은 신경망의 각 연결과 관련됩니다. 연결 강도 또는 연결된 뉴런의 활성화가 연결된 뉴런에 미치는 영향의 정도를 결정합니다. [그림 3-5]에서 각 가중치는 첨자가 달린 문자 w로 표시되었으며 서로 연결되었음을 나타냅니다.

편향

개별 편향값은 신경망의 모든 뉴런과 관련됩니다. 뉴런이 어떤 활성 경향이 있는지 여부를 결정합니다. [그림 3-5]에서는 문자 b가 편향을 표시합니다.

입력층 이후 특정 뉴런의 활성화는 뉴런의 그다음 연결부에서 발생하는 입력과 뉴런의 편향에 의해 조정되어 결정됩니다. 각 연결부의 입력은 연결 뉴런의 활성화와 연결되어 자체의 가중치의 산물을 생성합니다. 따라서 [그림 3-5]의 첫 번째 연결부의 입력은 연결 가중치와, 연결된 뉴런과 관련된 편향의 곱입니다.

$$w_0 \cdot a_0$$

이제 모든 것을 연결해 모든 입력과 관련된 합을 계산합니다.

$$w_0 \cdot a_0 + w_1 \cdot a_1 + \ldots + w_{\{n-1\}} \cdot a_{\{n-1\}} + w_n \cdot a_n$$

이어서 연결된 뉴런과 관련된 편향을 추가합니다.

$$w_0 \cdot a_0 + w_1 \cdot a_1 + \ldots + w_{n-1} \cdot a_{n-1} + w_n \cdot a_n + b$$

심층 신경망을 필요에 따라 사용할 수 있도록 하기 위해 이 계산 결과를 '활성화 함수'에 제공합니다. 이것을 A로 정의하겠습니다. 이는 입력 데이터에 의해 활성화가 직접 결정되는 입력층의 네트워크가 아닌 다른 네트워크에서 특정 뉴런의 활성화를 계산하는 공식을 제공합니다.

$$A\left(w_0 \cdot a_0 + w_1 \cdot a_1 + \ldots + w_{\{n-1\}} \cdot a_{\{n-1\}} + w_n \cdot a_n + b\right)$$

신경망 처리 중에 사용할 수 있는 여러 가지 활성화 함수가 있습니다. 신경망의 각 뉴런에 대한 특정 함수는 신경망을 설계할 때 명시적으로 정의하며 신경망 유형과 네트워크 계층에 따라 다릅니다.

예를 들어, 심층 신경망의 은닉층에서 매우 잘 작동한다고 증명된 활성화 함수는 ReLU입니다. 신경망에서 은닉층은 작은 입력으로도 뉴런이 발생하지 않고 더 큰 뉴런이 발생하는 경우 학습에 가장 효과적입니다. 이는 특정 임계값에서 처리하는 뇌의 시냅스와 같으며 ReLU는 바로 이 개념을 모방합니다. ReLU 기능에 입력하는 경우 간단합니다.

$$\left(w_0 \cdot a_0 + w_1 \cdot a_1 + \ldots + w_{\{n-1\}} \cdot a_{\{n-1\}} + w_n \cdot a_n + b\right)$$

정적 임계값(보통 0)을 초과하면 함수는 해당 값을 반환하고, 그렇지 않으면 0을 반환합니다. 이 함수는 [그림 3-6]에 나와있습니다.

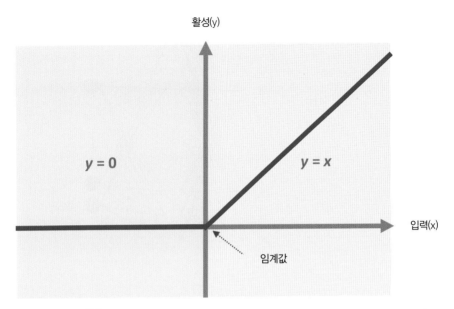

그림 3-6 ReLU 함수

심층 신경망이 분류 작업을 수행할 때 최종 계층이 모두 합해서 1의 예측 확률 세트를 출력하는 것이 유용합니다. 따라서 Fashion-MNIST 분류의 경우 점수를 받는 최종 계층을 사용하는 신경망에 필요합니다. 신경망에서 '로짓logits'이라는 출력을 확장해 확률을 나타내므로 정확히 더해서 1이 됩니다. 이 계층의 뉴런은 'softmax'라는 다른 활성화 함수를 사용해 스케일링 단계를 수행합니다.

이 모든 것을 적용해 Fashion-MNIST 분류 모델을 만들면 [그림 3-4]를 더 정확하게 그릴 수 있습니다. 은닉층의 수와 각 은닉층의 뉴런 수는 다소 임의적이지만 좋은 결과를 얻으려면 몇 가지 규칙이 있습니다. 전형적으로 은닉층에는 입력층 뉴런 수와 출력층 뉴런 수 사이의 뉴런 수가 있으면 충분합니다 각각 56개의 뉴런이 있는 은닉층이 2개 있다고 가정해봅시다. 이 신경망의 최종 구조는 [그림 3-7]과 같습니다.

다음 절에서는 모든 가중치와 편향값이 어떻게 좋은 결과를 얻도록 조정되는지 알아보겠습니다.

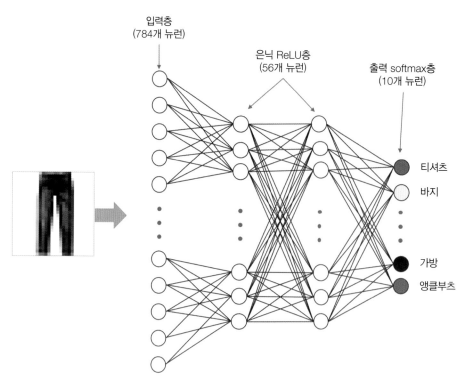

그림 3-7 Fashion-MNIST 데이터를 분류하는 심층 신경망

3.3.3 심층 신경망이 학습하는 방법

지금까지 우리는 심층 신경망 모델이 수학 함수 *f*임을 확인했습니다. '심층 신경망의 입력과 출력'(3.3.1)에서 이를 입력 데이터를 나타내는 벡터를 사용해 출력 벡터를 반환하는 함수로 작성했습니다. 우리는 이 내용을 간단히 다음 식으로 표현할 수 있습니다.

$$\mathbf{y} = f(\mathbf{x})$$

여기서 굵게 표시된 **x**와 **y**는 벡터를 나타냅니다.

함수 *f*는 신경망에서 각각의 가중치와 편향을 나타내는 많은 매개변수를 포함합니다. 입력에 부합하는 예상되는 출력을 제공하려면 올바르게 조정해야 합니다. 이번에는 입력 이미지와 모든 가중치와 편향을 나타내는 매개변수 집합을 모두 사용하는 함수를 지정해 이전 식을 다시 작성하겠습니다. 문자 Θ(세타)는 네트워크에서 가중치와 편향의 모든 값을 나타내는 표기법입니다.

$$\mathbf{y} = f(\mathbf{x}; \Theta)$$

신경망 훈련에서는 이러한 가중치와 편향(Θ)을 조정해 훈련 입력을 신경망에 제공할 때마다 가능한 한 훈련 라벨의 정확한 목표 라벨 분류에 가까운 값을 반환합니다. 이러한 모든 매개변수를 최적화하는 작업을 과소 평가하지 마세요. 심층 신경망 함수에는 숨겨진 뉴런마다 하나의 편향 매개변수와 각 연결부에 지정된 가중치가 있습니다. 따라서 각 계층에는 다음과 같은 공식이 있습니다.

계층당 매개변수의 수 = (이전 계층에 있는 노드의 수 * 현재 계층에 있는 노드의 수) + 현재 계층에 있는 노드의 수

예를 들어, [그림 3-7]에 표시된 Fashion-MNIST 분류 모델의 경우 47,722개의 서로 다른 매개변수를 조정할 수 있습니다. 이는 비교적 간단한 신경망입니다! 그러므로 심층 신경망을 훈련시키는 데 상당량의 훈련 데이터 예제가 필요하고 막대한 계산 비용이 든다는 사실은 새삼 놀라울 게 없습니다.

훈련을 시작하기 위해 신경망 내 가중치와 편향을 무작위로 초기화합니다. 결과적으로 신경망은 어마어마한 성능을 낼 것입니다. '학습'의 보람이 있습니다. 이 학습 단계에서는 가중치와 편향이 반복적으로 조정되어 심층 신경망이 새로운 예제에도 정답을 반환할 수 있도록 모든 훈련 데이터에서 최적으로 작동합니다.

학습 방법은 이렇습니다. 신경망은 훈련 데이터셋의 예제 입력을 반복적으로 제공하고 훈련 입력과 관련된 예상되는 라벨에 비해 얼마나 나쁜지를 점수로 매깁니다. 이 점수는 신경망의 비용 또는 손실이라고 하며, 신경망이 작업을 얼마나 잘 수행하는지를 정량화하는 특수 함수인 비용 함수 또는 손실 함수로 결정합니다. 비용이 크면 네트워크의 결과가 좋지 않습니다. 비용이 작으면 네트워크가 제대로 작동하는 것입니다.

비용 함수는 여러 가지 매개변수를 취합니다. 심층 신경망 함수 f 자체는 Θ로 표시하는 매개변수인 모든 가중치와 편향과 훈련 예제입니다. 훈련 예제 라벨도 '좋은' 답이 무엇인지 확인하기 위해 필요합니다.

단일 훈련 예제의 경우 비용 함수는 다음과 같이 표현할 수 있습니다.

$$C(f(\mathbf{x}; \Theta), \mathbf{l})$$

C는 훈련 데이터 x 및 관련 목표 예측 l를 고려하여, 매개변수 Θ를 갖는 심층 신경망 f의 비용 함수를 나타냅니다.

함수 C는 실제로 무슨 일을 할까요? 하나의 훈련 예제에서 모델의 성능을 측정하는 방법은 여러 가지가 있습니다. 간단한 방법은 해당 훈련 예제의 심층 신경망에서 생성한 실제값에서 예상 라벨을 빼는 것입니다. 목표 라벨과 예측한 확률의 불일치가 더 큰 불균형 손실값을 생성하도록 차이를 제곱합니다. 이로 인해 목표값과 예측값의 차이가 크면 작은 값일 때보다 더 큰 불이익을 받게 합니다.

특정 훈련 예제의 비용을 측정하는 데 사용하는 방정식은 다음과 같습니다.

$$\left(\begin{pmatrix} y_0 \\ y_1 \\ \vdots \\ y_{n-1} \\ y_n \end{pmatrix} - \begin{pmatrix} l_0 \\ l_1 \\ \vdots \\ l_{n-1} \\ l_n \end{pmatrix} \right)^2$$

i가 올바른 대상 분류를 나타내는 경우 l_i의 값은 1이고, 그렇지 않은 경우 0입니다.

달리 말하면, 훈련 예제의 비용은 다음과 같습니다.

$$C(f(\mathbf{x}; \Theta), \mathbf{l}) = (f(\mathbf{x}; \Theta) - \mathbf{l})^2$$

예를 들어, 훈련 중 바지 한 벌의 이미지가 있는 Fashion-MNIST 이미지 분류기를 제시하면 다음 벡터를 반환합니다.

$$\begin{pmatrix} 0.232 \\ 0.119 \\ \vdots \\ 0.151 \\ 0.005 \end{pmatrix}$$

이미지와 관련된 대상 라벨은 벡터의 두 번째 값에 해당하는 'Trouser'입니다. 이상적으로 이 값은 현재의 값 0.119가 아니라 1에 가까워야 합니다. 신경망이 완벽하게 잘 수행되었다면 예측 벡터를 반환했을 것입니다.

$$\begin{pmatrix} 0 \\ 1 \\ \vdots \\ 0 \\ 0 \end{pmatrix}$$

이 예제의 계산된 비용은 목표 벡터와 라벨 예측 간 차이의 제곱입니다.

$$\left(\begin{pmatrix} 0.032 \\ 0.119 \\ \vdots \\ 0.151 \\ 0.005 \end{pmatrix} - \begin{pmatrix} 0 \\ 1 \\ \vdots \\ 0 \\ 0 \end{pmatrix} \right)^2 = 0.001 + 0.776 + .. + 0.023 + 0.000$$

이 경우 바지 분류의 비용이 높음을 알 수 있습니다. 따라서 이 문제를 해결하려면 신경망의 일부 매개변수를 조정해야 합니다.

그러나 신경망의 성능을 실제로 평가하려면 모든 훈련 예제의 비용을 고려해야 합니다. 전체 성능을 측정하는 한 가지 방법은 평균 비용을 계산하는 것입니다. 이 계산은 손실 함수를 제공하는데, 이 함수는 모든 오류의 제곱 평균을 취해 평균 제곱 오차(MSE)라고 합니다.

다른 손실 함수는 다른 알고리즘을 사용해 훈련 중 손실을 계산합니다. 분류 모델의 경우 일반적으로 '범주형 교차 엔트로피' 손실 함수를 사용합니다. 이 함수는 네트워크가 더 높은 신뢰도로 반환하는 오류를 줄이는 데 더 좋습니다. 3장 마지막 섹션에 있는 예제 코드에서 이 손실 함수를 사용하겠습니다.

신경망을 개선하기 위해 평균 비용을 가능한 한 최솟값으로 줄이려면 가중치와 편향을 조정해야 합니다. 다시 말해, Θ로 표시되는 매개변수는 가능한 한 모든 훈련에서 최고의 결과를 낼 때까지 조정해야 합니다. 이 시점에서 신경망이 최적으로 조정됩니다. 이것이 경사 하강[gradient descent]이라는 방법입니다.

경사 하강법을 이해하기 위해 신경망에 조정 가능한 매개변수 Θ_i가 수천 개가 아니라 하나만 있다고 가정합니다. 이런 가정에서는 [그림 3-8]과 같은 표현이 가능해집니다. x 축은 조정 가능한 매개변수에 해당합니다. x 값이 주어지면 신경망의 평균 비용은 선택한 손실 함수(이를테면 MSE)를 사용해 계산할 수 있습니다. 물론 x 축은 매우 단순화되었습니다. 각 매개변수에 하나씩 수천 개의 축이 되어야 하지만 그림은 단지 개념을 나타낼 뿐입니다.

곡선에 찍힌 임의의 점은 신경망의 가중치와 편향의 특정 조합 비용을 나타냅니다. 훈련 단계가 시작될 때 매개변수가 무작위로 초기화되면 비용이 높아집니다. 비용을 최솟값으로 낮추는 매개변수를 찾아야 합니다.

경사 하강법은 수학 방법을 사용해 현재 훈련 단계, 즉 현재 매개변수 설정 Θ에서 비용 함수의 기울기[gradient]를 계산합니다. 그런 다음 이 기울기를 사용해 신경망에서 각 가중치와 편향을 늘리거나 줄여보면서 결과를 향상시킬 수 있는지 계산합니다. 이 기술을 반복적으로 적용해 신경망 매개변수를 최적화해 좋은 결과를 얻게 됩니다. 경사 하강법은 [그림 3-8]에서 함수의 기울기를 내리는 것과 비슷합니다. 그래프에 '양호한 매개변수 최적화'로 표시된 최적의 지점이 아닌 곳으로 굴러갈 위험이 있습니다. 여기서 '최고의 매개변수 최적화' 위치에 도달하기 위해 먼저 오르막을 올라야 하므로 '고착'됩니다. 이 지점을 '부분 최소'라고 합니다. 위험을 줄이기 위해 경사 하강 중에 이 기법을 사용할 수 있습니다[4].

---

4 딥러닝은 잠재적인 변경 가능한 매개변수의 수로 인해 비용 그래프에 말 안장처럼 점들이 추가되어 복잡해집니다. 이들 점은 하나의 매개변수에서 최소로 보이지만 다른 매개변수에서는 최대로 보입니다. 이것을 시각적으로 보여주기 위해 한 방향은 당신을 위로 데려가고 다른 방향은 당신을 아래로 데려가는 말 안장 중앙에 있는 한 점을 생각해봅시다.

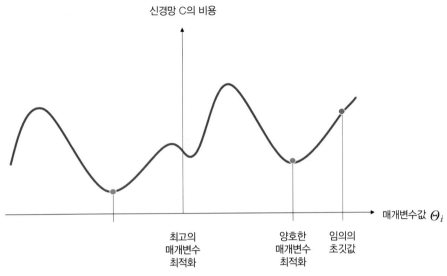

신경망 C의 비용

매개변수값 Θ_i

최고의
매개변수
최적화

양호한
매개변수
최적화

임의의
초깃값

그림 3-8 경사 하강법을 사용해 신경망의 매개변수를 조정함으로써 훈련 중 비용, 즉 손실을 최소화합니다.

심층 신경망 훈련 단계 동안에 어떤 가중치와 편향을 업그레이드하고 어느 정도로 할지 결정하는 것을 '역전파backpropagation'라고 하는데, 출력층에서 계산된 손실이 신경망을 통해 '뒤로 전달'되어 가중치와 편향 매개변수가 조정되기 때문입니다. 역전파를 계산하는 수학은 복잡하며 적대적 사례를 이해하는 데 필요하지 않습니다.[5] 그래도 궁금하다면 '심층 신경망의 내부와 순방향 처리'(3.3.2)에 소개된 신경망 처리의 순방향 측면을 자세히 이해해야 합니다. 이 책의 깃허브에 있는 유용한 리소스 링크를 활용하세요.

경사 하강법은 머신러닝에서 중요하고 자주 사용되는 개념이며, 일반적으로 학습 중에 모델을 최적화하는 데 사용하는 기술입니다. 5장에서는 적대적 사례 생성을 최적화하기 위해 이 기술을 적용합니다.

3.4 간단한 이미지 분류기 만들기

딥러닝 모델을 맨 처음부터 만들고 훈련시키는 일은 순방향 처리 및 역전파와 관련한 수학 내

---

5 역전파는 심층 신경망의 각 계층에 있는 함수의 기여도에 따라 (x)를 최적화하는 수학 기법인 연쇄 법칙 규칙을 사용합니다.

용을 이해해야 하는 어려운 작업입니다. 최근에는 모델을 자동으로 생성하고 훈련시킬 수 있는 라이브러리가 개발되었습니다. 기반이 되는 알고리즘을 직접 만들 필요 없이 라이브러리로 심층 신경망을 매우 간단하게 만들 수 있습니다.

지금부터 파이썬으로 Fashion-MNIST 이미지 데이터의 분류 모델을 만드는 데 필요한 기본 예제 코드를 살펴보겠습니다. 오픈 소스 라이브러리를 사용해 심층 모델을 만드는 것이 얼마나 쉬운지 보여주려 합니다. 모델을 생성하고 훈련시키기 위해 딥러닝 라이브러리 텐서플로의 케라스 API를 사용합니다. 케라스 소개에서 제공하는 온라인 자습서 중 하나를 기반으로 한 예제 코드입니다.[6]

'완전히 연결됨'이란 각 계층의 모든 노드가 이어지는 계층의 모든 노드에 연결됨을 의미합니다. 또한 '순방향'이므로 입력층부터 은닉층, 출력층 순서대로 계산합니다.

우선 가장 먼저 필요한 라이브러리인 텐서플로와 케라스 API를 불러옵니다.

```
import tensorflow as tf
from tensorflow import keras
```

Fashion-MNIST 데이터는 케라스 라이브러리에 포함되었습니다. 모델 훈련 데이터셋과 평가에 사용할 데이터셋 두 가지를 제공합니다. 두 데이터셋은 각 이미지마다 해당되는 라벨 목록을 제공합니다. 평가 데이터셋에서 제공하는 라벨로 모델이 얼마나 잘 훈련했는지를 평가하며, 평가 데이터셋으로 결과가 예측과 잘 맞는지를 비교합니다.

10가지의 분류명 목록을 제공하는 것도 편리합니다. 이렇게 하면 나중에 분류 번호 '0'이 아닌 분류명 'T-shirt / top'을 출력할 수 있습니다.

---

6 텐서플로 사이트에서도 원래 자습서를 볼 수 있습니다. 케라스 자습서는 케라스 프로그래밍 모델의 개념을 알려주는 훌륭한 자료입니다.

```
fashion_mnist = keras.datasets.fashion_mnist
(train_images,train_labels),(test_images,test_labels) = fashion_mnist.load_data()
class_names = ['T-shirt/top', 'Trouser', 'Pullover', 'Dress', 'Coat', 'Sandal',
'Shirt', 'Sneaker', 'Bag', 'Ankle boot']
```

[그림 3-9]에 출력된 인덱스가 9인 이미지를 예제로 살펴보겠습니다.

```
import matplotlib.pyplot as plt
plt.gca().grid(False)
plt.imshow(test_images[9], cmap=plt.cm.binary)
```

데이터셋에 포함된 이미지는 0~255의 밝기를 값으로 가진 배열입니다. 이 값을 0과 1 사이의 값으로 정규화해 심층 신경망의 입력층에 전달합니다.

```
train_images = train_images/255.0
test_images = test_images/255.00
```

케라스 API는 예제에서 사용하는 ReLU나 softmax처럼 상황에 맞는 활성화 함수를 가진 계층으로 모델을 만드는 간단한 방법을 제공합니다. 아래 예제 코드는 [그림 3-7]과 같은 모델 구조를 생성하는 방법을 보여줍니다. 모델이 어떻게 학습하고 어떻게 정확도를 판단하는지 방법을 정의하는 변수도 포함합니다.

```
model = keras.Sequential([keras.layers.Flatten(input_shape=(28,28)),
                          keras.layers.Dense(56, activation='relu'),
                          keras.layers.Dense(56, activation='relu'),
                          keras.layers.Dense(10, activation='softmax')
                         ])
model.compile(optimizer=tf.keras.optimizers.Adam(), ❶
              loss='sparse_categorical_crossentropy', ❷
              metrics=['accuracy']) ❸
```

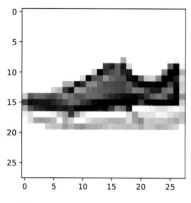

그림 3-9 실행 결과

❶ optimizer 매개변수는 훈련 중에 신경망을 어떻게 최적화할지 지정합니다. 예제에서 Adam 최적화 함수는 경사 하강법을 수행하는 지능형 알고리즘을 사용해 훈련 시간을 줄여주기 때문에 좋은 사례입니다.

❷ 앞에서 설명한 손실 함수를 정의합니다. 손실 함수 sparse_categorical_crossentropy 는 categorical_crossentropy를 변경한 것으로 대상 라벨을 1로 설정된 0이 아닌 배열이 아니라 단일 값 목록으로 전달할 때 사용합니다. 이 표현은 한 번에 정확히 하나의 클래스만 적용할 때 가능합니다. 예를 들어 'Pullover'를 나타내는 라벨은 훈련 라벨 데이터에서 [0, 0, 1, 0, 0, 0, 0, 0, 0, 0]가 아닌 0에서 시작하는 리스트의 세 번째 항목이므로 2로 출력합니다.

❸ metrics 매개변수는 훈련 중 어떻게 모델을 판단할지 지정합니다.

생성한 모델을 살펴보고 예상한 모델인지 확인합니다.

```
model.summary()
```

실행 결과는 다음과 같습니다.

```
Model: "sequential"
_____
Layer (type)                 Output Shape              Param #
=================================================================
```

```
flatten (Flatten)              (None, 784)              0
_____
dense (Dense)                  (None, 56)               43960
_____
dense_1 (Dense)                (None, 56)               3192
_____
dense_2 (Dense)                (None, 10)               570
=================================================================
Total params: 47,722
Trainable params: 47,722
Non-trainable params: 0
_____
```

잘 정리되어 출력됩니다. 모든 매개변수 개수는 '심층 신경망이 학습하는 방법'(3.3.3)에서 계산한 값과도 일치합니다.

계속 설명 중인 케라스 API를 이용하면 모델을 훈련시키는 데 단 한 줄이면 됩니다. fit이라는 함수를 호출합니다. 이 함수는 모델의 훈련 데이터에 필요한 사항을 제공합니다. epochs 매개변수는 훈련을 반복할 횟수를 정의합니다. 즉 모든 훈련 데이터로 계산한 손실을 기반으로 모델이 구체화되는 횟수를 정의합니다. 예제에서는 6으로 설정합니다.

```
model.fit(train_images, train_labels, epochs=6)
```

딥러닝 모델은 아래와 같이 훈련합니다.

```
Epoch 1/6
1875/1875 [==============================] - 2s 1ms/step - loss: 0.5150 - accuracy: 0.8173
Epoch 2/6
1875/1875 [==============================] - 2s 1ms/step - loss: 0.3815 - accuracy: 0.8610
Epoch 3/6
1875/1875 [==============================] - 2s 1ms/step - loss: 0.3421 - accuracy: 0.8759
Epoch 4/6
1875/1875 [==============================] - 2s 977us/step - loss: 0.3207 - accuracy: 0.8818
Epoch 5/6
1875/1875 [==============================] - 2s 977us/step - loss: 0.3035 - accuracy: 0.8885
Epoch 6/6
1875/1875 [==============================] - 2s 992us/step - loss: 0.2900 - accuracy: 0.8930

<tensorflow.python.keras.callbacks.History at 0x1f0ebd99df0>
```

보시다시피, 케라스는 훈련과 관련해 훈련 단계마다 모델의 손실과 정확도를 출력합니다. 모델 정확도는 정확하게 분류되었는지에 대한 훈련 데이터의 백분율입니다. 모델 정확도가 높아질 수록 손실은 줄어듭니다. 이것이 바로 경사 하강법의 결과입니다. 앞서 [그림 3-8]에서 설명했 듯이 모델의 가중치와 편향이 손실을 최소화하도록 조정됩니다.

케라스는 훈련한 후 생성한 모델의 정확성을 확인하기 위해 다음과 같은 방법을 제공합니다. 훈련 시 제공한 데이터가 아닌 다른 데이터에서도 모델이 정확히 분류하기를 원하기 때문에 이 번에는 결과 라벨이 제공되는 평가 데이터셋을 사용합니다.

```
test_loss, test_acc = model.evaluate(test_images, test_labels)
print('Model accuracy based on test data:', test_acc)
```

평가한 결과는 다음과 같습니다.

```
313/313 [====================] - 0s 900us/step - loss: 0.3672 - accuracy: 0.8674
Model accuracy based on test data: 0.8673999905586243
```

모델 정확도는 평가 데이터가 훈련 데이터보다 약간 더 낮습니다. 이는 모델이 평가 데이터에 맞춰 너무 많이 조정되었음을 의미합니다. 이는 훈련 데이터에 너무 정확하게 맞고 다른 데이 터에 충분히 일반화되지 않기 때문에 '과적합'이라고 합니다. 평가 데이터셋에서도 90% 정도의 정확도가 좋습니다.

평가 데이터셋에서 특정 이미지에 대해 모델이 생성하는 예측을 살펴보겠습니다. 인덱스가 6인 이미지를 대상으로 합니다. 먼저 우리가 예측할 결과의 이미지와 그 라벨(그림 3-10)을 출력합니다.

```
image_num = 6
print("Expected label: ", class_names[test_labels[image_num]])

import matplotlib.pyplot as plt
imgplot = plt.imshow(test_images[image_num], cmap=plt.cm.binary)

Expected label:  Coat
```

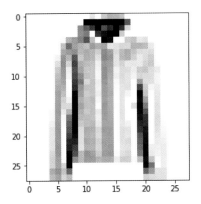

그림 3-10 실행 결과

케라스는 `predict` 함수를 사용해 입력값에 대한 예측을 생성합니다. 아래 예제 코드는 평가 데이터 이미지에 대한 모델 예측을 생성하고 선택한 이미지에 대한 예측을 출력합니다.

```
predictions = model.predict(test_images)
print("Predictions for image:", predictions[image_num])
```

아래와 같이 예측을 생성합니다.

```
Predictions for image: [1.5525760e-04 4.7231128e-04 4.7063911e-03 3.7771915e-05
9.8983711e-01
 7.8739149e-08 4.7861924e-03 8.3969792e-10 4.3165869e-06 4.4679697e-07]
```

결과는 선택한 이미지에 대한 모델의 마지막 층에서 생성한 벡터입니다. softmax 층은 모든 값의 합이 1이 됩니다. 정말 1이 되는지 더해보겠습니다.

```
total_probability = 0
for i in range(10):
    total_probability += predictions[image_num][i]
print(total_probability)
```

더한 결과는 다음과 같습니다.

```
0.9999998773726799
```

가장 높은 예측값을 가지고 분류한 패션 이미지를 반환하는 예제 코드는 다음과 같습니다.

```python
import numpy as np
index_of_highest_prediction = np.argmax(predictions[image_num])

print("Classification: ", class_names[index_of_highest_prediction])
print("Confidence:     ", predictions[image_num][index_of_highest_prediction])
```

실행 결과는 다음과 같습니다.

```
Classification:  Coat
Confidence:      0.9898371
```

모델이 이미지를 'Coat'로 정확하게 분류했으며, 이 예측을 확신함을 알 수 있습니다.

나중에 다시 사용할 수 있도록 모델을 저장합니다.

```python
model.save("models/fashionMNIST.h5")  ❶
```

❶ 모델을 models 디렉터리에 HDF5 형식으로 저장합니다.

앞으로 적대적 사례를 살펴보기 위해 이 분류기를 사용하겠습니다.

## CHAPTER 4

이미지, 오디오, 영상을 처리하는 심층 신경망

3장에서는 신경망 기술을 설명하고 의류 이미지를 분류하는 신경망을 만들어보았습니다. Fashion-MNIST는 단순화한 데이터라서 현실을 제대로 반영하지 못했습니다. 심층 신경망은 단순한 순방향 완전 연결 신경망 이외의 많은 구조를 사용해 더 복잡한 문제를 해결할 수 있습니다.

심층 신경망을 설계하는 방법은 계층의 구조, 계층의 유형, 노드 연결 방법 등에 따라 다양합니다. 수행할 작업에 따라 신경망이 달라지듯이 심층 신경망도 알고리즘을 결합함으로써 다양한 특징을 가지며 더 복잡한 작업을 처리할 수 있습니다.

4장에서는 심층 신경망 기술로 이미지, 오디오, 영상 등을 어떻게 처리하는지 알아봅니다. 3장에서 배운 기본 지식을 바탕으로 신경망 분야에서 일반적으로 사용하는 기본 개념과 전통적인 처리 방법을 결합해 최상의 결과를 얻는 방법을 알아보겠습니다.

3장에서 중점적으로 다룰 두 가지 신경망은 합성곱 신경망Convolutional Neural Network(CNN)과 순환 신경망Recurrent Neural Networks(RNN)입니다. 이미지와 음성 처리에 사용하는 일반적인 패턴을 설명하고 이 책의 뒷부분에서 다시 살펴보겠습니다. CNN과 RNN은 이미지, 음성, 영상 처리와 관련된 심층 신경망일 뿐만 아니라, 가장 일반적으로 사용하는 신경망입니다. 4장에서는 신경망을 간략하게 소개합니다. 특정 신경망 종류에 관심이 있다면 이 책의 깃허브 자료를 참고하기 바랍니다.

심층 신경망을 사용해 이미지와 오디오를 처리하는 방법과 적대적 사례를 만들기 위해 데이터를 조작하는 방법을 이해해야 합니다. 그리고 그 시작은 바로 데이터를 계산식으로 표현하는 것입니다. 4장의 각 절은 특정 데이터 유형인 이미지, 음성, 영상 데이터의 디지털 인코딩으로 시작합니다. 책을 읽어갈수록 데이터의 디지털 인코딩과 인코딩의 정밀도가 직접적으로 적대적 입력을 생성하는 능력에 어떻게 영향을 미치는지 명확해질 것입니다. 데이터 압축 또는 변환 단계에서 데이터 정밀도를 변경하면 우연히 또는 의도적으로 부적합한 내용이 제거될 수 있습니다.

4장의 마지막 책장을 넘길 때쯤이면 이미지, 음성, 영상이 디지털 방식으로 어떻게 표현되는지를 알게 되고 일반적인 신경망 설계 패턴에도 익숙해져서 이어지는 장들에서 다루는 적대적 사례에 대한 논의를 이해하게 될 것입니다.

4.1 이미지

가장 기본적인 수준에서, 인간의 시각은 200~700nm(나노미터) 범위의 파장을 가진 전자기 스펙트럼의 일부인 빛을 감지할 수 있습니다. 또한 빛은 주파수의 관점에서 설명할 수 있으며, 여기서 파동의 주파수는 파장의 역수입니다. 주파수는 초당 사이클 수(Hz)로 측정되며, 빛의 주파수 범위는 대략 430~750THz(테라헤르츠)입니다. 낮은 주파수는 적외선 전자기 방사선에 해당하고 높은 주파수는 자외선에 해당합니다.

우리 눈의 세 가지 색 수용체 유형은 각각 다른 파장의 빛에 반응합니다. 원뿔 유형은 가시 스펙트럼에서 긴 파장(빨강 빛), 둘째로는 중간 파장(초록 빛), 셋째로는 짧은 파장(파랑 빛)에 반응합니다. 색 수용체는 적절한 색 파장의 빛이 도달하면 뇌에 신호를 보냅니다. 따라서 스펙트럼의 파란색 끝에서 나오는 빛에 민감한 원뿔은 파란 빛이 눈에 들어올 때 뇌에 신호를 보내며 신호 크기는 파란 빛의 양에 상응합니다. 그런 다음 시각 피질은 이러한 신호를 결합하여 우리가 인식하는 실제 색상을 만듭니다.

4.1.1 이미지의 디지털 표현

디지털 이미지는 픽셀로 구성되며, 각 픽셀은 해당 지점의 아날로그 광 파형을 나타내는 개별 값입니다. Fashion-MNIST 이미지는 분명 실제 삶을 잘 표현하지 못합니다. 우선 Fashion-

MNIST 데이터베이스 이미지는 단색 픽셀 강도로 표시되며 각 픽셀에는 0에서 255 사이의 값이 주어집니다. 픽셀값 0은 검은색(최소 강도), 픽셀값 255는 흰색(최대 강도)을 나타냅니다. 각 값은 정확히 1바이트의 저장공간을 차지하는데, 8비트가 256개의 가능한 값을 나타낼 수 있기 때문입니다.

컬러 이미지를 표시하는 한 가지 방법은 동일한 저장공간을 사용해 256개의 컬러를 나타내는 것입니다. 이를 위해서는 '색상 팔레트'가 필요한데, 이는 기본적으로 할당된 색상에 256개 값을 할당하기 위해 매핑하는 것입니다. 이런 식의 표시는 표현력이 뛰어나지만 사실적인 이미지를 적절하게 캡처하기에는 다양성과 색상 범위가 충분하지 않습니다. 그래서 사진의 경우 각 픽셀은 일반적으로 빨강, 초록, 파랑의 세 가지 값으로 표현됩니다. 빨강-초록-파랑 또는 RGB 값은 각각 1바이트의 저장공간이 허용되므로 각각 0~255 사이의 값을 갖습니다. 개별 픽셀의 색상을 계산하기 위해 해당 픽셀의 RGB 값을 결합합니다. 이 표현 방법은 매우 유연해서 0부터 255 사이의 RGB 값이 16,777,216개의 색상 팔레트에 매핑되는 것이 가능합니다. 여러분의 짐작대로, 분리된 3개의 빨강, 초록, 파랑 입력에서 색을 생성한다는 개념은 인간의 눈에 있는 원뿔 모양의 색 수용체의 영감을 받아 고안되었습니다.

Fashion-MNIST 이미지는 단색일 뿐만 아니라 이미지당 28×28픽셀, 이미지당 784픽셀로 해상도가 매우 낮습니다. 비교적 낮은 해상도의 0.3메가픽셀 사진에도 약 640×480픽셀이 있습니다. 최신 카메라는 훨씬 높은 픽셀 정확도(2메가 픽셀 이상)로 사진을 찍습니다.

이미지 정밀도는 색상의 깊이(픽셀값을 나타내는 비트 수)와 픽셀 수로 측정합니다. 두 속성을 각각 [그림 4-1]에 표시한 것처럼 '색상 해상도'와 '공간 해상도'라고 합니다. 공간 해상도를 줄이면 윤곽선이 매끄럽지 못하고 색상 해상도를 줄이면 질감이 고르지 않게 됩니다.

선택된 전체 이미지 정밀도는 캡처 방법(카메라 설정), 사용법(예: 인쇄 크기), 저장공간 제약에 따라 달라집니다. 이미지 처리에 사용되는 일반적인 이미지 형식이 몇 가지 있지만 JPEG(Joint Photographic Experts Group에서 표준화)는 색상 심도(RGB 혼합 사용)가 필요한 사진의 사실감 포착과 높은 픽셀 해상도에 적합합니다.

원본

공간 해상도를 줄인 이미지

색상 해상도를 줄인 이미지

그림 4-1 이미지의 공간 해상도와 색상 해상도의 감소 효과

4.1.2 이미지 처리를 위한 심층 신경망

이미지 처리의 가장 기본적인 작업은 3장에서 살펴본 Fashion-MNIST 데이터셋과 같이 주요 내용을 기준으로 이미지를 분류하는 것입니다. 그러나 대부분의 이미지 처리는 이보다 더 복잡합니다. 예를 들면 다음과 같습니다.

장면 분류

가장 널리 사용되는 객체 기준이 아닌 장면(예: '해변 사진' 또는 '거리 사진')을 기준으로 분류합니다.

물체 감지와 위치 측정

이미지에서 얼굴을 감지하거나 위치를 확인합니다.

이미지 세분화

이미지에서 서로 다른 분류에 해당하는 이미지 영역 세분화하기. 예제는 [그림 4-2]에서 설명합니다.

얼굴 인식

얼굴 인식 시스템에 심층 신경망을 사용할 수 있습니다. 충분한 훈련 데이터로, 얼굴 인식 문제는 단순한 분류 작업이 될 수 있는데, 분류의 수가 데이터셋에 있는 사람의 수와 동일하기 때문입니다. 얼굴 인식 시스템은 탐지 알고리즘과 결합되어 장면에서 얼굴을 추출하고 인식할 수 있습니다.

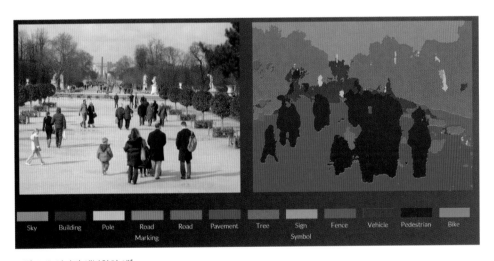

그림 4-2 이미지 세분화의 예[1]

수년 전부터 전통적인 (비신경망) 시각 처리 기술을 사용해 이와 같은 이미지 분류 작업을 해왔습니다. 예를 들어, 전통적인 이미지 처리 기술을 사용해 이미지에서 얼굴을 검출하고 추출

---

1 SegNet을 사용해 만든 이미지

하며 크기를 조정하고, 데이터를 변환하고 정규화합니다. 그런 다음 알고리즘은 '얼굴의 기준점', 즉 입꼬리나 눈가와 같은 얼굴 위치 지정 및 얼굴 인식에 중요한 값을 추출합니다. 그리고 일반적으로 통계적 접근법(머신러닝 포함)으로 개인을 인식하기 위해 기준점 측정치를 활용합니다. 그러나 심층 신경망은 시각 처리 능력과 정확성의 큰 변화를 가능하게 했으며 전통적인 이미지 처리 접근방식을 대체하거나 병행해 사용되고 있습니다.

4.1.3 합성곱 신경망 소개

시각 처리의 주요 과제는 3차원 공간에서 위치나 크기에 구애를 받지 않고 객체를 이해하는 것입니다. 우리는 3장에서 이 문제를 도외시했는데, Fashion-MNIST 데이터셋에서 각 패션 아이템은 크기가 거의 같고 방향이 바르며 이미지 중앙에 배치되었기 때문입니다.

실생활 이미지에서 이와 같이 크기와 위치를 일관되게 지정하는 것은 거의 불가능합니다. 만약 심층 신경망이 이미지 내 '고양이'를 예측하는 확률이 그림에 특정 '수염' 모습이 있느냐 없느냐에 의존한다면, 그런 모습이 어디에 위치할 것인지 또는 크기가 어떨 것인지를 보장할 방법은 없습니다. 그러므로 우리에게 필요한 것은 이미지에서 위치에 상관없이 패턴을 추출하는 영리한 방법입니다. 패턴을 추출하면 이 패턴을 사용해 더 높은 수준의 이미지 처리를 수행할 수 있습니다.

데이터에서 공간 패턴의 추출은 CNN이 처리할 수 있습니다. 즉, CNN은 주로 이미지 처리에 선택되는 신경망입니다.

CNN은 하나 이상의 '합성곱 층'을 가지는 신경망으로, 이미지에서 위치에 상관없이 알고리즘을 사용해 특성을 추출하는 계층입니다. 합성곱 층은 이미지의 모든 부분에서 하나 또는 그 이상의 '필터를 연계'합니다. 즉, 이미지의 작은 부분에서 일부 필터링을 수행한 다음 전체 이미지를 덮을 때까지 인접한 중첩 부분에서 동일한 필터링을 수행합니다. 합성곱이란 [그림 4-3]에 표시한 것처럼 작은 중첩 단계로 이미지 전체에 걸쳐 필터를 이동시키는 것을 의미합니다.

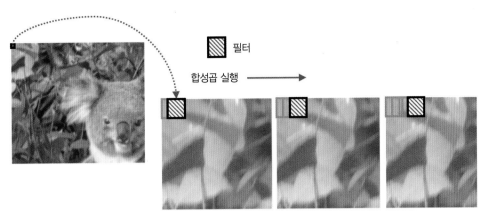

그림 4-3 합성곱 필터를 이미지 전체에 반복적으로 적용

필터를 이미지의 작은 부분에 적용하면 이미지 부분이 특성 필터를 얼마나 정확하게 표현하는지를 나타내는 숫자 점수를 생성합니다.

작동 원리를 더 쉽게 설명하기 위해 밝은 배경에 대비되는 어두운 수직선으로 표현한 간단한 3×3 특성 필터를 [그림 4-4]에 보여줍니다. 즉 단순한 숫자 행렬이며 단색 이미지의 서로 다른 3×3픽셀 세그먼트 2개에 적용된 예입니다. 특성 필터와 이미지 세그먼트 간에 요소별 곱셈을 수행합니다. 이는 단순히 각 행렬값을 다른 행렬값에 곱해 새 행렬을 만드는 경우입니다. 결과 행렬에서 평균값을 계산합니다.

그림 4-4 서로 다른 2개의 이미지 세그먼트에 적용한 3x3 필터

보다시피, 이미지 세그먼트 a를 계산한 값 6은 비교적 높기 때문에 이미지 세그먼트가 약간 수

직선을 나타냅니다. 이미지 세그먼트 b의 필터 출력은 −29이며 이미지의 이 부분이 수직선을 나타내지 않음을 정확하게 나타냅니다.

이미지를 통해 필터를 회전시켜 발생하는 모든 값은 합성곱층에서 출력되는 배열에 배치됩니다. 이것을 '특성 지도'라고 합니다.

실제로 필터는 [그림 4-4]의 필터보다 더 복잡하며 훈련 중에 값을 최적화합니다. 3장에서 학습한 가중치 및 편향 매개변수와 마찬가지로 필터는 일반적으로 무작위로 설정되어 학습합니다. 따라서 합성곱층은 훈련 데이터의 중요한 특성을 배우고 해당 특성을 필터 지도에 캡슐화합니다.

이 단계에서 무엇이 합성곱 층으로 전달되고 반환되는지를 잠시 멈추고 명확하게 하겠습니다. 합성곱 층이 신경망의 시작 부분에 있으면 이미지를 입력으로 가져옵니다. RGB 값으로 표시되는 컬러 이미지는 3D 배열인데, 이미지 높이 1차원, 이미지 너비 1차원, 빨강, 초록, 파랑 채널 각각 1차원으로 이루어집니다. 224×224픽셀 이미지를 신경망으로 전달하는 데이터의 3D '모양'은 다음과 같습니다.

```
shape = (224, 224, 3)
```

합성곱층은 필터를 2개 이상 적용합니다. 즉, 필터가 입력에 적용될 때마다 하나씩 특성 지도 스택을 반환합니다. 이는 합성곱층이 소비하는 것보다 많은 데이터를 생성할 수 있음을 의미합니다. 출력의 차원(또는 잡음)을 감소시키기 위해, 합성곱층은 일반적으로 풀링층이 뒤따릅니다. 풀링하는 동안 데이터의 작은 창이 반복적으로 넘어가는데, 이는 합성곱이 이미지 전체에 걸쳐 '단계'를 필터링하는 방식과 유사합니다. 각 창의 데이터는 '풀링'되어 단일 값을 제공합니다. 풀링 단계에는 몇 가지 접근방식이 있습니다. 예를 들어, 창 데이터의 평균값을 취하거나 최댓값을 취해 풀링을 수행할 수 있습니다. 필터가 낮은 값을 버려서 완벽하게 일치하지 않으면 후자의 'max 풀링'은 데이터를 축소하고 필터링의 정밀도를 완화시키는 효과가 있습니다.

일반적으로 CNN의 첫 번째 계층은 회선, 풀링, 회선, 풀링 등의 유형으로 번갈아 나타납니다. 간단한 ReLU 기능을 포함하는 계층도 음숫값을 제거하기 위해 통합될 수 있는데, 이는 논리적으로 합성곱 단계와 결합될 수 있습니다. [그림 4-5]는 번갈아 결합된 계층을 구성하는 방법 중 하나를 보여줍니다.

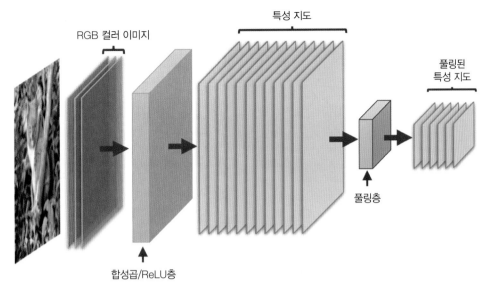

RGB 컬러 이미지

특성 지도

풀링된
특성 지도

풀링층

합성곱/ReLU층

그림 4-5 일반적인 CNN의 계층 구조

합성곱층이 예제 이미지 분류에 어떻게 통합되는지 확인하기 위해 [그림 4-6]을 봅시다. CNN
은 합성-풀링층 조합을 사용해 이미지에서 관련 특성을 추출합니다. 특성은 계층에 의해 추출
된 다음 3장의 간단한 신경망 예제에 사용된 것처럼 계층이 완전히 연결된 신경망의 뒷부분으
로 전달됩니다. 여기에서 궁극적으로 신경망의 예측과 분류를 결정하는 계산이 이루어집니다.

여러분은 일반적인 심층 신경망의 계층 사이를 통과하는 다차원 배열의 형태로 많은 데이터가
있다는 것을 깨닫기 시작할 것입니다. 이러한 다차원 배열을 텐서라고도 하는데, 텐서는 3장에
서 소개한 텐서플로 라이브러리의 이름이기도 합니다. 또한 [그림 4-6]은 명확하게 하기 위해
단순화했습니다. 이미지 심층 신경망은 일반적으로 단일 이미지가 아니며 이미지 배치를 입력
으로 사용합니다.

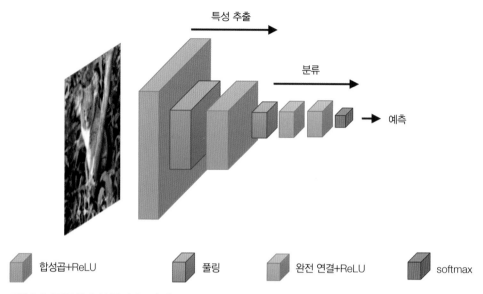

특성 추출

분류

예측

합성곱+ReLU　　　　풀링　　　　완전 연결+ReLU　　　　softmax

그림 4-6 CNN 이미지 분류기 구조의 예

이 배치는 모델이 대량의 훈련에 최적화되어 있어 훈련에 유용하며, 모델이 테스트되고 운영적으로 사용될 때 여러 이미지를 더 간단하게 처리하게 해줍니다. 따라서 CNN의 입력 텐서는 3차원이 아니라 4차원이 됩니다. 예를 들어, 224×224픽셀의 50개 컬러 이미지가 신경망으로 전달된 경우 4D 입력 텐서의 모양은 다음과 같습니다.

```
shape = (50, 224, 224, 3)
```

50개 이미지, 각각 224×224픽셀, 3개의 색상 채널입니다.

대부분의 이미지 처리 신경망은 합성곱층을 이용하므로 CNN으로 분류합니다. 그러나 구조는 상당히 다릅니다. 실제로 최근 몇 년간 심층 신경망 처리에서 흥미로운 과제 하나는 정확하고 빠르게 학습을 하거나 아니면 저장공간을 덜 차지하는 새로운 구조를 만드는 것이었습니다. 아래에 설명한 것처럼 이미지를 처리하는 방식은 다양합니다.

이미지 처리 신경망의 몇 가지 예

이미지 처리 방법은 다음과 같습니다.

VGG

VGG는 [그림 4-6]에 표시된 것과 유사하게 간단한 구조를 가진 신경망입니다. 신경망 이름에 있는 숫자는 계층의 수를 표현합니다(예: VGG16은 계층 16개).

VGG 아키텍처는 시몬얀과 지세르만이 발표한 「대규모 이미지 인식을 위한 매우 깊은 합성 네트워크」에서 처음 소개되었습니다.[2] 개발 당시 VGG16과 VGG19는 매우 깊다고 여겨졌지만, VGG는 최근의 아키텍처에 비해 훈련 속도가 느리고 배포된 모델이 비교적 크다는 문제가 있었습니다.

ResNet

ResNet('잔여 신경망'의 약자)은 매우 깊은 신경망입니다. ResNet은 초기에 계층을 건너뛰어 훈련 중 '경사 줄이기' 문제를 해결합니다. 경사 줄이기는 훈련 중에 비용 함수의 그레이디언트가 너무 작아서 네트워크가 훈련하지 못하기 때문에 발생합니다. 또한 ResNet의 각 특징 이름에 있는 숫자는 아키텍처의 계층 수를 나타냅니다.

ResNet 아키텍처는 히가 발표한 「이미지 인식을 위한 딥 레지던트 학습」에 소개되었습니다.[3]

Inception

구글에서 개발한 초기 Inception 아키텍처(GoogLeNet)는 22층 깊이이며 약 4백만 개의 매개변수를 가집니다. 구글은 최초 공개 이후 후속 버전으로 Inception 아키텍처를 개선했으며 하이브리드 Inception-ResNet 네트워크도 만들었습니다.

Inception 구조는 세게디가 발표한 「합성곱에 더 깊이 들어가기」에 소개되었습니다.[4]

---

2 「Very Deep Convolutional Networks for Large-Scale Image Recognition」 ImageNet Large Scale Visual Recognition Challenge(K. Simonyan and A. Zisserman,, 2014), http://bit.ly/2IupnYt.

3 「Deep Residual Learning for Image Recognition」 ImageNet Large Scale Visual Recognition Challenge(K. He et al., 2015), http://bit.ly/2x40Bb6.

4 「Going Deeper with Convolutions」 ImageNet Large Scale Visual Recognition Challenge(Christian Szegedy et al., 2014), http://bit.ly/2Xp4PIU.

4.2 오디오

소리는 공기가 진동하면서 만들어내는 압력파를 듣고 귀가 해석한 것입니다. 다른 파형과 마찬가지로 음파는 '진폭'과 '주파수'로 특성화할 수 있습니다.

파동의 진폭은 압력의 변화를 나타내며 소음의 크기를 인식하는 것과 관련됩니다. 빛과 마찬가지로 파동의 주파수는 파장의 역수이며 헤르츠(Hz)로 측정합니다. 짧은 음파는 주파수와 피치가 높으며 긴 음파는 주파수와 피치가 낮습니다. 인간은 일반적으로 20~20,000Hz 범위의 파동을 들을 수 있으며, 이 범위의 파동을 '소리'로 분류합니다. 그러나 동물이나 디지털 센서의 경우 이 범위가 상당히 다를 수 있습니다.

진폭과 주파수를 간단하게 나타낸 특성화는 소리의 복잡성 전부를 파악하지 못합니다. 이유를 이해하기 위해 [그림 4-7]의 음파를 살펴봅시다. a 음파와 b 음파는 모양새가 분명히 다르지만 진폭과 주파수가 정확히 일치합니다.

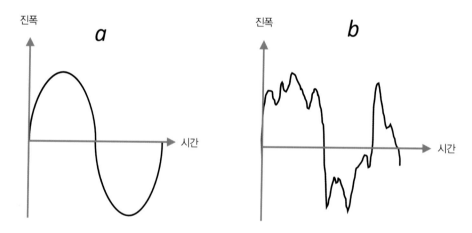

그림 4-7 동일한 파장(주파수)과 진폭을 가진 2개의 매우 다른 음파

a 음파는 단일 톤을 나타내는 '완벽한' 단순 음파로 간주할 수 있습니다. 그러나 b 음파는 우리가 일상적으로 듣는 지저분한 소리, 즉 물체를 튕기고 복잡한 고주파로 결합되는 다양한 출처에서 나오는 여러 주파수에서 파생된 파동을 나타냅니다.

4.2.1 오디오의 디지털 표현

음파의 강도를 정기적인 샘플링 간격으로 캡처해 아날로그 음파를 디지털 형식으로 변환합니다. 따라서 디지털 오디오 신호의 가장 간단한 표현은 숫자 목록이며, 각 숫자는 특정 시점의 음파 강도를 나타냅니다.

정밀도는 적대적 오디오를 생성할 때 중요하므로 다시 한번 생각해봅시다. 디지털 오디오의 정밀도는 샘플을 수집하는 속도와 각 강도값의 정확도라는 2가지에 따라 달라집니다. 이는 아날로그 데이터가 샘플링한 빈도와 각 샘플이 인코딩되는 정확도(샘플 속도 및 샘플당 비트 수(또는 '비트 깊이'))로 측정합니다. 비트 심도는 이미지 데이터의 색상 해상도와 유사하게 각 사운드 샘플이 캡처되는 정확도를 결정합니다. 샘플링 속도는 이미지 공간 해상도와 마찬가지로 오디오 시간입니다. [그림 4-8]은 이 내용을 설명합니다.

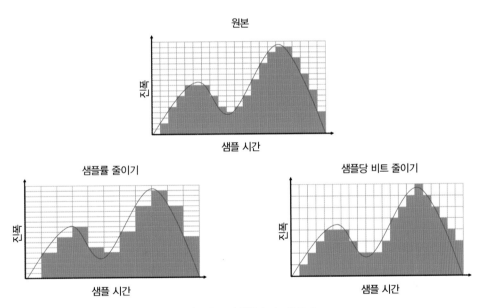

그림 4-8 디지털 오디오에서 샘플당 감소된 샘플 속도 및 샘플당 비트의 효과

4.2.2 오디오 처리를 위한 심층 신경망

이미지 처리와 마찬가지로 오디오 처리 기술은 심층 신경망 기술이 널리 보급되기 수년 전부터

사용했으므로 오디오 특성을 직접 제작할 필요가 없습니다. 그러나 신경망을 사용한 오디오 처리는 여전히 전통적인 방법을 이용해 모든 작업에 공통적인 낮은 수준의 특성 정보를 추출합니다.

광범위하게 말하면 신경망 기술을 사용해 오디오 데이터를 처리하는 두 가지 방법 중 하나를 채택할 수 있습니다.

- 먼저 우리가 디지털로 인코딩된 원시 오디오를 사용해 데이터를 훈련시킵니다. 그런 다음 신경망이 작업과 관련된 특성을 추출하는 방법을 학습합니다. 이 방법은 정확한 모델을 만들어내지만 신경망이 지저분한 오디오에서 학습하려면 막대한 데이터량이 필요하기 때문에 종종 불가합니다.
- 다른 방법으로, 우리가 더 전통적인 오디오 전처리 단계를 활용한 다음 전처리한 데이터를 사용해 신경망을 훈련시킴으로써 신경망을 먼저 시작하게 할 수 있습니다. 전처리는 네트워크에 필요한 학습량을 줄여 훈련 단계를 단순화하고 훈련에 필요한 데이터량을 줄인다는 장점이 있습니다.

오디오 전처리에서는 보통 푸리에 변환Fourier Transform을 사용하는데, 이 기법은 많은 주파수를 나타내는 복잡한 파형(그림 4-7 이미지 b)을 구성 주파수 부분으로 변환해주는 수학 계산입니다. 그런 다음 이 정보를 스펙트로그램으로 변환해 주파수를 시간에 따른 변화로 나타냅니다.

스펙트로그램을 생성하기 위해서 각 주파수의 진폭은 푸리에 변환을 사용해 연속적인(그리고 중첩되는) 시간 범위 내에서 계산을 합니다. 스펙트로그램의 시각적 묘사를 위해서, 이러한 강도는 색상과, [그림 4-9]의 이미지와 같은 것을 만들기 위해 연결된 주파수 시간 창을 사용해 표현할 수 있습니다. 왼쪽 이미지는 이 개념을, 오른쪽 이미지는 실제 스펙트로그램을 나타냅니다.

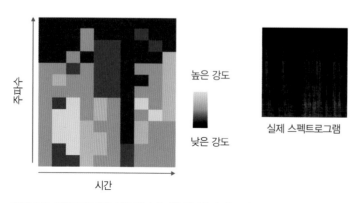

그림 4-9 스펙트로그램은 시간 경과에 따른 주파수의 강도 변화를 나타냅니다.

일부 경우에, 전처리 단계는 작업과 관련된 오디오의 측면만을 추출하고 다른 정보를 폐기할 수 있습니다. 예를 들어, 오디오는 인간 청각 시스템에서 오디오 데이터가 처리되는 방식을 더 긴밀하게 나타내기 위해 'MFC^{mel-frequency cepstrum}' 표현으로 변환할 수 있습니다. 이는 인간의 이해를 모방해 음성 명령을 처리할 때에 특히 유용합니다.

오디오 처리의 기본적인 작업인 분류를 고려해봅시다. 분류 작업은 음성 처리와 같은 더 복잡한 작업에 선행되어야 합니다. 이미지 분류와 같이, 작업은 오디오 특성에 따라 오디오 클립을 분류에 할당하는 것입니다. 분류 가능한 세트는 테스트 데이터와 애플리케이션에 따라 달라지겠지만, 예를 들어 특정 새소리 또는 '엔진' 같은 소리 유형을 식별하는 것일 수 있습니다.

그렇다면 어떻게 심층 신경망을 사용해 이 일을 할 수 있을까요? 한 방법은 단순히 스펙트로그램 이미지를 가져와 본질적으로 문제를 이미지 처리의 하나로 전환해 심층 신경망 구조를 용도에 맞게 변경하는 것입니다. 스펙트로그램 내의 시각적 특성은 그것을 생성한 오디오를 나타내기 때문입니다. 예를 들어 개 짖는 소리에는 CNN 구조가 추출할 시각적 특성이 있을 수 있습니다. 이 방법은 본질적으로 시간 차원을 네트워크에 의한 처리를 위해 공간 차원으로 변환합니다.

다른 방법으로는 시퀀스를 다룰 수 있는 유형의 신경망을 사용할 수 있습니다. 이 유형의 네트워크를 반복 신경망이라고 합니다.

4.2.3 순환 신경망 소개

순환 신경망은 각 데이터를 처리하기 전에 처리한 데이터와 이후에 처리되는 데이터를 처리해 순차 데이터의 패턴과 상관관계를 학습합니다. 시퀀스에 의해 의미가 결정되는 데이터는, 예를 들면 텍스트나 음성 명령은 같은 시간 기반 정보입니다. 단순한 순방향 심층 신경망이나 CNN은 단일 '시퀀스'의 입력만 고려하기 때문에 일련의 데이터에 걸친 패턴은 감지하지 못합니다. 그러나 RNN은 입력 간에 일종의 메모리(또는 상태)를 유지함으로써 순차 데이터에서 상관관계나 패턴을 찾을 수 있습니다.

RNN의 가장 간단한 구조 접근방식은 은닉층이 이전 계층뿐만 아니라 자체 출력에서도 입력을 가져오는 것입니다. 다시 말하면 계층의 출력은 다음 계층으로 전달되지만(앞서 보았듯이) 다시 피드백되어 현재 계층의 계산에 일부 입력을 제공합니다. 이를 통해 은닉층의 이전 출력이 현재 입력이 될 수 있습니다. [그림 4-10]은 이 내용을 간단히 설명합니다.

간단한 RNN이 직면한 문제는 긴 시퀀스에 걸친 패턴을 학습할 수 없다는 것입니다. 즉, 시퀀스에서 다른 데이터로 구분되는 상관관계입니다. 이를 설명하기에 적절한 예는 스피치인데, 말에서 특정 음소는 몇 분 전에 들은 소리에 따라 결정됩니다. 이러한 간단한 RNN을 훈련하는 동안 비용 함수 기울기는 사라지거나 무한해지는 경향이 있습니다. 기본적으로 수학적 최적화 단계는 이러한 시간 간격이 긴 순차적 관계를 설명하는 훌륭한 솔루션에 도달할 수 없습니다. 따라서 RNN이 제대로 수행되도록 비용 함수를 적절히 최소화할 수가 없습니다.

이 문제를 해결하기 위해 'LSTM$^{Long Short-Term Memory}$' 네트워크라는 좀 더 복잡한 유형의 RNN을 일반적으로 사용합니다. LSTM에서 RNN 노드는 [그림 4-10]에 보이는 것보다 훨씬 더 복잡한 단위이며 상태를 유지하는 구성요소와 데이터 흐름을 제어하는 조정기('게이트'라고 함)를 가집니다. 네트워크는 더 복잡한 아키텍처를 통해 시퀀스에서 이전 데이터를 '기억'하고 덜 중요하다고 간주되는 이전 데이터를 '잊어버립니다'. 훈련하는 동안 신경망 최적화를 가능하게 하는 것은 잊어버리는 능력입니다.

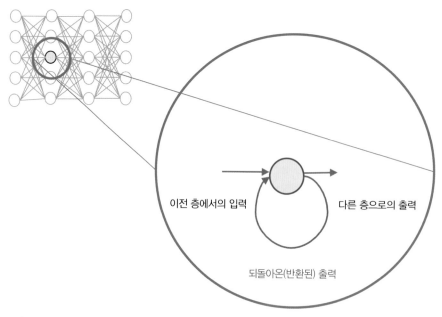

이전 층에서의 입력

다른 층으로의 출력

되돌아온(반환된) 출력

그림 4-10 RNN의 기본 개념

다양한 유형의 LSTM은 LSTM 단위마다 설계가 약간 다릅니다(예: 서로 다른 게이트). LSTM은 손글씨나 음성 인식과 같은 여러 응용 프로그램에서 그 효과가 증명되었습니다.

LSTM의 네트워크가 시간이 지남에 따라 오디오 패턴을 학습할 수 있도록 오디오 처리를 위한 일반적인 구조가 만들어졌습니다. 이것은 부분들의 의미가 양쪽(예를 들면, 새소리나 스피치) 모두에 있는 오디오를 이해하는 데 분명 적용할 수 있습니다. 예를 들어, [그림 4-11]은 이전에 스펙트로그램으로 변환한 오디오를 처리할 때 RNN을 사용하는 것을 보여줍니다. 전처리된 주파수 정보는 한 차원에서 각 주파수의 진폭을 나타내고 다른 차원에서 시간을 나타내는 2D 텐서(2D 매트릭스)입니다.[5] 이 예에서 동일한 수의 프레임이 RNN에서 출력되며, 각 프레임은 시퀀스의 특정 입력에 대한 RNN의 출력에 상응합니다. 특정 시간 동안 한 세트의 오디오 주파수는 가능한 오디오의 확률 세트를 생성합니다.

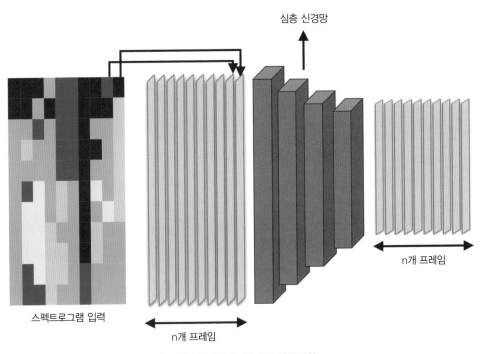

심층 신경망

n개 프레임

스펙트로그램 입력

n개 프레임

그림 4-11 스펙트로그램 전처리 기능을 갖춘 일반적인 오디오 처리 연쇄 법칙

---

5 단일 오디오 채널이라고 가정합니다. 오디오에 여러 개의 채널이 포함된 경우 채널 깊이를 나타내는 3차원이 있습니다.

4.2.4 오디오 처리

오디오 처리는 적대적 오디오와 상당히 밀접한 관계가 있는 심층 신경망의 매력적인 애플리케이션입니다. 적대적 소리를 생성하려는 많은 동기가 음성 인식 시스템을 속일 가능성이 있습니다.

음성 인식은 특히 까다로운 계산 작업입니다. 먼저 음소로 알려진 오디오 블록을 형성하는 소리를 추출합니다. 사람은 말이 엉성하며 억양, 속도, 음의 고저가 다르고 때로는 배경 소음도 있습니다. 이런 요소들은 각 개별 음소의 정확한 식별을 어렵게 합니다. 추출한 음소는 실제 단어와 문장에서 매핑되어야 합니다. 여러 가지 매핑이 가능하며 올바른 매핑은 언어와 맥락에서 결정됩니다.

음성–텍스트 처리에서 신경망은 일반적으로 더 큰 처리 연쇄 법칙의 일부입니다. 예를 들어 일반적인 음성–텍스트 처리 연쇄 법칙은 다음과 같습니다.

1. LSTM은 오디오 MFC 스펙트로그램을 입력으로 사용해 텍스트 시스템에서 가능한 각 기호의 현재 확률 목록을 산출합니다. 이것이 [그림 4-11]에 묘사된 단계입니다. 영어로 확률은 'a'부터 'z'까지의 각 글자 및 'word space' 문자의 확률을 나타냅니다.[6]

2. 확률 분포는 입력과 동일한 속도로 LSTM에서 출력됩니다. 이것은 큰 문제인데, 왜냐하면 누군가가 실제로 'ssssllllooooowwwwlllllyyyyy'라고 말했을 수도 있고 엄청 빠르게 말한 것일 수도 있기 때문입니다. 따라서 확률 시퀀스의 길이는 음성 전사(phonetic transcription) 길이가 아니라 입력 오디오의 길이를 나타냅니다. 음성이 전사된 오디오 입력의 정렬 작업은 오디오 처리에서 또 다른 단계입니다.

   일반적으로 사용되는 방법은 '연결주의 시간 분류(CTC)'[7]입니다. CTC는 본질적으로 '확산'하고 기호 확률을 정리해 가능한 문구를 만듭니다. 예를 들어, CTC는 _cc_aa_t와 같은 높은 확률의 출력을 취해 cat을 생성합니다.

3. 이 단계에는 다른 음성 녹음의 확률 목록이 있지만 결정적인 문구는 없습니다. 마지막 단계는 확률이 가장 높은 '원시' 문구를 취해 언어에 적합한 전사본에 매핑하는 것입니다. 이 많은 것들을 일반화를 통해 배울 수는 없습니다(예를 들어, 많은 영어 단어들이 그 음

---

6 공간과 다른 특수한 공백 문자가 있어 오디오의 간격을 나타냅니다.

7 「Connectionist Temporal Classification: Labelling Unsegmented Sequence Data with Recurrent Neural Networks」 Proceedings of the 23rd International Conference on Machine Learning(A. Graves et al., 2006): 369-376, http://bit.ly/2XUC2sU.

성에 상응하는 단어로 매핑되지 않습니다). 따라서 이 부분의 처리에서는 언어, 시퀀스 확률, 철자와 문법, 실제 이름에 대한 정보를 인코딩하는 '언어 모델'을 사용합니다.

4.3 영상

영상^{Video}은 움직이는 이미지와 오디오의 조합입니다. 앞에서 오디오를 다뤘으니 완성도를 높이기 위해 동영상을 간략하게 살펴보겠습니다.

4.3.1 영상의 디지털 표현

영상은 단순히 '프레임'이라는 일련의 이미지 모음입니다. 따라서 영상의 정밀도는 이미지 정밀도와 초당 캡처된 프레임 수(프레임 속도)의 조합입니다.

4.3.2 영상 처리를 위한 심층 신경망

각 이미지를 개별적으로 고려해 영상을 간단히 분석하는 것이 가능한데, 이는 여러 시나리오에 완벽하게 적합합니다. 예를 들어, 얼굴 검출 및 인식은 각 프레임을 신경망에 한 장씩 공급함으로써 프레임 단위로 수행할 수 있습니다. 그러나 시간이라는 추가 차원은 움직임을 이해하는 기회를 열어줍니다. 이를 통해 영상 이해는 다음과 같은 복잡한 의미 이해로 확장됩니다.

엔터티 추적

시간 경과에 따른 특정 물체(예: 사람, 차량 등)의 경로를 추적합니다. 경로 추적에는 엔터티가 가려지거나 장면을 떠날 때 위치 정보를 유추하는 것도 포함됩니다.

활동 인식

움직임과 관련된 추가 정보를 사용해 장면에서 활동을 탐지하도록 객체 인식의 아이디어를 확장합니다. 예를 들어, 장치를 제어하는 데 사용되는 제스처를 이해하거나 장면 내 동작(예: 침략)을 탐지하는 것입니다. 영상 내 활동을 인식하는 기능은 영상 설명과 같은 다른 처리를 가능하게 합니다.

이미지나 오디오와 마찬가지로 신경망을 사용하지 않고 영상을 처리하는 더 고전적인 접근방식도 있습니다. 그러나 심층 신경망을 사용하면 특성 추출 규칙을 직접 코딩하지 않아도 됩니다.

당연히 시간이라는 요소는 프레임 처리에 복잡성을 추가합니다. 그러나 CNN과 RNN에 대해 앞에서 설명한 구조 원칙을 사용해 이러한 추가 차원을 처리하는 방법이 있습니다. 예를 들면, '3D 합성곱'을 이용하는 방법입니다. 이미지 CNN에 사용한 합성곱 원리를 확장하면 각 프레임 내의 공간 차원과 동일한 방식으로 처리되는 프레임에 걸친 제3의 시간 차원이 포함됩니다. 아니면 CNN의 공간 학습을 RNN 아키텍처에서 차용한 순차적 학습과 결합하는 것도 가능합니다. 이는 CNN을 이용해 프레임 단위로 특성을 추출한 다음, 특성을 RNN의 순차적 입력으로 사용해 수행할 수 있습니다.

컬러 이미지가 4D 텐서로 신경망에 전달된다면, 영상 입력은 무려 5D 텐서로 표현됩니다. 예를 들어 초당 15프레임의 1분 분량의 동영상을 샘플링하면 900프레임이 됩니다. RGB 채널을 사용하는 저해상도 영상(224×224픽셀)과 색상을 가정해봅시다. 우리는 다음과 같은 모양의 4D 텐서를 가지고 있습니다.

```
shape = (900, 224, 224, 3)
```

입력 일괄 처리에 10개의 영상이 있으면 모양은 5D가 됩니다.

```
shape = (10, 900, 224, 224, 3)
```

4.4 적대적 고려 사항

4장에서는 이미지, 오디오, 영상을 처리하는 데 일반적으로 사용되는 다양한 신경망을 소개했습니다. 이러한 신경망의 일부 측면은 소프트웨어 개발자가 정의하는 반면, 다른 신경망은 훈련 과정에서 학습합니다. 개발자가 정의한 측면은 모델 아키텍처로 정의되고 모델의 학습된 부분은 모델 매개변수로 정의됩니다. 적대적 사례를 개념적으로 이해하기 위해 특정 DNN 구조와 매개변수의 세부사항을 이해해야 하는 것은 아닙니다. 그러나 적대적 사례를 생성할 때는 대상 신경망 구조와 해당 매개변수의 이해가 중요할 수 있으므로 모델의 구조와 학습한 매개변수의 차이점을 이해하는 것이 좋습니다.

모델 구조

최상위 수준에서 보면 모델 구조는 곧 모델의 계층 유형이자 계층의 배치 순서입니다. 또한 모델 구조는 모델 구성의 미리 결정된 측면을 정의합니다. 3장의 끝자락에서 예제 코드를 설명할 때 계층 수, 계층 유형(ReLU와 softmax), 각 계층의 크기를 정의했습니다. CNN 계층과 같은 복잡한 계층은 이를테면 합성곱층에서 필터의 크기와 수, 풀링 유형, 풀링 창 크기와 각 풀링 및 콘볼루션 단계 이동('스트라이드')과 같은 구조 결정을 더 많이 도입합니다.

모델 매개변수

모델 매개변수와 관련해서는 3장 예제의 훈련 단계에서 학습한 가중치와 편향값이 가장 명확합니다. 또한 때로는 더 복잡한 계층에서 학습해야 하는 매개변수, 이를테면 각 합성곱 필터를 구성하는 값과 같은 매개변수가 있습니다.

특정 작업에 '설정된' 구조는 없지만 합성곱층 또는 LSTM 유닛과 같은 재사용 가능한 구조 패턴은 분명 있습니다.

적대적 입력은 주로 이미지 분류와 음성 인식의 맥락에서 연구되었지만 이와 유사한 유형의 다른 작업도 이 속임수에 취약할 것입니다. 예를 들어, 적대적 이미지에 대한 대부분의 관심은 이미지 분류기를 속이는 것이지만, 적대적 기술은 본질적으로 기본적인 분류 작업의 확장이므로 객체 탐지와 지역화, 의미론적 분할semantic segmentation에도 적용될 수 있습니다.[8] 얼굴 인식은 또 다른 예입니다. 즉 얼굴 인식 시스템을 속이기 위해 적대적 입력을 생성하는 것은 원칙적으로 객체를 잘못 분류하게 하는 적대적 이미지를 생성하는 것과 다르지 않습니다. 그러나 다른 복잡성이 있을 수 있는데, 예를 들면 적대적 변화는 얼굴에 숨기는 것이 더 어려울 수 있습니다. 오디오 영역에서 음성 인식의 적대적 사례가 증명되었지만 이와 동일한 방법을 간단한 작업

8　「Adversarial Examples for Semantic Segmentation and Object Detection(시맨틱 세그먼테이션 및 객체 탐지에 대한 적대적 사례)」, International Conference on Computer Vision(Cihang Xie et al., 2017), http://bit.ly/2KrRg5E.

(예: 목소리 인증voice verification)과 더 일반적인 오디오 분류에도 적용할 수 있습니다.

4.5 ResNet50을 사용한 이미지 분류

이제 다룰 예제에서는 이미지 분류를 설명하기 위해 온라인으로 제공하는 모델 중 하나인 ResNet50을 사용합니다. 이 모델의 크기는 약 102MB로 저장에 많은 용량이 필요하지 않습니다. 현재 다른 최신 이미지 분류 신경망은 모두 적대적 입력에 잘 맞지 않는다고 알려졌습니다.

이 예제에서는 ResNet50 분류기를 다운로드하고 하나 이상의 이미지에 대한 예측을 생성하는 방법을 보여줍니다. 나중에 이 ResNet50 분류기는 적대적인 사례를 확인하는 데 유용할 것입니다.

> **NOTE_ 예제 코드: ResNet50을 사용한 이미지 분류**
> 이 책의 깃허브에 전체 예제 코드(**chapter04/resnet50_classifier.ipynb**)가 수록되었습니다.

먼저 텐서플로와 케라스 라이브러리와 ResNet50 모델을 불러옵니다.

```
import tensorflow as tf
from tensorflow import keras
from tensorflow.keras.applications.resnet50 import ResNet50
import numpy as np ❶

model = ResNet50(weights='imagenet', include_top=True) ❷
```

❶ 넘파이NumPy를 사용해 이미지 데이터를 다차원 배열로 만듭니다.

❷ ImageNet으로 학습한 ResNet50 모델을 불러옵니다. 'include_top = True'는 분류를 수행하는 최종 신경망 계층이 포함되어야 함을 나타냅니다. 모델의 목적이 관련 특성만 추출하는 것일 경우 이러한 분류층이 필요하지 않을 수 있으므로 옵션으로 제공됩니다.

Fashion-MNIST 분류기와 마찬가지로 모델이 어떻게 구성되었는지 확인합니다.

```
model.summary()
```

그러면 다음과 같이 출력합니다(ResNet50은 계층이 많아 길게 출력되므로 몇 개 층만 출력합니다).

```
Output was trimmed for performance reasons.
To see the full output set the setting "python.dataScience.textOutputLimit" to 0.
...

[0][0]
_____
conv4_block1_1_bn (BatchNormali (None, 14, 14, 256)   1024    conv4_block1_1_conv[0][0]
_____
conv4_block1_1_relu (Activation (None, 14, 14, 256)   0       conv4_block1_1_bn[0][0]
_____
conv4_block1_2_conv (Conv2D)    (None, 14, 14, 256)   590080  conv4_block1_1_relu[0][0]
_____
conv4_block1_2_bn (BatchNormali (None, 14, 14, 256)   1024    conv4_block1_2_conv[0][0]
_____
conv4_block1_2_relu (Activation (None, 14, 14, 256)   0       conv4_block1_2_bn[0][0]

...

conv5_block3_out (Activation)   (None, 7, 7, 2048)    0       conv5_block3_add[0][0]
_____
avg_pool (GlobalAveragePooling2 (None, 2048)          0       conv5_block3_out[0][0]
_____
predictions (Dense)             (None, 1000)          2049000 avg_pool[0][0]
================================================================================
Total params: 25,636,712
Trainable params: 25,583,592
Non-trainable params: 53,120
_____
```

ResNet50에서 분류할 이미지를 가져옵니다(그림 4-12).

```
import matplotlib.pyplot as plt

img_path = 'images/koala.jpg' ❶
img = image_from_file(img_path, (224,224)) ❷
img = tf.io.read_file(img_path)
```

```
img = tf.image.decode_jpeg(img)
print(img.shape)
print('Re-scaling image to ', (224,224))
image = tf.image.resize(img , (224,224))

plt.imshow(img)
```

❶ 저장소에도 이미지가 있지만 다른 이미지로 시도해볼 수도 있습니다.

❷ 이미지를 불러오고 분류기에 입력하기 위해 244×244픽셀 크기로 조정합니다.

그림 4-12 실행 결과

ResNet50으로 이미지를 전달하기 전에 전처리 과정을 진행합니다. 케라스는 전처리 기능 (preprocess_input)을 제공합니다.

```
from tensorflow.keras.applications.resnet50 import preprocess_input
normalized_image = preprocess_input(img)
```

전처리 단계는 신경망 훈련에 사용한 이미지와 동일한 형식으로 이미지를 준비합니다. 이 과정은 사용하는 모델에 따라 다릅니다. ResNet50의 preprocess_input은 다음과 같은 방식으로 이미지를 변환합니다.

정규화

전체 훈련 데이터에서 평균 RGB 값을 빼면 각 채널의 0 평균 주위에 데이터를 배치합니다. 이런 방식으로 훈련 데이터를 정규화하면 신경망이 더 빨리 학습하는 데 도움됩니다. 신경망에 전달한 이후 평가 데이터는 동일한 정규화 과정을 거쳐야 합니다.

채널 순서 전환

ResNet50은 RGB가 아닌 BGR 순서의 채널 이미지로 훈련했습니다. 이미지가 RGB 형식인 경우 채널 순서를 전환해야 합니다.

> **NOTE_ 측정 지표와 추정값**
> 전처리 단계를 자세히 살펴보려면 이 책의 깃허브(**chapter04/resnet50_preprocessing.ipynb**)를 확인하세요.

앞에서 정규화한 이미지를 분류기에 전달합니다.

```
normalized_image_batch = np.expand_dims(normalized_image, 0) ❶
predictions = model.predict(normalized_image_batch)
```

❶ 분류기는 `np.arrays` 형식의 이미지를 일괄 처리하므로 이미지에 축을 추가하는 `expand_dims` 함수를 사용합니다. 이것은 하나의 이미지를 포함하는 배치로 만듭니다.

이제 분류기의 마지막 층에서 출력할 벡터를 예측합니다. 모든 분류의 확률을 나타내는 큰 배열입니다. 예측과 함께 세 가지 분류는 다음 예제 코드를 사용해 멋지게 출력할 수 있습니다.

```
from tensorflow.keras.applications.resnet50 import decode_predictions

decoded_predictions = decode_predictions(predictions, top=3) ❶

predictions_for_image = decoded_predictions[0]
for pred in predictions_for_image:
    print(pred[1],' : ', pred[2])
```

❶ `decode_predictions`는 예측 배열(이 경우 상위 3개)에서 가장 높은 예측을 선택해 관련 라벨과 편리하게 연결해주는 도우미 유틸리티입니다.

결과는 다음과 같습니다.

```
koala  :  0.9999913
indri  :  4.5382844e-06
wombat  :  2.4919098e-06
```

다음은 ResNet50을 활용해 얻은 분류 결과입니다! 앞으로 같은 이미지에 아주 작은 변화를 주었을 때 모델이 얼마나 다른 결과를 출력하는지 알아보겠습니다.

Word	Frequency
conv	253
block	196
bn	58
relu	41
batchnormali	29
convd	28
activation	27
add	27
resnet	25
cnn	18
conv	254
block	197
bn	59
relu	42
batchnormali	30
convd	29
activation	28
add	28
resnet	26
cnn	19

적대적 입력 생성하기

1부에서는 적대적 입력과 그 동기를 알아보고, 이미지와 오디오 데이터를 처리하는 딥러닝의 기초 개념을 소개했습니다. 2부에서는 적대적 데이터를 만드는 데 필요한 수식과 알고리즘 기술을 배웁니다.

먼저 5장에서는 적대적 입력을 이해하기 위해 개념을 설명합니다. 사람이 이미지나 오디오를 보고 듣는 데 아무 영향을 미치지 못하는 아주 작은 섭동에 DNN이 속는 이유를 알아보겠습니다. 이미지와 오디오에 적대적 입력을 렌더링하는 데 필요한 섭동의 양을 수학적으로 측정하는 방법과 사람에게 감지되지 않으면서 이미지와 오디오를 변경하는 방식에 인간의 인식이라는 측면이 미치는 영향을 살펴보겠습니다.

6장에서는 이 분야의 연구를 기반으로 적대적 입력을 생성하는 특정한 계산 방법을 더 깊이 있게 설명합니다. 여기서 다루는 내용은 여러 방법 중 일부지만, 이들 방법의 수학적 근거와 접근법상의 차이를 탐구하겠습니다. 또한 3장과 4장에서 구현한 코드를 가지고 신경망의 작동 방법을 설명하는 예제를 제공합니다.

2부의 마지막 장을 넘길 때는 DNN이 속는 이유, 속임수에 필요한 원리와 방법을 이해하게 될 것입니다. 3부에서는 실제 위협을 탐색할 때 알아야 할 기초를 배웁니다.

Part 2

적대적 입력 생성하기

## CHAPTER 5

적대적 입력의 원리

5장에서는 적대적 사례의 생성을 뒷받침하는 핵심 원리를 살펴봅니다. 복잡한 수식과 구체적인 기술은 잠시 접어두고, 앞에서 이야기한 내용을 바탕으로 설명을 시작하겠습니다. 세부사항을 다루기에 앞서, 적절한 비유를 들어 직관적 이해를 돕고자 합니다. 이 장의 목적은 심층 신경망(DNN)이 적대적 섭동이나 적대적 패치로 인해 어떻게 잘못된 결과를 도출하는지 이해하는 것입니다.

앞에서 배운 개념을 다시 설명하면 다음과 같습니다.

적대적 섭동

입력 데이터에 분산되어 눈에 보이지 않을 정도의 미세한 변화를 가함으로써 모델이 잘못된 결과를 도출하도록 합니다. 이미지 데이터에서는 여러 개의 서로 다른 픽셀에 변화를 주어 적대적 섭동의 효과를 얻습니다.

적대적 패치

모델이 잘못된 결과를 도출하도록 입력 데이터의 특정 부분에 패치(스티커)를 추가하는 방법입니다. 이미지 데이터에 내부나 측면 등 위치에 상관없이 적용할 수 있습니다. 적대적 패치는 사람이 인식할 수는 있지만, 유해(양성)한 것으로 보이지 않으므로 쉽게 지나칠 수 있습니다.

5장에서는 디지털 데이터에 변화를 직접 주면서 적대적 섭동과 적대적 패치를 알아봅니다. 적대적 섭동과 적대적 패치는 디지털 방식의 입력에 적용하기가 쉽지만, (카메라나 마이크로폰과 같은) 센서를 통해 공격자가 원하는 효과를 내는 디지털 방식의 입력을 생성할 수 있어 실생활에서도 이 방법을 사용하는 것이 가능합니다. 자율 주행차를 위해 교통 신호를 바꾸는 것이 그 예입니다. 8장에서는 디지털 방식의 입력을 다룰 수 없는 경우에 적대적 방식이 직면하는 추가적인 문제를 다룹니다.

적대적 공격은 크게 두 가지 유형으로 나눌 수 있습니다.

표적 없는 공격

표적이 없는, 즉 무차별 공격은 DNN이 오분류와 같이 부정확한 결과를 만들도록 하는 것이 목적입니다. 얼굴 인식이 그 예입니다. 이미지가 특정 사람으로 식별되지 않는 한, 실제로 DNN이 도출하는 결과는 중요하지 않습니다.

표적 있는 공격

자율 주행차가 정지 신호를 인식하지 못하는 것과 같이 DNN 처리 시 특정 결과를 도출하게 하는 것을 목적으로 합니다.

'표적 없는 공격'이 '표적 있는 공격'보다 더 쉽습니다. 공격자가 DNN 결과에 큰 관심이 없기에 입력 데이터에 처리할 수 있는 부분이 많기 때문입니다. 그러나 두 공격에 쓰이는 방법은 서로 유사합니다.

공격 자체를 살펴보기 전에 DNN에 전달되는 원시 입력과, 모델이 후속적으로 해당 입력에서 추출하는 특성을 살펴보겠습니다. 특성은 모델이 결정을 내릴 때 가장 중요하게 고려하는 요소입니다. 설명을 위해 적대적 사례의 가장 일반적인 연구 분야인 이미지 분류를 이용하겠습니다. 5장에서 설명하는 개념은 이미지에만 적용되는 것은 아닙니다. 오디오와 같은 형식의 데이터에도 적용할 수 있습니다.

> **TIP_ 수학적 배경이 궁금한가요?**
> 수학 기호가 익숙하지 않거나 생각나지 않는다면 부록 A를 참조하세요. 이 책에서 사용한 수학 기호를 설명해두었습니다.

5.1 입력 공간

DNN은 복잡한 입력을 출력으로 연결하는 학습된 함수입니다. 3장에서 Fashion-MNIST 데이터셋을 사용하는 간단한 이미지 분류기를 살펴보았습니다. 또한 4장에서는 딥러닝을 좀 더복잡한 이미지 인식, 오디오 분류, 음성 데이터를 텍스트로 변환하는 것과 같은 일에 어떻게 적용할 수 있는지를 이론적으로 설명했습니다.

앞서 설명한 예제들에서는 복잡한 입력 데이터를 사용합니다. 4장에서 설명한 ResNet50 분류기는 이미지넷 데이터를 224×224픽셀로 자릅니다. 따라서 각 이미지는 총 50,176픽셀로 구성됩니다. 각 픽셀의 색상은 빨강, 초록, 파랑 총 3개 채널로 표현되기 때문에 $50,176 \times 3(150,528)$값으로 이미지를 표현합니다. 이때 각 픽셀이 가질 수 있는 값은 0과 255 사이의값입니다. 그렇다면 이미지 분류기는 256^{150528}개라는 엄청난 양의 이미지를 제공합니다!

같은 방식으로 계산하면,[1] 비교적 해상도가 낮은 1.3메가픽셀 사진은 $256^{3932160}$개의 그림 변형이 가능합니다. 그나마 저해상도의 단색 Fashion-MNIST 분류기에는 256^{784}개의 입력이 가능합니다.[2]

DNN에 입력 가능한 모든 이미지를 계산하는 한 가지 방법은 각각의 이미지를 고차원 '입력 공간' 내의 제 지점에 배치하는 것입니다. 이 공간에서 차원 1개는 1개의 입력 뉴런값 또는 원시 '특성'을 나타냅니다. 즉 픽셀값당 1차원이 됩니다. 즉 컬러 이미지라면 픽셀당 3개의 값과 3차원, 흑백 이미지라면 픽셀당 1개의 값과 1차원을 갖게 됩니다. ResNet50 분류기는 입력 공간이 150,528차원이며 각 차원은 0~256값 중 하나를 가집니다. Fashion-MNIST는 784차원입니다.

하지만 이렇게 복잡한 차원 공간을 시각화할 수는 없습니다. 따라서 [그림 5-1]과 같이 두 예제 데이터셋을 2차원으로 최대한 단순화합니다.

---

1   픽셀의 개수는 1,280x1,024개, 즉 1,310,720개입니다. 픽셀당 3개 채널이 제공되어 3,932,160픽셀이 됩니다. 각 값은 0과 255 사이의 값을 가집니다.
2   각 이미지에 28x28 = 784 흑백 픽셀이 있습니다..

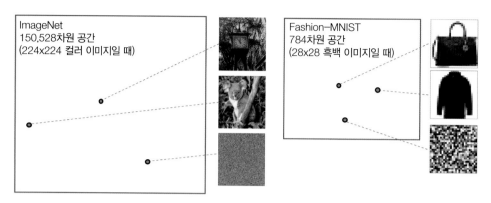

○ 입력 공간에서 이미지의 위치

그림 5-1 확장할 수 없도록 2차원으로 단순화한 입력 공간

입력 공간이 매우 넓지만 대부분의 '입력 가능' 이미지는 우리가 적절한 '그림picture'으로 이해할 만한 어떤 것도 나타내지 못한다는 것이 중요합니다. 임의의 픽셀 조합처럼 보일 수도 있고 실세계에서는 아무것도 나타내지 않는 패턴일 수도 있습니다. 그러나 모든 가능한 이미지는 입력 공간에서 특정 위치를 갖습니다. 픽셀을 하나라도 변경하면 해당 픽셀값을 나타내는 차원(또는 컬러 이미지의 경우 차원들)을 따라 공간 내에서 이동합니다.

3장에서 설명한 것과 같이 DNN은 각 이미지에 대해 가능한 벡터를 반환합니다. 벡터는 각각의 가능한 분류에 대한 벡터 내의 값 중 하나입니다.

Fashion-MNIST 입력 공간에서 입력 공간의 한 영역에 떨어지는 이미지는 '가방'이 될 확률이 높으며 다른 영역에 떨어지는 이미지는 '코트' 또는 '샌들' 그 밖의 의류 분류 중 하나가 될 확률이 더 높을 수 있습니다. 입력 공간의 모든 지점에는 이미지 분류기에서 반환된 10개의 값이 집합 형태로 있습니다.

> **NOTE_ 입력 공간과 특성 공간**
>
> 특성 공간이라는 용어는 다차원 공간과 개념이 동일하지만 원시 입력값이 아닌 특성에 변형이 있습니다. 따라서 특성 공간은 머신러닝 알고리즘이 예측을 위해 사용하는 특성 조합의 모음입니다. DNN이 아닌 전통적인 머신러닝 애플리케이션에서는 학습한 모델에 입력하는 원시 데이터가 모델이 예측할 특성을 나타냅니다. 따라서 특성 공간은 입력 공간과 동일한 것으로 간주할 수 있습니다.
>
> 반면, DNN은 일반적으로 원시 데이터에서 특성을 추출하도록 훈련됩니다. 따라서 신경망의 맥락에서 특성 공간은 DNN이 예측을 위해 추출하는 더 복잡한 특성의 더 낮은 차원 공간으로 해석되기도 합니다. 예를 들어 이미지 분류를 수행하는 합성곱 신경망(CNN)의 특성 공간은 신경망의 첫 부분에 있는 합성곱층에서 나오는 더 높은 수준의 특성 정보 결과일 수도 있습니다.

지형의 등고선을 표시한 지도landscapes에 빗대어 설명하는 것이 좋겠습니다. 진하게 표현된 높은 부분은 해당 이미지가 알려주는 '코트', '가방'과 같은 분류 결과를 좀 더 확신을 가지고 예측할 수 있습니다. 이렇게 비유하는 것이 아주 단순해 보일 수 있지만, 이어질 적대적 사례를 수학적으로 설명하는 기초가 됩니다.

'코트' 이미지가 있는 입력 공간을 확대하고 이 영역의 이미지에서 10개의 분류 각각에 할당될 확률을 시각적으로 나타내기 위해 음영을 주어서, 입력 공간을 [그림 5-2]와 같이 '예측 지도'로 시각화할 수 있습니다. 고차원 입력 공간을 2차원으로 대폭 단순화하는 것이 여전히 적용됩니다.

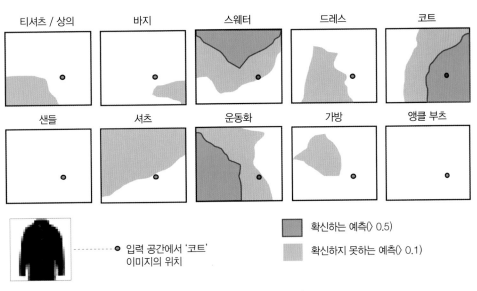

그림 5-2 각 분류에 대한 모델의 예측 – 전체 입력 공간의 작은 부분을 확대

각 분류에서 진한 색은 그렇게 분류될 것이라고 확신 있게 예측되는 입력 공간 내의 영역을 나타냅니다. 연한 색 영역의 이미지는 그렇게 분류될 것이라고 확신 있게 예측하지 못합니다.

1개만 분류하는 이미지는 예측 목록에서 신뢰도가 가장 높은 것을 기반으로 하며 가능하다면 최소 신뢰도를 가지는 추가적인 제약 조건을 가질 수 있습니다. [그림 5-2]에서 최소 신뢰도는 0.5이고 이어진 실선으로 표시되었습니다. 예측 지도에서 경계를 벗어난 이미지는 다른 이미지로 분류되거나 분류되지 않을 것입니다. [그림 5-2]에서 '코트' 이미지는 경계 안에 존재하므로, 바르게 분류됩니다.

5.1.1 훈련 데이터의 일반화

[그림 5-2]의 각 예측 지도는 이미지 위치의 특정 분류를 나타냅니다. 신경망 알고리즘을 나타내는 공식은 아래와 같습니다.

$$\mathbf{y} = f(\mathbf{x}; \Theta)$$

$\mathbf{x}$ 위치의 코 이미지에 대한 결과 벡터 $\mathbf{y}$ 중의 한 값은 음영 부분을 의미합니다. DNN은 가중치를 가지며 Θ의 편향을 나타냅니다(3.3.3 참조).

Θ로 표시된 모든 가중치와 편향을 조정해 DNN이 학습하는 프로세스를 설명했습니다. 등고선에 비유해볼 때, 각각의 훈련 예제가 실제 분류에 해당하는 적절한 높이에 있거나 그에 근접하도록 예측 지도가 '이동한다'고 생각할 수 있습니다. 훈련 예제의 x값은 변경되지 않지만 훈련 데이터에 대해 DNN이 최대한 정확하도록 예측 지도가 형성됩니다.

경사 하강법 프로세스는 함수의 매개변수를 재조정해 등고선을 이동시켜 훈련 데이터가 올바르게 분류되도록 합니다. 훈련이 시작될 때 매개변수가 무작위로 초기화되므로 훈련 예제에서는 결과가 좋지 않습니다. 훈련하는 동안 매개변수가 변경되면서 예측 지도가 점차적으로 잘 조정되어 훈련 데이터의 함수를 최적화할 수 있습니다. 이 내용을 [그림 5-3]에 나타냈습니다.

훈련이 끝나면 라벨이 '코트'인 훈련 데이터 대부분은 '코트'로 높게 예측되는 입력 공간 영역에 위치하게 됩니다. '코트'뿐만 아니라 다른 라벨도 똑같습니다. 최적화 단계에서는 모든 훈련 이미지를 올바른 클래스에 할당하는 분류 경계를 생성하지 못할 수 있습니다. 특히 이미지가 해당 클래스의 다른 이미지와 특성이 유사하지 않을 때는 분류 경계를 생성하지 못할 가능성이 더 커집니다. 그러나 최적화를 하는 목적은 패턴을 일반화해서 훈련 데이터에 가장 적합하게 만드는 것입니다.

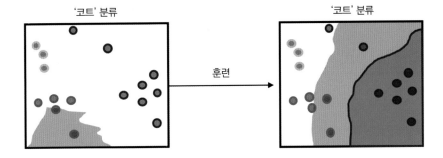

● 입력 공간에서 '코트' 라벨이 붙은 훈련 이미지의 위치

● 입력 공간에서 ('코트'가 아니라) 다른 라벨이 붙은 훈련 이미지의 위치

그림 5-3 훈련하는 동안 입력 공간의 예측 변화

어떠한 입력에도 정확하게 예측하는 모델의 능력은 훈련 예제가 있는 영역과 훈련 예제가 없는 입력 공간 영역에서 정확한 예측 지도를 얼마나 잘 학습했는지에 달려있습니다. 입력 공간의 대부분에는 훈련 예제가 없을 것이며 입력 공간의 많은 영역이 신경망이 신뢰할 수 있게 훈련된 데이터셋 바깥에 존재할 것이기 때문에 매우 중요합니다.

예를 들어, DNN은 Fashion-MNIST 이미지의 어떤 측면을 보고 정확하게 '코트'라고 분류하는 것일까요? 특징이라는 것이 사람이 추론을 할 때 동일하게 사용하는 것이 아니라면, 공격자가 이 차이를 악용할 소지가 있습니다.

뿐만 아니라 훈련 데이터가 모든 입력 데이터를 대표할 수도 없습니다. 모델은 훈련 데이터가 아닌 데이터에 대해 정확한 결과를 내지 못합니다. 이런 데이터를 '분포 불능Out-of-Distribution(OoD)'이라고 합니다. 적대적 사례는 알고리즘의 이런 취약점을 악용할 수 있습니다.

> **NOTE_ OoD 데이터**
> OoD 데이터는 훈련 데이터와 같은 분포를 따르지 않습니다. DNN에 가능한 입력 수를 고려하면, 잠재적인 이미지와 오디오 입력 대부분이 같은 분포를 가지지 않는다는 사실이 놀랄 일은 아닙니다.
> 예를 들어, Fashion-MNIST 훈련 데이터는 60,000개 이미지로 이루어집니다. 많아 보이나요? 28x28 회색 이미지의 가능한 입력인 784^{256}에 비하면, 실제로는 적은 것입니다. 이와 마찬가지로, 이미지넷 데이터셋에 1,400만 개 이상의 이미지가 있지만 해상도를 224x224로 제한하면, 훈련 데이터는 모든 가능한 경우인 $150,528^{256}$ 입력 공간에 비해 아주 적은 것입니다.

실제로 훈련 데이터가 예측 지도와 같은 실제 이미지를 표현한다면 많은 OoD 입력은 자연스럽게 발생하지 않는 데이터에 해당합니다. 임의의 픽셀 이미지나 이상한 조작을 가한 이미지는 OoD입니다. 대개 이런 입력은 결정을 내리지 못하는 모델 예측을 초래할 것이며, 이것은 우리가 예상할 수 있는 일입니다. 그러나 때로는 모델이 OoD 입력에 대해 확신 있게 잘못된 예측을 합니다.

OoD 데이터를 인식하는 것은 매우 어렵습니다. 적대적 공격을 방어하는 방법은 10장에서 살펴보겠습니다.

5.1.2 OoD 데이터 실험

DNN 분류기에 무질서하거나 비현실적인 이미지를 입력하면 어떤 결과를 보여주는지 실험해 보는 것도 흥미롭습니다. [그림 5-4]는 Fashion-MNIST와 ResNet50 모델에 임의의 이미지를 입력한 예측 결과입니다.

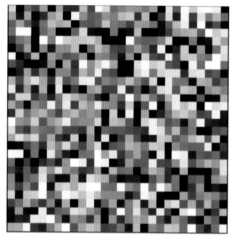 

Fashion-MNIST 예측:

가방	0.850
스웨터	0.080
셔츠	0.054

ResNet50 예측:

테니스공	0.223
체인	0.108
철책선	0.081

그림 5-4 임의로 생성한 이미지에 대한 분류기의 예측

[그림 5-4]에서 Fashion-MNIST는 임의의 이미지를 '가방'으로 확신 있게 예측(0.850)하고 분류기에 전달된 임의의 픽셀 이미지의 99% 이상을 이렇게 분류할 것입니다. 이는 모델이 입력 공간의 대부분을 '가방'으로 분류하는 방법을 배웠음을 나타냅니다. '가방' 이미지가 특정 픽셀로 식별되는 것이 아니라 어떤 다른 분류에도 속하지 않는다는 사실을 기반으로 결정되는 것 같습니다. 적어도 ResNet50은 확신 있는 분류를 반환하지 않으므로 임의의 이미지를 잘못 식별하지 않았습니다.

5.2 DNN의 사고를 가능하게 하는 원리

DNN을 설명하는 수학 함수는 예측을 하기 위해 데이터의 특성을 추출하고 정량화합니다. 알고리즘에서 이미지 데이터의 특정 부분은 다른 부분보다 더 중요할 수 있습니다. 예를 들어, 이미지의 특정 픽셀 조합이 '강아지의 코'와 같은 특징을 나타내므로 이미지가 강아지일 가능성이 커집니다.

이 내용은 쉽게 이해할 수 있습니다. 그렇다면 우리는 DNN이 실제로 반응하는 특성을 어떻게 알아낼 수 있을까요? 달리 말해, 이미지 데이터의 경우 '보는' 모델 또는 오디오의 경우 '듣는' 모델이란 무엇일까요? 이 정보를 알면 적대적 사례를 만드는 데 도움될 것입니다.

이는 이미지 분류를 사용해 설명할 수 있습니다. 이미지에서 개별 픽셀을 가져와서 특정 분류, 즉 픽셀이 특정 분류에 기여하는 정도와 관련하여 픽셀의 돌출을 계산할 수 있습니다. 높은 값은 특정 결과를 생성할 때 픽셀이 DNN에 특히 중요함을 의미하며 낮은 값은 해당 결과의 모델에 덜 중요함을 나타냅니다. 이미지의 경우, 우리는 DNN이 분류할 때 중점을 두는 측면이 무엇인지 보기 위해 이런 모든 값을 '돌출 지도saliency map상에서' 볼 수 있습니다.

돌출 수학(Saliency Mathematics)

돌출은 입력에 대한 출력의 편미분을 고려해 추정합니다.

$$\frac{\partial\ output}{\partial\ input}$$

입력의 작은 변화로 인해 출력이 크게 변경되면 입력이 두드러진 것입니다. 따라서 분류 j에 대한 특정 픽셀 i의 돌출은 다음 편미분으로 정의합니다.

$$\frac{\partial f(\mathbf{x})_j}{\partial x_i}$$

개념적으로 이것은 이미지가 j의 예측 지도에 있는 지점에서 차수 i의 그레이디언트입니다. 그레이디언트가 가파를수록 돌출은 더 커집니다.

이러한 방식으로 측정된 돌출은 일관된 선형 그레이디언트에 의존하므로 추정입니다(모델 선형성은 6.1.1에서 자세히 살펴봅니다). 돌출 점수를 사용해 적대적 사례를 만들 수 있음은 6장에서 알아보겠습니다.

NOTE_ 예제 코드: 돌출 지도 생성

이미지 시각화에 사용할 수 있는 몇 가지 파이썬 패키지가 있습니다. 5장에서 돌출 이미지 생성에 사용하는 코드는 Keras-vis 파이썬 패키지를 사용합니다.

5장에서 살펴본 돌출을 시각화한 코드와 더 자세한 설명은 깃허브에 수록되었습니다. 주피터 노트북 (chapter05/fashionMNIST_vis_saliency.ipynb)의 Fashion-MNIST 데이터 또는 주피터 노트북 (chapter05/resnet50_vis_saliency.ipynb)에 있는 ResNet50 데이터를 사용해 실험할 수 있습니다.

[그림 5-5]에서 ResNet50은 입력 이미지를 세 가지로 예측했습니다. 그리고 오른쪽 이미지는 분류를 생성하는 데 가장 중요한 픽셀을 강조한 돌출 지도입니다. ResNet50 분류기에서 예측한 상위 3개는 '아날로그 시계', '벽시계', '종탑'입니다('종탑' 또는 '종루'는 종이 달린 건축물).

TIP_ 이미지넷 데이터

예제에 사용한 ResNet50은 이미지넷 데이터로 훈련했습니다. 이 훈련 데이터를 탐색해 모델이 학습한 내용을 직접 확인하려면 이미지넷을 검색해 다른 분류로 지정한 훈련 예제를 찾아보세요.

돌출 지도는 시계 표면의 숫자를 강조해서 ResNet50이 예측할 때 이것을 결정적 특성으로 간주하도록 합니다. [그림 5-5]는 전형적인 '벽시계'로 시계 바늘과 사각진 테두리가 있지만 다른 특징도 있습니다. 셋째로 높이 예측한 '종탑'은 시계 아래에 있는 삼각형 모양을 인식한 데서 비롯되었습니다. 이 모양이 종탑의 꼭대기 형상과 유사하기 때문입니다.

ResNet50 분류기가 돌출된 것으로 식별한 [그림 5-5]의 이미지 측면은 사람이 분류하는 과정에서도 가장 중요할 것으로 예상되는 측면입니다. 그러나 신경망은 단순히 훈련 데이터를 기반으로 패턴을 일반화하며 이러한 패턴이 항상 직관적인 것은 아닙니다.

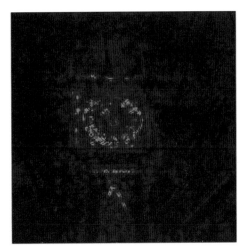

ResNet50 예측:

아날로그 시계	0.625
벽시계	0.366
종탑	0.005

그림 5-5 ResNet50 분류기가 예측한 시계 이미지와 돌출 지도

[그림 5-6]은 또 다른 예입니다. 동일한 이미지를 다르게 표현한 두 이미지를 신경망이 예측한 결과가 전혀 다릅니다.

상단 이미지에는 양초가 널리 퍼져있습니다. 가장 높은 예측은 '양초'와 '성냥'이며, 오른쪽의 돌출 지도를 봐도 DNN은 불꽃과 양초에 관심을 가짐이 분명해 보입니다. 한편 DNN은 케이크의 원형 테두리도 인식합니다. 이것은 압력솥 이미지의 공통 특성이며 '압력솥'을 셋째로 예측한 이유를 뒷받침합니다.

 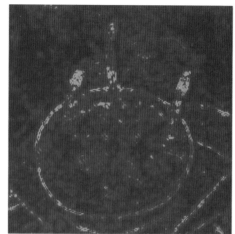

ResNet50 예측:

양초	0.849
성냥	0.029
압력솥	0.021

ResNet50 예측:

원반(퍽)	0.315
빵	0.366
회전심봉	0.063

그림 5-6 ResNet50 분류기가 예측한 케이크 이미지와 돌출 지도

[그림 5-6] 하단에 DNN은 불꽃 부분이 잘린 이미지를 '원반'으로 잘못 분류합니다. 돌출 지도를 보면 이렇게 분류한 이유를 알 수 있습니다. 이미지에서 추출한 원반 모양은 아이스하키의

'퍽'과 유사합니다. 양초의 불꽃은 DNN에 중요한 특성이지만 인식되지 않았습니다. 이는 '회전 심봉'을 셋째로 높이 예측한 이유입니다.

이제 3장에서 학습한 Fashion-MNIST 모델을 고려해보겠습니다. 이 모델은 해상도가 매우 낮은 10가지 의복 유형을 분류하도록 훈련한 아주 간단한 신경망이었습니다. 이 분류기는 DNN 모델 세계에서 기본적일 수 있지만 높은 모델 정확도로 작업을 수행하는 데 효과적입니다.

[그림 5-7]은 간단한 모델이 이미지를 '바지', '앵클 부츠'로 바르게 분류할 때 가장 중요한 요소로 간주되는 픽셀을 보여줍니다. 이전에 알아본 돌출 지도는 원본 이미지를 동시에 보여주면서 픽셀과 이미지 간의 관계를 명확하게 표현합니다. 하지만 여기에서는 이미지를 더 단순하게 만들기 위해, 돌출 지도가 이미지를 예측할 때 가장 많이 사용하는 10개의 픽셀만 표시합니다.

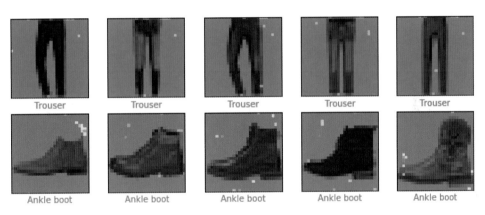

그림 5-7 기본 분류기의 대상 분류를 위한 Fashion-MNIST 이미지와 돌출 지도

[그림 5-7]은 DNN이 이미지를 분류할 때 가장 중요하게 여기는 픽셀이 우리가 예상한 것과 다름을 보여줍니다. 예를 들어, DNN은 바지의 다리 모양이 아니라 이미지의 상단과 하단 행에 있는 픽셀을 기준으로 바지를 구분하는 방법을 배운 것으로 보입니다. 마찬가지로, 부츠 앞코의 특정 픽셀은 '앵클 부츠'로 분류하는 데 중요한 정보로 보입니다. 또한 이미지 가장자리 근처에 있는 특정 픽셀 클러스터가 예상치 못한 관련성을 갖습니다. 모델은 의류 범주를 구분하는 가장 쉬운 방법을 식별하도록 훈련되었기 때문에 의류 분류에 직관적으로 사용할 특성을 선택하지 못할 수도 있습니다. 따라서 이미지 가장자리의 픽셀은 제한된 Fashion-MNIST 데이

터셋에 대해 다른 의류 범주를 구분하기에 충분할 수 있습니다.

이 개념을 염두에 두고 입력 공간과 돌출이 적대적 입력의 생성과 어떤 관련이 있는지 살펴보겠습니다.

5.3 섭동 공격: 변화의 최소화, 영향의 최대화

지금까지 학습한 적대적 사례는 DNN 모델의 입력 공간에서 미확인 영역의 결함을 악용해 잘못된 예측을 유도합니다. 이 사례는 사람이 눈치채지 못할 섭동이나 패치를 소개합니다.[3] 어떤 섭동이 무해한(양성) 이미지를 적대적 이미지로 바꾸더라도, 데이터의 변화를 최소화하고 DNN이 생성한 결과에 미치는 영향은 최대화해야 한다는 광범한 원칙이 있습니다.

Fashion-MNIST에서 '코트' 이미지에 약간의 섭동을 추가해보겠습니다. 몇 개의 두드러진 픽셀에 변화를 주거나 많은 픽셀에 매우 미세한 변화를 주어 오분류를 유발하는 문제를 고려해봅시다. 이미지에서 선택한 픽셀을 변경하면 입력 공간을 통해 다른 위치로 이동하여 원래 [그림 5-2]에서 설명한 예측 지도의 곳곳으로 이동합니다. 이 이동은 원래 이미지 위치(원으로 표시)에서 대치 이미지 위치(삼각형으로 표시)로 가는 화살표로 [그림 5-8]에 표시되었습니다.

한편, 이미지는 입력 공간 내의 위치가 더이상 '코트' 분류 영역 내에 있지 않도록 변경되어야 합니다. 만약 '표적 있는 공격'이라면 이미지가 입력 공간의 영역으로 이동하여 대상 분류로 이어져야 한다는 추가적인 제약이 있습니다. 변경된 이미지는 이제 '운동화'로 분류됩니다(그림 5-8). 따라서 적대적 섭동의 생성은 특정 픽셀이 올바른 분류에서 멀어지고 대상 분류 쪽으로 이동하도록 변화를 일으킬지에 대한 도전이 됩니다.

또한 섭동은 사람의 눈에 띄지 않게 최소화되어야 합니다. 다시 말해, 이상적으로는 섭동이 이미지를 단지 '코트' 분류 경계의 밖이나 대상 분류 경계의 안으로 이동시키는 데 필요한 이미지의 최소 변화입니다.[4] 여러 가지 접근방식이 있습니다. 분류 변경에 가장 중요한 몇 개 픽셀(가

---

3 1장에서 언급한 '적대적 사례'는 사람의 눈에 띄지 않는 섭동이나 패치라고 정의했지만 '적대적 의도'를 나타내는 데도 사용할 수 있습니다. 그러나 이 책에서는 오디오와 이미지를 다루는 것에 한해 '적대적 사례'로 설명합니다.

4 확신이 덜한 적대적 이미지가 임계 경계에 너무 가깝게 있으면 의도한 것과 달리 올바른 분류로 돌아갈 위험이 있습니다. 예를 들어 입력된 이미지가 DNN 분류기에 도달하기도 전에 처리 과정에서 픽셀이 변경된 경우일 수 있습니다. 견고성이 큰 적대적 사례는 원래 분류 경계에서 훨씬 멀리 떨어져 있거나 대상 분류 영역 내에서 더 편안하게 머물 수 있어야 합니다(표적이 있는 공격의 경우).

장 두드러진 픽셀)을 변경하는 데 중점을 두거나 많은 픽셀을 변경하면서도 전체적인 변화가 눈에 띄지 않을 정도로 미세하게 변경할 수 있습니다.

[그림 5-8]은 위에서 설명한 개념을 단순화한 그림으로 표현합니다. 하지만 사용한 기술과 관계없이 적대적 사례 생성의 기본 원칙을 보여줍니다. 적대적 사례를 생성하려면 일반적으로 비적대적 사례를 입력 공간의 다른 부분으로 이동시켜 모델의 예측을 원하는 최대 효과로 변경해야 합니다.

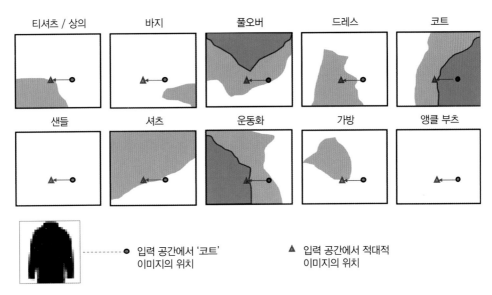

그림 5-8 표적 없는 공격 – 입력 공간의 '코트' 분류 영역 밖으로 이동

5.4 적대적 패치: 산만의 최대화

적대적 패치를 생성하는 기본 원리는 섭동 공격에 사용한 원칙과 매우 유사합니다. 다시 한번 설명하자면, 목표는 초기 분류(표적 없는 공격)에서 멀어지거나 대상 분류(표적 있는 공격)인 표적을 향해 입력 공간을 통해 이동하는 방식으로 입력을 변경하는 것입니다. 적대적 패치는 전체 그림에서 일반적인 섭동을 구현하기보다는 이미지를 변경합니다. 변경된 영역 또는 '패치'는 입력한 이미지의 입력 공간이 다른 부분(이미지)을 향하도록 최적화되어야 합니다.

'코알라'로 잘못 분류한 경우를 예로 들어봅시다. 여기에 사용한 패치는 분류할 때 중요시하는 모든 특성을 캡슐화하는 과정에서 완벽히 '코알라'로 인식하게 하여 '코알라'로 분류하게 만듭니다. 패치는 코알라의 두드러진 특성을 모두 포함해야 하므로 (DNN에는) 실제 세계에서 볼 수 있는 그 어떤 것보다도 더 코알라처럼 보일 것입니다. 이것은 패치되지 않은 이미지(원본 이미지)의 특성이 간과되도록 입력 공간의 영역 내에서 위치를 유연하게 변경시킵니다(그림 1-5 참조).

적대적 사례는 패치의 크기, 이미지의 위치, 사람이 사물을 인식하는 방식을 고려해 최적화할 수 있습니다. 이미지에서 패치를 이동시키거나 크기를 조정하면 입력 공간 내에서 결과 이미지의 위치나 분류에 영향을 줄 수 있습니다.

> **NOTE_ 초정상 자극**
> 실제 세계에서 사물의 과장되고 부자연스러운 것과 같은 산만함이란 개념은 인공지능 고유의 것이 아닙니다. 과학자들은 동물과 인간에게 초정상 자극의 개념이 비슷함을 증명했습니다.
> 1950년대에 윤리학자 니콜라스 틴베르헌은 자연을 본떠 인공적으로 만든 과장된 물체가 갈매기들의 생득적 행동을 그 행동이 자연적으로 발생하는 것보다 더 크게 자극할 수 있음을 증명했습니다.[5] 그는 대형의 가짜 알과 진짜 부리에 있는 바늘을 과장해 뜨개질 바늘로 만든 인공 '부리'로 이것을 증명했습니다. 그후 심리학자들은 이 아이디어를 정크 푸드, 엔터테인먼트, 예술과 같은 분야에서 인간에게까지 확대해 적용했습니다.

5.5 탐지 가능성 측정

적대적 섭동을 생성하는 방법은 양성 이미지에서 적대적 이미지까지의 거리를 측정하는 것입니다. 이는 [그림 5-8]에서 화살표로 표시된 것처럼 입력 공간 내에서 이동한 거리를 측정하는 것입니다. 그런 다음 수학식을 이용해 입력이 적대적 기준을 충족하는지 확인하면서 이 값의 변경을 최소화합니다.

수학은 우리에게 다차원 공간에 걸쳐 있는 점 사이의 거리를 측정하기 위한 다른 메커니즘을 제공하며, 이러한 기술을 이용해 입력 공간에서 두 이미지 위치 사이에 있는 정량적 '차이'를 제공합니다. 적대적 사례와 비적대적 대응 사이에 허용되는 차이의 양을 제한하면 섭동이 최소화

---

5 『The Herring Gull's World: A Study of the Social Behavior of Birds』(Niko Tinbergen, 1953)

됩니다. 높은 유사성 점수, 즉 작은 차이는 사람 관찰자에게는 비적대적인 것으로 보이지만, 큰 변화는 눈에 띌 수 있음을 암시합니다. 사실 입력의 일부 측면은 다른 측면보다 인간 관찰자의 눈에 더 잘 띄는데, 이는 수학적 정량화가 매우 단순한 반면 인간 인식은 훨씬 더 복잡하기 때문입니다.

이어서 양성 입력과 적대적 입력의 차이를 수학적으로 측정하는 방법을 설명합니다. 그다음에는 인간 인식에 의해 추가되는 복잡성을 고려해봅시다(5.5.2).

5.5.1 섭동 측정에 대한 수학적 접근

고차원 공간에서는 여러 가지 수학적 방식으로 거리를 측정합니다. 이러한 측정법을 L^p-norm 이라고 하며, 여기서 p값은 거리 계산 방법을 결정합니다. [그림 5-9]는 다양한 거리 측정 방법을 요약해 설명합니다.

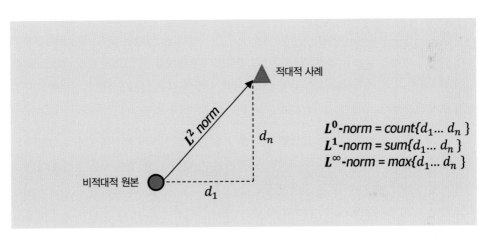

그림 5-9 2차원 공간에서의 L^p-norm 측정값

아마도 가장 명확하게 측정할 수 있는 것은 입력 공간에서 원본 이미지와 적대적 이미지 사이의 유클리드 거리일 것입니다. 이 측정법에서는 피타고라스 정리(고차원 특성 공간)를 적용해 각 특성 차원의 제곱 차이의 합을 계산한 다음 루트를 취함으로써 두 이미지 사이의 거리를 결정합니다. 수학적 관점에서 이 차이 측정을 L^2-norm이라고 하며, 이는 벡터의 크기를 측정하는 광범한 접근법에 속합니다. 적대적 섭동을 측정할 때 고려하는 벡터는 원본 이미지에서 시

작되고 적대적 이미지에서 끝납니다.

고차원 공간의 흥미로운 특징은 모든 차원에서 공간의 모든 점이 유사한 유클리드 거리만큼 떨어져 있음을 보장한다는 것입니다. L^2-norm은 우리가 이해하는 2차원이나 3차원 공간에서 가장 직관적으로 사용할 수 있는 거리 측정법이지만, 고차원 공간에서 사용하기에는 부정확한 방법으로 밝혀졌습니다. L^2-norm은 적대적 사례를 생성하는 데 사용하지만 섭동의 가장 좋은 척도는 아닙니다.

이를 대체할 수 있는 거리 측정법은 L^1-norm입니다. 이 방법은 픽셀 간의 차를 더한 합입니다. 이것을 '맨해튼 거리(택시 거리 또는 L^1 거리)' 표준이라고 부릅니다. L^2-norm이 직접 거리를 측정하는 반면, L^1-norm은 그리드 계획에 따라 거리가 배치된 도시를 통과하는 가장 빠른 경로를 찾는 택시와 비슷합니다.

다른 접근법은 다른 값을 갖는 총 픽셀 수의 관점에서 두 이미지 사이의 거리를 측정하는 것입니다. 입력 공간의 용어로 표현하면, 이는 단순히 두 이미지의 값이 서로 다른 차원의 수입니다.

이 측정을 수학적으로 'L^0-norm'이라고 합니다.[6] 이 접근법은 합리적인데, 왜냐하면 우리는 적은 픽셀의 변화가 많은 픽셀의 변화보다 덜 인식되리라 예상할 수 있겠지만 L^0-norm은 픽셀이 변경되는 양을 제한하지 않기 때문입니다(이미지상의 작은 부분이더라도 상당한 차이가 생길 수 있으므로).

마지막으로, 픽셀에 가해진 모든 변경을 인식할 수 없거나 인식하기 어려운 경우에 얼마나 많은 픽셀이 변경되었는지는 중요하지 않다고 주장할 수 있습니다. 이 경우 모든 픽셀에 대한 최대 변경이 임계값 내에 유지되는 것에 관심이 있습니다. 이것은 L^∞-norm('무한대' norm)이라고 하며, 이미지 분류에 유의미한 영향을 줄 수 있는 이미지에서 무한하고 눈에 띄지 않게 많은 것을 변경할 수 있어 연구에서 매우 인기 있는 접근법입니다.

---

6   이 내용은 다음 쪽에 설명한 'Norm의 수학적 측정'에서 인용한 것이며, 더 자세히 알고 싶다면 'Norm의 수학적 측정'을 참조합니다.

Norm의 수학적 측정

L^p-norms 를 수학적으로 작성하는 방법입니다. L^p-norm 측정의 일반적인 공식은 다음과 같습니다.

$$\|\mathbf{d}\|_p = \left(|d|_1^p + |d|_2^p + \ldots |d|_n^p \right)^{\frac{1}{p}}$$

여기서 $|d|_1, |d|_2, \ldots |d|_n$은 입력 공간에서 두 위치 사이의 벡터를 나타냅니다. 즉, 적대적 섭동이나 패치를 나타냅니다.

여기서 절댓값의 의미는 벡터가 축을 따라 양의 방향 또는 음의 방향으로 이동에 관계없이 음이 아닌 측정값이 반환된다는 것입니다. P 벡터값이 짝수이면 음수가 아니므로 경우에 따라 생략합니다.

P가 1인 경우, L^1-norm('맨해튼 거리' norm) 측정값은 다음과 같습니다.

$$\|\mathbf{d}\|_1 = \left(|d|_1^1 + |d|_2^1 + \ldots |d|_n^1 \right)^1 = |d|_1 + |d|_2 + \ldots |d|_n$$

이 식은 픽셀 변화의 모든 절댓값의 합이 됩니다.

P가 2인 경우, L^2(유클리드 norm) 측정값은 다음과 같습니다.

$$\|\mathbf{d}\|_2 = \left(|d|_1^2 + |d|_2^2 + \ldots |d|_n^2 \right)^{\frac{1}{2}} = \sqrt{|d|_1^2 + |d|_2^2 + \ldots |d|_n^2}$$

P가 ∞ 일 때 L^∞-norm은 다음과 같이 해결합니다.

$$\|\mathbf{d}\|_\infty = max\{ |d|_1, \ |d|_2 \ldots |d|_n \}$$

이 수식은 개별 픽셀 최대 변화입니다.

마지막으로, 섭동의 또 다른 유용한 측정값은 변경된 픽셀 수(0이 아닌 값)입니다. 이것은 때때로 L^0-'norm'이라고도 합니다. 그러나 $P = 0$을 설정하려면 정의되지 않은 0^0을 계산해야 하므로 적절한 수식 표현이 아닙니다.

그렇다면 섭동 공격의 효과를 보장하기 위해 공격자가 사용할 수 있는 가장 좋은 방법은 무엇일까요? 몇 개의 픽셀을 변경하거나(L^0-norm을 최소화) 많은 픽셀을 변경하지만 변경사항을 작게(L^∞-norm을 최소화) 하는 것으로 제한할 수 있습니다. 또는 섭동이 입력 공간에서 이동하는 전체 거리를 최소화(L^2-norm 또는 L^1-norm)하는 것도 좋은 방법이 됩니다. 이 질문의 답은 인간 인식과 적대적 사례에서 데이터 전처리에 요구되는 견고성 수준을 포함해 이 책의 뒷부분에서 논의할 몇 가지 요인에 좌우됩니다.

5.5.2 인간 인식 고려하기

적대적 사례의 목적은 사람에게는 공격으로 감지되지 않으면서 신경망이 잘못 해석하게 하는 입력을 생성하는 것입니다. 이렇게 하려면 변화가 사람에게 인식되지 않을 정도로 미미하거나 인간이 의식적 또는 무의식적으로 무시할 정도로 의미가 없어 보여야 합니다.

가장 근본적인 수준에서 보면, 인간의 인식은 감각이 처리할 수 있는 전자기파나 음파의 범위에 미치는 물리적 한계에 의해 제한됩니다. 따라서 직관적으로 보면, 이미지나 오디오에 대해 인간의 의사결정을 모방하도록 고안된 신경망 기술이 다루는 데이터 역시 우리 눈과 귀에 부과된 이와 같은 제약을 받습니다. 범위를 넓히면, 이 제약은 인간이 소비하는 디지털 데이터에도 적용됩니다. 예를 들어 이미지 형식(PNG, JPEG 등)은 가시 스펙트럼의 정보를 나타내도록 설계되었습니다. 이와 유사하게 오디오 프로세싱(또는 음성 프로세싱)은 사람이 들을 수 있도록 사람의 목소리에 의해 생성되는 음파 범위 내의 주파수로 제한됩니다. 이러한 제약이 없다면, 적대적 사례는 DNN을 혼란스럽게 하고 인간이 듣거나 볼 수 없는 정보로 데이터를 보강할 수 있습니다. 다음 사례를 참고하세요.

> **NOTE_ 돌고래 공격: 초음파 이용**
> 2017년에 장(Zhang)과 그의 연구원들은 인간에게는 들리지 않지만 디지털 어시스턴트는 식별할 수 있는 ('돌고래 공격'이라 불리는) 오디오 적대적 패치를 추가하는 메커니즘으로 초음파 음성 명령의 효과를 증명했습니다. 흥미롭게도 디지털 어시스턴트는 사람이 들을 수 없는 소리나 사람의 음역을 벗어나는 소리를 걸러내는 것만으로도 적대적 패치를 이용한 오디오 공격을 쉽게 방지할 수 있었습니다. 따라서 사람의 눈과 귀로 감지할 수 없는 전자 스펙트럼이나 음파 주파수를 사용한 공격이 우리를 위협할 가능성은 거의 없습니다.

모든 데이터가 사람의 감각 범위 내에 있다고 가정할 때, 여기에 설명한 차이의 수학적 측정의 문제점은 입력 데이터의 각 부분에 동일한 가중치를 할당한다는 것입니다. 측정에서는 이미지 내의 모든 픽셀이 동일하게 인식되고 해당 이미지에 대한 인간의 인식에 동등하게 기여한다고 가정합니다. 그러나 이것은 사실이 아닙니다. 사람들은 일반적으로 이미지의 복잡한 부분에 가한 변경을 잘 알아차리지 못하는 것으로 증명되었습니다. 간단한 영역(예: 맑은 하늘)에서 픽셀 변화가 더 두드러질 수 있습니다.

오디오 데이터에서는 왜곡 메트릭을 이용해 적대적 사례를 생성하기도 합니다. 여기서 사용하는 데시벨(dB)은 원본 오디오에 대한 왜곡의 상대적 음량을 측정하는 로그 스케일입니다. 오디오의 작은 소리에서 변화는 큰 소리에 비해 상대적으로 작기 때문에 적대적인 오디오가 인간에게 인식되지 않는 상태를 유지하는 좋은 방법입니다.

인간이 이미지를 보거나 오디오를 들을 때 어디에 가장 주의를 기울이는지를 연구한 적이 있습니다. 이것은 기계 관점이 아니라 인간의 두드러진 특징입니다(5.2 참조). 적대적 사례의 섭동은 인간에게는 덜 흥미롭지만 모델에는 더 흥미롭도록 입력 데이터를 개선할 수 있습니다. 이미지를 예로 들어봅시다. 인간은 이미지를 볼 때 무의식적으로 분할해 전경에 더 집중하고 배경에는 덜 집중합니다. 이는 이미지의 번잡한 배경에 섭동을 적용하는 것과 같이 적대적 입력을 생성할 때 더 효과적이고 간단한 기술이 될 수 있습니다.

잠깐 화제를 바꿔 심리학에서 말하는 '감각의 절대 임계값'을 정의해봅시다. 이것은 개인의 50%를 등록하는 데 필요한 최소한의 자극입니다.

이것은 당연히 사람마다 다르며 생리적 상태에 따라, 특정 개인에 따라 다릅니다. 적대적 관점에서 볼 때 사람이 자극을 등록할 수 있는 임계값을 이해하면 적대적 데이터를 만드는 데 도움될 것입니다.

또 다른 흥미로운 고려 사항은 감각 적응입니다. 인간의 감각은 시간이 지남에 따라 지속적인 자극에 덜 민감해지지만, 생존에 필요한 변화는 바로 알아차릴 수 있습니다. 예를 들어, 자동차 엔진 소음은 시간이 지나면서 점점 익숙해져 들리지 않을 수 있습니다. 반면에 갑작스러운 소음과 같은 감각 입력의 갑작스러운 변화에는 매우 민감합니다. 따라서 적대적 관점에서 보면, 비디오 또는 오디오에 섭동을 점진적으로 도입하여 감지되지 않은 상태를 유지하는 것이 유리할 수 있습니다.

5.6 요약

5장에서는 적대적 사례를 뒷받침하는 몇 가지 기본 원칙을 소개했습니다. 이번에는 6장의 적대적 기법을 자세히 살펴보기 전에 적대적 입력의 수학적 배경을 알아보겠습니다.

적대적 사례의 수식

분류기 신경망이 있다고 가정해봅시다. 입력 데이터를 나타내는 벡터를 가져와서 출력을 반환합니다.

$$f(\mathbf{x};\ \boldsymbol{\Theta}) = \mathbf{y}$$

이 방정식에서 f는 출력을 생성하기 위해 DNN 알고리즘에 적용되는 함수입니다. $\boldsymbol{\Theta}$는 신경망의 모든 매개변수(가중치와 편향)를 나타냅니다(3장 참조). 신경망이 성공적으로 훈련되면 매개변수가 변경되지 않으므로 방정식을 다음과 같이 단순화할 수 있습니다.

$$f(\mathbf{x}) = \mathbf{y}$$

$\mathbf{x}$는 입력이 위치한 원시 입력 공간상의 지점을 나타냅니다.

$\mathbf{x}$와 $\mathbf{y}$가 나타내는 것은 입력 데이터의 유형과 DNN이 처리하는 작업에 따라 달라집니다. 흑백 이미지 분류기의 경우, $\mathbf{x}$는 각각의 픽셀값에 대응하는 실수 벡터입니다.

$$\mathbf{x} \in \mathbb{R}$$

$\mathbf{y}$는 분류기에서 '개' 또는 '고양이'와 같은 단일 분류로, DNN의 출력층에서 반환된 확률 벡터(예: 최곳값)에서 파생된 열거형이 할당됩니다. 따라서 $\mathbf{y}$는 이 경우 확률 벡터가 아니지만 1의 숫자 집합에 속합니다. 여기서 L은 분류 수입니다. 이것은 다음과 같이 작성합니다.

$$\mathbf{y} \in \{1,\ 2,\ ...L\}$$

적대적 사례를 만들려면 초기 입력을 신중하게 계산해서 변경해야 합니다. 수학으로 다음과 같이 간단하게 표현할 수 있습니다.

$$\mathbf{x}^{\mathbf{adv}} = \mathbf{x} + \mathbf{r}$$

이 수식에서

- $\mathbf{x}^{\mathbf{adv}}$는 업데이트된(적대적인) 입력 데이터를 나타내는 벡터입니다.
- $\mathbf{x}$는 원래 입력 데이터를 나타내는 벡터입니다.
- $\mathbf{r}$은 원래 입력 데이터의 작은 변화를 나타내는 벡터입니다.

입력 $\mathbf{x}^{\mathbf{adv}}$가 성공적으로 적대적이 되려면 모델(분류)의 출력이 비적대적 등가물의 출력과 달라야 합니다. 우리는 이것을 다음과 같이 쓸 수 있습니다.

$$f(\mathbf{x}^{\mathbf{adv}}) \neq f(\mathbf{x})$$

공격이 목표로 지정된 경우 추가 제약 조건이 있습니다.

$$f(\mathbf{x}^{\mathbf{adv}}) = \mathbf{y}_t$$

여기서 $\mathbf{y}_t$는 대상 적대적 분류를 나타냅니다.

적대적 공격인 $\mathbf{r}$ 값은 섭동이나 패치와 관계없이, 최소화되어 인간이 알아볼 수 없거나 쉽게 인지할 수 없어야 합니다. 이 측정이 섭동 공격에 대한 간단한 L^p–norm인 경우, 목표는 $\mathbf{x}$에 가장 가까운 이미지를 찾는 것이므로 섭동 r은 가능한 한 작아야 합니다. 표적 없는 공격의 경우 다음과 같이 작성할 수 있습니다.

$$\underset{\mathbf{r}}{\arg\min} \{\| \mathbf{r} \|_p : f(\mathbf{x}^{\mathbf{adv}}) \neq f(\mathbf{x})\}$$

표적 없는 공격

$$\underset{\mathbf{r}}{\arg\min} \{\| r \|_p : f(\mathbf{x}^{\mathbf{adv}}) = \mathbf{y}_t\}$$

표적 있는 공격

p값은 적대적 사례를 평가하는 데 사용하는 거리의 측정법에 따라 달라집니다. 예를 들어, 적대적 섭동이 유클리드 거리 측정을 활용하는 경우에는 위의 방정식을 다음과 같이 작성합니다.

$$\mathop{\textbf{arg min}}_{\textbf{r}} \{\|\,\textbf{r}\,\|_2 : f(\textbf{x}^{\textbf{adv}}) = \textbf{y}_t\}$$

적대적 섭동이 인간의 인식에 미치는 영향을 고려하면 측정이 더 복잡해지지만, 적대적 사례에 대한 많은 작업에서는 L^p-norm 측정을 사용합니다.

공격자의 목표는 위의 제약 조건을 만족하는 최적의 $\textbf{r}$ 값을 찾는 것입니다. 수학적으로 이일은 제한된 최적화 알고리즘을 통해 수행될 수 있으며, 그중 몇 가지가 있습니다(6장 참조). 그러므로 선택된 알고리즘의 목표는 다음과 같은 문제를 해결하고 섭동 $\textbf{r}$을 설정해 적대적 사례를 만드는 것입니다.

$$\textbf{x}^{\textbf{adv}} = \textbf{x} + \mathop{\textbf{arg min}}_{\textbf{r}} \{\|\,\textbf{r}\,\|_p : f(\textbf{x}^{\textbf{adv}}) \neq f(\textbf{x})\}$$

또는 더 구체적으로, 표적 있는 공격의 경우 식은 다음과 같습니다.

$$\textbf{x}^{\textbf{adv}} = \textbf{x} + \mathop{\textbf{arg min}}_{\textbf{r}} \{\|\,\textbf{r}\,\|_p : f(\textbf{x}^{\textbf{adv}}) = \textbf{y}_t\}$$

## CHAPTER 6

적대적 섭동을 생성하는 방법

5장에서는 적대적 입력의 원리를 알아보았습니다. 그렇다면 적대적 사례는 실제로 어떻게 생성하는 것일까요? 6장에서는 적대적 이미지를 생성하는 방법을 직접 확인할 수 있는 예제 코드를 제공합니다. 7장에서는 DNN의 광범위한 분석 과정의 일면을 살펴보고, 공격자가 기밀을 유지하는 적대적 상황에서 실제 공격으로 그런 방법을 어떻게 사용하는지 살펴보겠습니다.

> **NOTE_ 프로젝트와 예제 코드**
> 적대적 공격과 방어를 공개 영역에서 탐색하는 방법은 CleverHans, Foolbox, IBM의 Adversarial Robustness Toolbox 등 다양합니다. 이 내용은 10장에서 자세히 설명합니다. 이 책에 있는 모든 코드는 Foolbox 라이브러리를 사용합니다.

단순하게 시행착오를 겪으면서 적대적 사례를 생성하기란 대단히 어렵습니다. 예를 들어 이미지에 임의의 섭동을 추가해 모델 예측에 미치는 영향을 확인할 수는 있습니다. 그러나 불행히도 적대적 상황에서는 그렇게 간단하지 않습니다. DNN은 학습 단계에서 훈련 데이터를 일반화하므로 임의의 작은 섭동은 쉽게 복원할 수 있습니다. 따라서 이 정도의 섭동으로는 성공할 가능성이 작습니다. [그림 6-1]을 보면 모든 픽셀의 색상값이 임의의 양만큼 점진적으로 섭동된 경우에도 ResNet50이 여전히 올바르게 분류한다는 것을 알 수 있습니다. 오분류는 섭동이 눈에 보이는 경우에만 발생합니다.

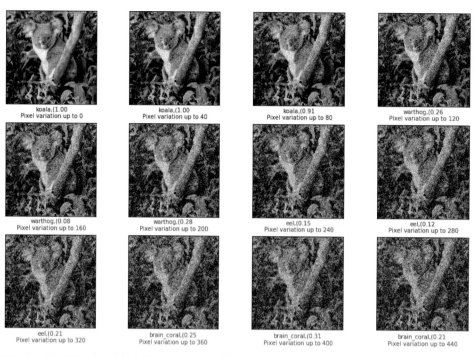

그림 6-1 임의 섭동을 추가한 이미지를 ResNet50이 예측한 결과. 각 반복마다 픽셀당 최대 섭동량을 표시합니다.

적대적 사례를 효과적으로 생성하려면 공격자에게는 훨씬 정교한 적대적 상황이 필요합니다. 공격자가 DNN 알고리즘에 대해 알고 있는 정보의 정도에 따라 취할 수 있는 접근법이 여러 가지 있습니다. 여기서는 적대적 입력을 생성하는 방법을 공격자가 모델에 접근할 수 있는 수준에 따라 다음과 같이 분류합니다.

화이트 박스

DNN 모델에 대한 완전한 정보를 활용해 적대적 입력을 생성합니다.

제한된 블랙박스

모델이나 모델이 있는 시스템에서 생성한 출력을 기반으로 적대적 입력을 세분화합니다. 예를 들어, 결과는 단순히 최종 분류가 될 수 있습니다.

점수 기반 블랙박스

DNN에서 반환한 원시 예측 점수를 기반으로 적대적 입력을 세분화합니다. 점수 기반 방법은 모든 점수나 최고 점수(예: 상위 10개)에 접근할 수 있습니다. 점수 기반 방법은 화이트 박스와 제한된 블랙박스를 절충한 방법입니다. 제한된 블랙박스 공격보다 더 자세한 반응에 접근해야 하지만 화이트 박스 공격처럼 모델 알고리즘에 접근할 필요는 없습니다.

> **NOTE_ 손쉽게 적대적 섭동 생성하기**
>
> [그림 6-1]에 사용한 예제 코드를 실행하려면, 이 책의 깃허브에 있는 주피터 노트북(chapter06/resnet50_naive_attack.ipynb)을 사용하기 바랍니다. Fashion-MNIST 분류기의 경우에는 주피터 노트북 (chapter06/fashionMNIST_naive_attack.ipynb)을 사용하면 됩니다.

앞서 말한 세 가지 방법 각각에서 공격자가 사용할 수 있는 정보는 [그림 6-2]에 그림으로 설명했습니다.

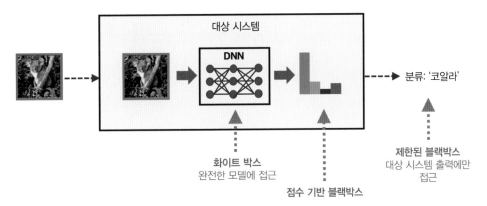

그림 6-2 화이트 박스, 제한된 블랙박스, 점수 기반 블랙박스 방법에서 사용 가능한 정보

앞으로 6장에서 각각의 방법을 차례로 설명하겠습니다.

6.1 화이트 박스

화이트 박스 방법은 DNN 모델(매개변수와 아키텍처)에 대한 완전한 정보가 필요하며 수학적 최적화 방법을 사용합니다 입력 공간의 예측 지도landscape에서 그레이디언트를 계산해 적대적 사례를 설정합니다(5장 참조). 이 기술은 DNN의 취약점을 꿰뚫어보는 통찰력을 제공하기 때문에 특히 더 흥미롭습니다. 여기서는 화이트 박스 방법의 작동 방식을 알아보겠습니다.

6.1.1 입력 공간 검색

5장에서는 신중하게 선택한 섭동으로 입력 공간의 분류 경계를 넘어 이미지를 이동시킨다는 개념을 소개했습니다. 목표는 입력 공간에서의 움직임을 최소화하고(L^p-norms 중 하나로 측정되는) 필요한 적대적 목적 목표(즉 표적이 있는 오분류이거나 표적이 없는 오분류)를 달성하는 것이었습니다. 5장에서 살펴본 Fashion-MNIST 예제를 이용해 '코트' 이미지를 변경하는 것이 DNN이 반환하는 예측에 미치는 영향을 다시 생각해보겠습니다. [그림 6-3]에 강조해 표시한 '코트'의 예측 지도를 중점적으로 보겠습니다.

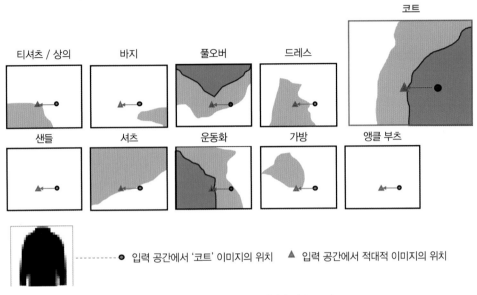

그림 6-3 표적 없는 공격 – 입력 공간의 '코트' 분류 영역 밖으로 이미지 이동

입력 공간에서 적대적 목표를 달성하는 위치를 찾는 가장 확실한 방법은 단순히 초기 이미지의 밖을 검색하는 것입니다. 즉 이미지로 시작해서 몇 가지 작은 변경 사항을 테스트하여 예측한 방향(이 예제의 경우 '코트' 예측의 강도를 낮추는)으로 이동하는지 확인합니다. 그런 다음 이 작업을 약간씩 조정되는 이미지에 반복합니다. 이것은 본질적으로 입력 공간의 반복적인 검색이며, 원래 이미지에서 시작해 [그림 6-4]에 표시된 것처럼 분류를 변경하는 방식으로 예측이 변경될 때까지 밖으로 이동합니다.

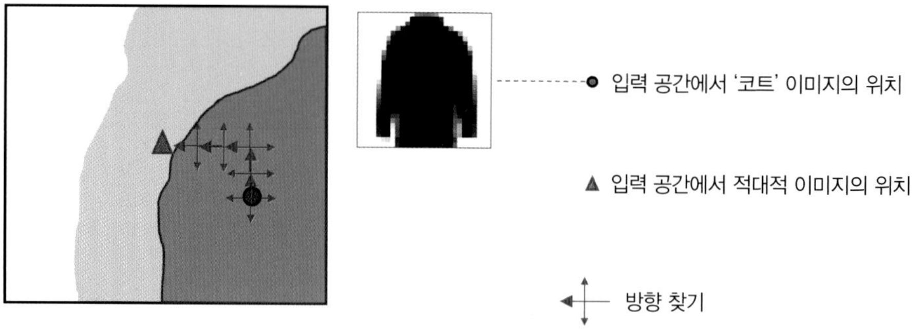

'코트' 예측 지도

입력 공간에서 '코트' 이미지의 위치

▲ 입력 공간에서 적대적 이미지의 위치

방향 찾기

그림 6-4 적대적 위치에 대한 입력 공간을 반복 검색

검색은 매우 간단한 작업처럼 보이지만 실제로는 그 자체만으로도 상당한 도전입니다. 탐색해야 할 다양한 픽셀 변경과 조합이 있습니다. 한 가지 방법은 무차별 대입으로 답을 얻는 것입니다. 어쩌면 가능한 작은 섭동을 모두 입력으로 실험해 최상의 결과를 도출할 수 있습니다. 그러나 다음 노트에서 설명하는 것처럼 실제 계산은 불가능합니다.

NOTE_ 최대 섭동

224x224 픽셀의 이미지 해상도를 가정해봅시다. 또한 특정 픽셀의 변형을 $\pm\varepsilon$값으로 최소화해 해당 이미지에 가능한 작은 섭동을 모두 생성한다고 가정합니다(여기서 ε는 소량). 이러한 섭동을 모두 생성할 수 있다면 각각을 테스트해 적대적 기준을 충족하는지 확인할 수 있습니다. 그렇다면 테스트할 픽셀은 몇 개일까요? 5장에서 살펴본 저해상도(224x224)의 컬러 이미지는 픽셀값이 150,528이었습니다. 각 픽셀은 빨강, 초록, 파랑 3개의 값을 가집니다.

원본 이미지에서 생성하려는 각 섭동의 개별 픽셀값은 동일하거나, ε씩 증가하거나 감소할 수 있습니다.

따라서 조합 가능한 섭동의 개수는 $3^{\{150,528\}}$개이며 각 픽셀은 원래의 값에서 정확히 ε만큼만 변경할 수 있습니다. 더 정확하게는 이 값에서 1을 빼서 모든 픽셀이 동일하게 유지되는 가능한 섭동을 계산하지 않아야 합니다. 이 내용을 계산하면 오버플로 오류가 발생합니다. 아래 코드는 주피터 노트북에 입력한 결과입니다.

```
pow(3,150528) - 1
-> 반환하는 숫자가 너무 커서 출력되지 않습니다.
```

이처럼 무차별 대입으로 답을 얻는 검색 방법은 계산이 쉽지 않습니다. 그러나 공격자가 DNN 알고리즘에 접근할 수 있다면 큰 이점을 갖게 됩니다. 즉 알고리즘을 사용해 이 검색값의 근사치를 생성할 수 있으므로 검색에 필요한 조합의 개수를 줄이는 것입니다.

세게디와 연구진이 발표한 초기 논문[1]을 보면, L-BFGS^Limited-memory Broyden-Fletcher-Goldfarb-Shanno 알고리즘은 원본 이미지 주변 영역의 검색 속도를 높여 적대적 사례를 찾습니다. L-BFGS 알고리즘은 특정 지점 근처의 입력 공간에서 확률 그레이디언트를 근사해 입력 공간을 더 효과적으로 검색할 수 있는 수학 기법입니다. 알고리즘 이름에서 알 수 있듯이 'Limited-memory(제한된 메모리)'는 반복 검색에 필요한 컴퓨터 메모리의 양을 줄이기 위한 추가 근사치입니다.

L-BFGS 알고리즘은 적대적 사례를 만드는 데 효과적이라고 증명되었지만 여전히 매우 느리고 계산 비용이 많이 듭니다.[2] 검색을 더욱 최적화하려면 DNN 알고리즘의 특성과 예측 지도를 더 잘 이해할 필요가 있습니다.

6.1.2 모델 선형성 활용

2015년 적대적 사례를 최초로 연구한 연구진의 몇 사람이 문제를 제기했습니다. 이들은 적대적 사례를 생성하는 데 FGSM^Fast Gradient Sign Method 알고리즘이 효과적임을 증명했습니다.[3]

FGSM 알고리즘은 적대적 입력을 찾는 가장 좋은 방법이 아닙니다. 오히려 적대적 입력을 훨씬 간단하게 만들 수 있게 DNN 알고리즘의 특징을 설명합니다. 먼저 FGSM 알고리즘 자체를 살펴본 후 DNN 알고리즘이 알려주는 내용을 살펴보겠습니다.

FGSM 알고리즘은 이미지의 위치에서 오분류를 유도하는 가장 빠른 경로인 입력 공간의 방향을 계산합니다. 이 방향은 경사 하강법, 신경망 훈련과 유사한 비용 함수를 사용해 계산합니다 (3.3.3 참조). 개념적으로 설명하면, 단순히 이미지 위치에서 예측 지도 내 등고선의 기울기를 간접적으로 측정하는 것이 곧 방향을 계산하는 것이라고 간주하는 것입니다.

적대적 방향은 매우 복잡하게 계산하므로 각 입력값(픽셀값 또는 다차원 입력 공간의 축)은 다음 두 가지 방법 중 하나로 지정합니다.

---

1 「Intriguing Properties of Neural Networks」(Szegedy et al.)
2 이후 니콜라스 카리니와 데이비드 와그너가 설명한 것과 같이 더 효과적인 섭동을 생성하기 위해 이 접근방식을 최적화했습니다. 「Towards Evaluating the Robustness of Neural Networks」(2016), http://bit.ly/2KZoIzL.
3 「Explaining and Harnessing Adversarial Examples」(Ian J. Goodfellow et al. 2015), http://bit.ly/2FeUtRJ.

양의 방향

오분류를 유발하기 위해서 이 입력값을 늘리는 것이 가장 좋음을 나타냅니다.

음의 방향

오분류를 유발하기 위해서 이 입력값을 줄이는 것이 가장 좋음을 나타냅니다.

'양의 방향'이나 '음의 방향'을 단순하게 할당하는 것은 직관에 반대되는 것으로 보일 수 있습니다. 그러나 FGSM은 특정 변경의 상대적 중요성, 변경 방향(긍정/부정)에만 국한되지 않습니다. 예를 들어, 하나의 입력값을 늘리는 것이 또 다른 입력값을 늘리는 것보다 더 큰 적대적 효과를 얻는다면 두 값에는 '양의 방향'을 동등하게 할당해 처리할 것입니다.

방향이 설정되면 FGSM은 값의 적대적 변경 방향을 양수로 간주하고 모든 입력값(이미지의 경우 픽셀값)에 작은 섭동을 적용해 섭동을 추가하거나 제외합니다. 이러한 변경으로 인해 이미지가 올바른 분류 밖에 위치하도록 이미지가 변경되어 (대상이 지정되지 않은) 적대적 사례를 만듭니다.

FGSM은 모든 입력값(픽셀)을 변경한다는 원칙에 따라 작동하지만 각 입력값은 아주 작은 크기만큼만 적용합니다. 이 방법에서는 고차원 공간에서 모든 차원의 무한한 변화가 전체적으로 중대한 변화를 발생시킵니다. 많은 양의 픽셀이 조금씩 변경되면 입력 공간에서는 크게 움직입니다. L^p-norm 측정법을 다시 떠올려보면 이 방법이 단일 픽셀(L^∞-norm)의 최대 변화를 최소화한다는 것을 알게 될 것입니다.

FGSM의 놀라운 점은 실제로 효과가 있다는 것입니다! 이를 설명하기 위해 [그림 6-5]에서 두 가지 다른 DNN 모델의 입력 공간이 표시된 두 상황을 살펴보겠습니다. 두 이미지 모두 입력 공간의 확대된 이미지를 보여주므로 FGSM 알고리즘으로 생성된 원본 이미지와 새 이미지의 위치 차이를 나타내는 화살표는 각 차원에서 매우 작은 움직임을 보입니다.

'셔츠' 분류 영역의 경계는 두 이미지 모두 동일하게 굵은 선으로 표시되지만 왼쪽 모델이 훨씬 더 일관된 그레이디언트를 보입니다. 오른쪽 모델은 경계가 일관성이 없어 올바르게 예측할 수 없습니다.

FGSM가 계산한 섭동 방향은 원본 이미지의 점에서의 그레이디언트로 결정합니다. 왼쪽 이미지에서 알고리즘은 이미지가 원본에서 멀어질 때와 거의 동일하게 그레이디언트가 유지되므로 적대적 위치로(셔츠 분류 영역 밖으로) 성공적으로 이동합니다. 반대로, 오른쪽의 그레이디언트와 함께 FGSM을 사용하면 원본 이미지 위치 근처의 그레이디언트를 더이상 나타내지 않기 때문에 이미지를 원하는 적대적 위치로 이동시킬 수 없습니다. 그 결과 적대적 위치가 여전히 '셔츠' 분류 영역 내에 있습니다.

셔츠 예측 지도:
선형 그레이디언트

셔츠 예측 지도:
비선형 그레이디언트

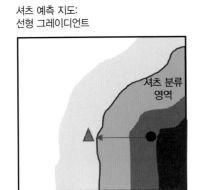

셔츠 분류 영역

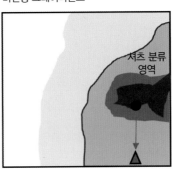

셔츠 분류 영역

● 입력 공간에서 셔츠 이미지의 원래 위치 　　　 ↘ FGSM에 의한 위치 변경

▲ 입력 공간에서 적대적 이미지의 위치 　　　 ▲ 입력 공간에서 비적대적 이미지의 위치

그림 6-5 모델 선형성과 비선형성을 가정한 빠른 그레이디언트 부호 방법

FGSM의 성공은 특정 방향의 그레이디언트가 계속 유지될 것이라는 가정을 전제로 합니다. 수학 용어를 사용하면, 모델이 나타내는 함수는 선형 동작을 나타냅니다. 선형 모델을 사용하면 단순히 로컬 그레이디언트를 보면서 적대적 섭동을 일으키는 수식을 간략히 근사화할 수 있습니다.

FGSM은 최상의 적대적 입력을 생성하지는 않지만 이 알고리즘의 목적은 아닙니다. FGSM 접근법이 최첨단 이미지 분류 DNN에 걸쳐 작동함을 보여줌으로써 연구자들은 선형성의 기본 특징이 많은 알고리즘에 내재되었음을 증명했습니다. DNN 모델은 [그림 6-5]의 오른쪽에 표시된 것처럼 일관되지 않은 그레이디언트가 아니라 왼쪽 그림과 같이 입력 공간의 예측 지도에서 일관된 그레이디언트를 갖는 경향이 있습니다. FGSM 이전에는 DNN 알고리즘이 더 복잡한 비선형 그레이디언트를 포함한다고 가정했는데, 이 경사는 최저점과 최고점을 통합하며 지속적으로 변화하는 가파른 예측 지도로 볼 수 있습니다. 이 선형성은 훈련 중 최적화 단계가 항상 가장 간단한 모델(가장 간단한 그레이디언트)을 선호하기 때문에 발생합니다.

모델 선형성은 화이트 박스 방법을 사용해 적대적 사례를 생성하는 수식을 훨씬 간단하게 만들 수 있습니다. 단순히 로컬 그레이디언트를 보면서 적대적 섭동을 생성하는 수식을 근사화할 수 있기 때문입니다.

FGSM 수식

다음은 FGSM 알고리즘의 기본 수식입니다. 자세한 내용은 관련 논문을 참조합니다.[4] 단일 입력의 신경망 성능이 어느 정도인지를 측정하는 '비용 함수' 개념을 도입했습니다(3.3.3 참조). 수식은 다음과 같습니다.

$$C(f(\mathbf{x};\, \Theta),\, \mathbf{y})$$

수식에서 C는 입력 x와 정확한 출력 확률 벡터 $\mathbf{y}$가 주어진 DNN f의 비용 함수를 나타냅니다.[5]

f의 가중치와 편향은 Θ로 표시됩니다.

신경망 훈련의 목적은 가중치와 편향 매개변수를 조정해 모든 훈련 예제에서 비용(이전 함수로 표시)을 최소화하는 것입니다. 신경망이 훈련 데이터를 수행할 때까지 Θ를 변경합니다.

이 비용 함수를 다른 관점에서 고려합니다. 신경망을 훈련시켰고 매개변수가 변경되지 않을 것입니다. 따라서 Θ로 표시되는 가중치와 편향은 정적으로 유지해야 합니다. 그러나 $\mathbf{x}$로 표시되는 입력 데이터(이미지)를 변경해도 비용 함수의 값에 영향을 줍니다. 따라서 이 비용 함수 개념을 재사용해 훈련 중에 수행한 예측 지도 자체를 변경하기보다는 예측 지도 내에서 이미지를 이동시키는 효과를 얻을 수 있습니다.

---

4 『Explaining and Harnessing Adversarial Examples』(Goodfellow et al.)
5 분류기는 이 확률 벡터를 가장 가능한 분류를 나타내는 단일 값으로 축소합니다.

x값이 증가해 예측 신뢰도가 높아지면 비용 함수는 더 작은 값을 가집니다. 반대로 x값이 감소해 예측 신뢰도가 낮아지면 비용 함수의 값은 증가합니다.

비용 함수의 값이 증가하면 올바른 예측을 할 수 없기 때문에 공격자의 목표는 x를 변경해서 이 함수에 의해 반환되는 비용 함수를 '늘리는' 것입니다.

편미분법을 사용해 원본 이미지에서 비용 함수의 그레이디언트를 계산할 수 있습니다. 그런 다음 각 방향으로 그레이디언트의 부호를 취하면 섭동 방향으로 이동합니다. 수학 공식으로 다음과 같이 표현합니다.

$$\text{sign}(\nabla_x C(f(\mathbf{x}; \boldsymbol{\Theta}), \mathbf{y}))$$

기본적으로 이 값은 '양의 방향' 또는 '음의 방향'이 할당된 입력 벡터와 크기가 같은 벡터입니다.

마지막으로, FGSM을 사용해 적대적 사례를 만드는 섭동은 방향에 작은 거리 측정 ε을 곱하여 계산합니다.

$$\mathbf{x^{adv}} = \mathbf{x} + \varepsilon \cdot sign(\nabla_x C(f(\mathbf{x}; \boldsymbol{\Theta}), \mathbf{y}))$$

FGSM이 이미지에 퍼져있는 미세한 섭동을 쉽게 지나칠 수 있습니다. 따라서 이미지가 분류 경계를 넘어 적대적이 될 때까지 매우 작은 섭동을 반복적으로 추가함으로써 개선할 수 있습니다. 모델이 완전히 선형이 아닌 경우를 대비해 각 반복에서 그레이디언트 방향을 다시 확인할 수도 있습니다. 이 기술을 기본 반복법이라고 합니다.[6]

다음 예제 코드는 3장에서 만든 Fashion-MNIST 분류기에 대한 FGSM 공격을 보여줍니다. 이 예제에서는 공개적으로 사용 가능한 Foolbox 라이브러리를 사용합니다.

> **NOTE_ 예제 코드: 그레이디언트 공격**
> FGSM 예제 코드를 실행하려면 주피터 노트북(chapter06/fashionMNIST_foolbox_gradient.ipynb)을 참조하기 바랍니다.

---

6 『Adversarial Machine Learning at Scale』(Alexey Kurakin et al., 2016), http://bit.ly/31Kr3E0

시작하기 전에 라이브러리를 불러옵니다.

```python
import numpy as np
import matplotlib.pyplot as plt

import tensorflow as tf
from tensorflow import keras
```

3장에서 저장한 모델을 불러오고, 모델에 테스트 이미지를 실행합니다.

```python
fashion_mnist = keras.datasets.fashion_mnist
_, (test_images, test_labels) = fashion_mnist.load_data()
test_images = test_images/255.0

model = tf.keras.models.load_model("../models/fashionMNIST.h5")  ❶

predictions = model.predict(test_images)  ❷
```

❶ 3장에서 만든 Fashion-MNIST 분류기를 불러옵니다.

❷ 테스트 데이터의 모델 예측을 가져옵니다.

원본 이미지(비적대적)를 선택하면 예측과 함께 이미지를 표시합니다(그림 6-6 참조).

```python
image_num = 7  ❶

class_names = ['T-shirt/top', 'Trouser', 'Pullover', 'Dress', 'Coat',
               'Sandal', 'Shirt', 'Sneaker', 'Bag', 'Ankle boot']

x = test_images[image_num]
y = np.argmax(predictions[image_num])
y_name = class_names[y]

print("Prediction for original image:", y, y_name)

plt.imshow(x, cmap=plt.cm.binary)
```

❶ 다른 이미지에서 공격을 실행하려면 이 숫자를 변경합니다.

이미지를 출력합니다.

```
Prediction for original image: 6 Shirt
<matplotlib.image.AxesImage at 0x1bd70c65a00>
```

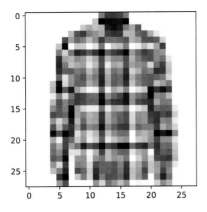

그림 6-6 실행 결과

다음으로 케라스를 이용해 Foolbox 모델을 만듭니다.

```
import foolbox (pip install foolbox==1.8 설치)
from foolbox.models import KerasModel
fmodel = foolbox.models.TensorFlowModel.from_keras(model, bounds=(0, 255))
```

공격 특이성을 정의합니다.

```
attack_criterion = foolbox.criteria.Misclassification()    ❶
distance = foolbox.distances.Linfinity                     ❷
```

❶ `attack_criterion`은 공격의 특이성을 정의합니다. 예제는 간단한 오분류입니다.

❷ 섭동 거리는 L^∞-norm에 따라 최적화됩니다.

```
attack = foolbox.attacks.GradientSignAttack(fmodel,
                                    criterion=attack_criterion,
                                    distance=distance)
```

이제 공격을 실행합니다.

```
x_adv = attack(input_or_adv = x,
               label = y,
               unpack = False) ❶
```

❶ unpack = False를 지정하면 이미지가 아닌 foolbox.adversarial.Adversarial 객체가
반환됩니다. 적대적 사례의 이미지와 원본의 거리와 같은 기타 정보는 이 객체를 통해 접근
할 수 있습니다.

이제 결과를 출력해보겠습니다(그림 6-7 참조).

```
preds = model.predict(np.array([x_adv.image])) ❶

plt.figure()

# Plot the original image
plt.subplot(1, 3, 1)
plt.title(y_name)
plt.imshow(x, cmap=plt.cm.binary)
plt.axis('off')

# Plot the adversarial image
plt.subplot(1, 3, 2)
plt.title(class_names[np.argmax(preds[0])])
plt.imshow(x_adv.image, cmap=plt.cm.binary)
plt.axis('off')

# Plot the difference
plt.subplot(1, 3, 3)
plt.title('Difference')
difference = x_adv.image - x
plt.imshow(difference, vmin=0, vmax=1, cmap=plt.cm.binary)
plt.axis('off')

print(x_adv.distance) ❷

plt.show()
```

❶ 적대적 사례의 예측을 반환합니다. x_adv.image는 Adversarial 객체의 적대적 이미지를
나타냅니다.

❷ x_adv.distance는 적대적 이미지를 생성하는 데 필요한 섭동을 나타내는 객체입니다. 다음과 같은 출력을 생성합니다.

```
normalized Linf distance = 1.50e-04
```

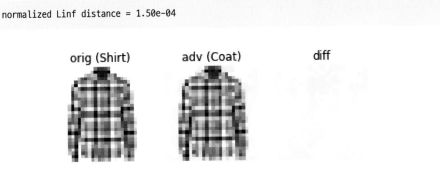

그림 6-7 실행 결과

예제 코드는 L^{∞}-norm에 최적화되어 있습니다. 이미지를 주의 깊게 살펴보면 많은 픽셀이 약간씩 변경되었습니다.

다음으로 넘어가기 전에, 오디오에 관한 모델 선형성에는 짚고 넘어가야 할 주의사항이 있습니다. MFCC와 같은 전처리와 종종 음성-텍스트 솔루션(4.2 참조)의 일부인 LSTM의 반복 특성으로 인해 모델에 비선형성이 발생합니다. 따라서 음성-텍스트 시스템에서 FGSM과 같은 기술을 사용해 적대적 왜곡을 성공적으로 설정하려면 단일 단계 방식이 아닌 반복 단계 방식이 필요합니다. 또한 음성-텍스트 시스템에서의 복잡한 처리 체인은 이미지 처리 분야보다 손실 함수를 생성하기가 더욱 어렵습니다. 종단(end-to-end) 체인(MFCC, CTC와 같은 단계)에서 오디오 샘플의 손실을 최소화해야 하므로 더 어려운 수학과 계산 능력이 필요합니다.[7]

6.1.3 적대적 돌출

DNN은 입력 데이터를 시각화할 수 있는 돌출 지도 개념을 도입해 예측을 결정했습니다(5.2 참조). 이 개념은 DNN 처리에만 사용되는 것이 아닙니다. 돌출 지도는 특정 컴퓨터 비전 인식 작업에 가장 긴요한 픽셀(또는 픽셀 그룹)을 묘사하는 방법으로도 수년간 사용되었습니다.

---

7 『Audio Adversarial Examples』(Carlini and Wagner)

돌출 계산은 적대적 사례를 생성하는 데도 악용할 수 있습니다. 분류를 결정할 때 가장 관련성이 높은 특성을 알면 양성 입력을 적대적 입력으로 옮기는 데 가장 큰 영향을 미치는 영역으로 섭동을 제한하려는 경우에 유용합니다. 이때 사용하는 것이 야코비안 돌출 지도 접근법Jacobian Saliency Map Approach(JSMA)입니다.[8]

JSMA는 입력값을 구성하는 각 값의 돌출 점수를 계산합니다. 이미지 데이터에 적용되는 이 점수는 각 픽셀값(컬러 이미지의 경우 픽셀당 3개)의 점수로 적대적 목표 달성에서 차지하는 상대적 중요도를 나타냅니다. 점수가 높은 픽셀을 변경하면 점수가 낮은 픽셀보다 이미지를 적대적으로 변경할 가능성이 더 높습니다.

특정 픽셀의 적대적 돌출은 다음 두 가지를 고려합니다.

- 표적이 있는 공격에서 대상 분류의 예측 점수를 높이는 데 변경이 미치는 영향
- 그 외 모든 분류의 예측 점수를 낮추는 데 변경이 미치는 영향

적대적 목표 달성에 가장 큰 영향을 줄 수 있는 입력 변경은 두 가지 모두에서 높은 값을 가지므로 먼저 변경될 것입니다.

JSMA는 가장 큰 영향을 미치는 픽셀을 선택하고 관련 방향으로 설정된 양만큼 변경합니다. 즉, 값을 늘리거나 줄입니다. 본질적으로 이미지를 적대적 기준을 만족시키는 예측 지도의 위치로 가져오기 위해 다차원 입력 공간에서 신중하게 선택한 방향을 따라 설정된 거리를 이동합니다. 이 과정을 목표가 달성될 때까지 반복합니다.

JSMA는 이미지의 픽셀값 변경 횟수를 최소화하므로 이번에는 변화의 척도로 사용되는 것이 L^0-norm 측정입니다.

---

8 「The Limitations of Deep Learning in Adversarial Settings」, 1st IEEE European Symposium on Security & Privacy(Nicolas Papernot et al., 2016), http://bit.ly/2ZyrSOQ.

JSMA 수식

돌출 점수를 계산하려면 '모든' 입력의 작은 변화가 출력 예측에 미치는 영향을 알아야 합니다.

n개의 입력값과 m개의 출력 분류가 있다고 가정하겠습니다. 이렇게 모든 상대적인 변화는 $m * n$ 차원의 야코비 행렬로 표현할 수 있습니다. 각 픽셀값과 예측에 대한 이 행렬에는 픽셀값을 변경하면 특정 예측에 미치는 영향을 나타내는 값이 포함되어 있습니다.

각 값은 특정 값 i의 변화의 예측, j의 DNN 함수 f의 도함수입니다.[9]

$$\frac{\partial f(\mathbf{x})_j}{\partial x_i}$$

따라서 전체 행렬은 이렇게 표현됩니다.

$$S_{mn} = \frac{\partial f(\mathbf{x})_m}{\partial x_n}$$

야코비 행렬의 모든 픽셀 예측 쌍을 계산한 정방향 미분은 다음 논리를 사용해 대상 출력에 대한 각 픽셀의 돌출성을 계산할 수 있습니다.

t의 적대적 대상 분류의 경우, '증가하는' 입력값의 돌출성을 다음과 같이 계산합니다.

- 입력값을 늘리면 목표 예측 점수가 낮아집니다.

$$\frac{\partial f(\mathbf{x})_j}{\partial x_i}$$

미분은 0보다 작을 것입니다. 이 예제에서는 입력의 적대적 돌출이 심하지 않아서 단순히 0으로 설정됩니다.

$$\text{if} \quad \frac{\partial f(\mathbf{x})_t}{\partial x_i} < 0 \quad \text{then} \quad s_{adv} = 0$$

---

9 역전파와 마찬가지로, 도함수는 연쇄 규칙을 사용해 계산합니다. 각 DNN 계층의 함수 구성으로 $f(x)$를 고려해 도함수를 계산할 수 있는 수학 기법입니다

- 마찬가지로, 입력값을 증가시켜서 다른 모든(비대상) 클래스 예측이 전반적으로 증가하는 경우 적대적 목표를 달성하는 데 도움되지 않습니다. 입력에 대한 대상 이외의 모든 예측에 대한 모든 도함수의 합입니다. 이 합이 0보다 크면 다시 한번 입력값이 0으로 설정되고 입력값은 적대적으로 간주되지 않습니다.

$$\text{else if} \quad \sum_{j \neq t} \frac{\partial f(\mathbf{x})_t}{\partial x_i} > 0 \quad \text{then} \quad s_{adv} = 0$$

- 그렇지 않으면 입력값이 적대적 돌출이기에 다른 입력값과 비교할 수 있도록 이 돌출성을 정량화하면 됩니다. 이것은 제1단계에서 계산한 부분 도함수와 제2단계에서 계산한 부분 도함수 합의 값을 취할 수 있습니다. 앞에서 언급한 제약으로 인해 첫 번째 부분은 양수이고 두 번째 부분은 음수여야 하므로 이 결과를 부정해 답을 긍정적으로 만듭니다.

$$\text{otherwise} \; s_{adv} = - \frac{\partial f(\mathbf{x})_t}{\partial x_i} \cdot \sum_{j \neq t} \frac{\partial f(\mathbf{x})_t}{\partial x_i}$$

전체를 다시 작성하면, 각 예측값의 증가가 원하는 예측을 유발하는 데 미치는 영향을 나타내는 '돌출 지도' S⁺를 만들 수 있습니다.

$$s^+(x_p\, t) = \begin{cases} 0 \; \text{if} \; \dfrac{\partial f(\mathbf{x})_t}{\partial x_i} < 0 \; \text{ or } \; \sum_{j \neq t} \dfrac{\partial f(\mathbf{x})_t}{\partial x_i} > 0 \\[2ex] - \dfrac{\partial f(\mathbf{x})_t}{\partial x_i} \cdot \sum_{j \neq t} \dfrac{\partial f(\mathbf{x})_t}{\partial x_i} \; \text{otherwise} \end{cases}$$

이 돌출 지도는 입력이 '증가한' 경우 입력에 대한 적대적 돌출을 나타냅니다. JSMA는 또한 어떤 픽셀이 '감소하면' 오분류를 만드는 데 가장 큰 영향을 미치는지 계산합니다. 또 다른 '돌출 지도' S⁻를 만들기 위해서는 논리를 약간 변경해야 합니다.

$$s^-(x_p\, t) = \begin{cases} 0 \; \text{if} \; \dfrac{\partial f(\mathbf{x})_t}{\partial x_i} > 0 \; \text{ or } \; \sum_{j \neq t} \dfrac{\partial f(\mathbf{x})_t}{\partial x_i} < 0 \\[2ex] - \dfrac{\partial f(\mathbf{x})_t}{\partial x_i} \cdot \sum_{j \neq t} \dfrac{\partial f(\mathbf{x})_t}{\partial x_i} \; \text{otherwise} \end{cases}$$

(이 경우에 더 크다(〉)와 더 작다(〈)의 위치를 바꿔주었습니다.)

JSMA는 각각의 지도 S⁺와 S⁻에서 가장 두드러진 픽셀 하나를 가져와서 각각의 관련 방향으로 약간씩 변경되는 한 쌍의 픽셀을 제공합니다. 입력이 적대적으로 분류될 때까지 전체 과정을 반복합니다.

다음 예제 코드는 4장에서 만든 ResNet50 분류기에 Foolbox를 사용한 SaliencyMapAttack를 보여줍니다.

원본 이미지(비적대적)를 선택하고 분류기로 실행해보겠습니다.

```
original_image_path = '../images/koala.jpg'
x = image_from_file(original_image_path, [224,224]) ❶
```

❶ 이 헬퍼 유틸리티는 깃허브에 있습니다. 파일을 읽고 크기를 조정합니다.

관련 라이브러리와 ResNet50 모델을 불러옵니다. 비적대적 이미지를 모델에 전달해 ResNet50이 반환한 예측을 확인합니다.

```
import tensorflow as tf
from tensorflow import keras
from keras.applications.resnet50 import ResNet50
from keras.applications.resnet50 import preprocess_input
from keras.applications.resnet50 import decode_predictions

model = ResNet50(weights='imagenet', include_top=True)

x_preds = model.predict(np.expand_dims(preprocess_input(x), 0))
y = np.argmax(x_preds)
y_name = decode_predictions(x_preds, top=1)[0][0][1]

print("Prediction for image: ", y_name)
```

다음과 같은 출력을 생성합니다.

```
Prediction for image: koala
```

이제 ResNet50 모델에서 Foolbox 모델을 만든 후 전처리 과정을 진행합니다.

```
import foolbox

preprocessing = (np.array([103.939, 116.779, 123.68]), 1) ❶
fmodel = foolbox.models.TensorFlowModel.from_keras(model,
                                                   bounds=(0, 255),
                                                   preprocessing=preprocessing)
```

❶ Foolbox 모델은 이미지를 전처리해 ResNet50에 적합하게 만듭니다. 분류기가 처음 훈련한 이미지넷 평균 RGB 값 주변의 데이터를 정규화하는 작업이 포함됩니다. `preprocessing` 변수는 이 전처리 단계의 수단을 정의합니다. 동등한 정규화는 `keras.applications.resnet50.preprocess_input`(ResNet50에 입력을 위해 이전에 호출한 함수)에서 수행합니다. 전처리를 더 자세하게 이해하고 직접 시험해보려면 주피터 노트북(chapter04/resnet50_preprocessing.ipynb)을 참고하기 바랍니다.

ResNet50은 RGB가 아닌 BGR로 정렬된 이미지 채널로 훈련했습니다(4.5 참조). 이 단계(`keras.applications.resnet50.preprocess_input`에도 있음)는 이미지 데이터의 채널을 BGR로 전환합니다.

```
x_bgr = x[..., ::-1]
```

다음으로, Foolbox 공격을 설정합니다.

```
attack_criterion = foolbox.criteria.Misclassification()
attack = foolbox.attacks.SaliencyMapAttack(fmodel,
                                            criterion=attack_criterion)
```

실행합니다.

```
x_adv = attack(input_or_adv = x_bgr, label = y, unpack = False)
```

반환된 적대적 이미지의 예상 라벨과 클래스 이름을 확인합니다.

```
x_adv = adversarial.image[..., ::-1] ❶

x_adv_preds = model.predict(preprocess_input(x_adv[np.newaxis].copy()))
y_adv = np.argmax(x_adv_preds)
y_adv_name = decode_predictions(x_adv_preds, top=1)[0][0][1]

print(print("Prediction for image: ", y_adv_name))
```

❶ foolbox.adversarial 객체에서 적대적 이미지를 가져와서 채널을 다시 RGB 순서로 변경
합니다.

결과는 다음과 같습니다.

```
Prediction for image: weasel
```

마지막으로, 이미지를 나란히 표시합니다(그림 6-8).

```
import matplotlib.pyplot as plt

plt.figure()

# Plot the original image
plt.subplot(1, 3, 1)
plt.title(y_name)
plt.imshow(x)
plt.axis('off')

# Plot the adversarial image
plt.subplot(1, 3, 2)
plt.title(y_adv_name)
plt.imshow(x_adv)
plt.axis'off')

# Plot the difference
plt.subplot(1, 3, 3)
plt.title('Difference')
difference = x_adv - x
```

```
# Set differences that haven't changed to 255 so they don't show on the plot
difference[difference == 0] = 255 ❶
plt.imshow(abs(difference))
plt.xticks([])
plt.yticks([])

plt.show()
```

그림 6-8 실행 결과

[그림 6-8]에서 차이 이미지는 비교적 적은 수의 픽셀이 변경되었음을 나타냅니다. 중앙에 있는 적대적 이미지에서 섭동을 볼 수 있습니다.

6.1.4 적대적 신뢰도 높이기

FGSM이나 JSMA 방법은 적대적 사례를 생성하지만 이러한 공격은 분류 경계에 가까운 입력을 생성합니다. 이러한 공격 방법은 대상 시스템의 사전에 감지되어 처리되거나 적극적인 방어에는 취약할 수 있습니다. 예를 들어, 적대적 이미지의 픽셀을 조금만 변경해도 분류가 변경될 수 있습니다.

신뢰성 있는 적대적 입력을 생성한다면 적대적 사례를 더욱 강력하게 만들 수 있습니다. 칼리니와 와그너는 정확하고 강력한 공격 방법을 제안했습니다.[10] 이 공격은 L^2-norm 변화 측정을 반복하는 과정을 최소화하는 동시에 적대적 대상의 신뢰도와 그 다음으로 가능성이 높은 분류 간의 차이를 최대화합니다. 이것은 어떻게 해석하느냐에 따라 비적대적 사례를 적대적 사례로 볼 수도 있습니다. 이 공격을 C&W(칼리니와 와그너) 공격이라고 합니다.

....
10 『Towards Evaluating the Robustness of Neural Networks』(Carlini and Wagner)

C&W 공격 수식

표적 있는 공격이라고 가정합니다.

$$f(\mathbf{x^{adv}}) = y_t$$

y_t는 대상 적대적 분류를 나타냅니다. 분류는 출력 확률 벡터를 근거로 합니다.

C&W 공격은 L^2-norm을 최소화한 것입니다.

L^2-norm의 제곱을 취하면 제곱근을 계산할 필요가 없으므로 계산 복잡성이 줄어듭니다. 따라서 적대적 이미지와 비적대적 이미지 사이의 거리 측정은 다음과 같이 정의합니다.

$$\|d\|_2^2 = \|\mathbf{x^{adv}} - \mathbf{x}\|_2^2$$

C&W 공격은 대상 적대적 클래스 예측과 그다음으로 예상되는 클래스 예측의 차이를 최대화하는 적대적 사례를 만들며 견고함을 보장합니다. 예측은 softmax 함수로 처리하는 이전 층에서 반환한 로짓 함수입니다. 이 로짓은 다음과 같이 표현합니다.

$$Z(\mathbf{x^{adv}})$$

적대적 사례에서 가장 높은 예측이 로짓 t인 경우에 둘째로 높은 예측은 다음과 같이 표현합니다.

$$\max\{Z(\mathbf{x^{adv}})_i : i \neq t\}$$

대상 예측을 빼면 예측과 둘째로 높은 값의 차이가 나타납니다.

$$\max\{Z(\mathbf{x^{adv}})_i : i \neq t\} - Z(\mathbf{x^{adv}})_t$$

적대적 사례의 신뢰도를 나타내는 음수를 반환합니다. 음수일수록 신뢰도가 커집니다.

매개변수 k를 추가해 필요한 신뢰도를 조정하는 방법을 제공합니다. 이 값은 이전 차이 계산의 최댓값과 k의 음수를 취할 때 필요한 신뢰도를 정의하는 메커니즘으로 사용합니다. k값이 증가하면 더 신뢰도가 있는 적대적 사례가 됩니다.

$$\max\{\max\{Z(\mathbf{x^{adv}})_i: \ i \neq t\} - Z(\mathbf{x^{adv}})_t, \ -k\}$$

적대적 사례 l의 신뢰 손실 함수를 호출합니다. 이것을 모두 합치면 다음과 같습니다.

$$\text{minimize} \quad \{\|\mathbf{x^{adv}} - \mathbf{x}\|_2^2 + c.l(\mathbf{x^{adv}})\}$$

또는

$$l(\mathbf{x^{adv}}) = \max\{\max\{Z(\mathbf{x^{adv}})_i: \ i \neq t\} - Z(\mathbf{x^{adv}})_t, \ -k\}$$

방정식의 두 가지 측면을 보여줍니다. 거리 측정(양수)과 신뢰도 측정(0 또는 음수)의 두 측면을 '균형화'하여 거리 측정값(섭동)이 커져서 신뢰도 측정이 방정식에 영향을 미치지 않도록 합니다. c 값은 이진 검색 알고리즘을 사용해 결정합니다.

6.1.5 화이트 박스 접근방식의 변형

적대적 사례를 생성하는 데 사용할 수 있는 몇 가지 화이트 박스 접근방식을 소개했습니다. 적대적 사례를 만드는 방법은 다양할 수 있으며, 앞으로 더 많은 방법이 개발될 것입니다.

모든 화이트 박스 접근방식은 동일한 목표를 공유합니다. 즉 일부 계산 가능한 알고리즘을 사용해 입력 공간 검색을 최적화하는 것입니다. 직간접적인 모든 방법은 필요한 그레이디언트 섭동을 최소화하기 위해 모델 그레이디언트를 활용합니다. 검색을 최적화하려면 근삿값이나 임의의 단계가 필요하며, 섭동이 절충되는 것은 불가피할 수 있습니다. 또한 알고리즘이 입력 공간을 검색하는 방식이 다양하기 때문에 다른 접근방식은 다른 적대적 사례를 반환합니다.

6.2 제한된 블랙박스 방법

제한된 블랙박스 조회 방법은 모델이 반환한 출력을 기반으로 공격자의 섭동을 반복적으로 세분화합니다. 예를 들어, 이미지의 최종 분류가 '고양이'나 '개'가 되거나 음성을 변환한 텍스트가 될 수 있습니다. 이 방법을 사용하면 공격자는 모델 자체나 출력층의 원 점수(예측)에 접근할 필요가 없습니다. 본질적으로 간접적인 수준입니다. 결과를 제공하기 위해 DNN 모델의 출력은 어떤 방식으로 처리되고 단순화되었으며, 공격자가 접근할 수 있는 것은 이 결과뿐입니다.

제한된 블랙박스 상황에서 공격자가 입력 공간을 효과적으로 검색할 수 있는 방법은 명확하지 않습니다. 한 가지 접근방식은 반복적으로 입력을 약간 변경하고 모델을 통해 실행한 다음 분류가 변경되었는지 확인하는 것입니다. 그러나 분류가 변경될 때까지 작은 변화가 이미지를 입력 공간의 악의적인 방향 쪽으로 이동시키는지 알 방법이 없기 때문에 이 방법은 효과적인 전략이 되지 못합니다. 이러한 무차별 대입법은 매우 느리고 비효율적입니다.

브렌델 등이 제안한 경계 공격boundary attack[11]은 접근방식이 간단하고 영리한 전략입니다. 대상 경계 공격은 [그림 6-9]에 나와있습니다. 원본 이미지(이 경우 운동화)와 샘플 이미지(이 경우 샌들)가 각각 원과 사각형으로 표시됩니다. 샘플은 모델에서 대상 분류로 분류된 이미지입니다. 따라서 이 경우 운동화 이미지가 운동화처럼 보이지만 샌들로 분류되기를 원합니다.

경계 공격은 원래 운동화 이미지가 아닌 샌들 이미지로 시작합니다. 이미지를 반복적으로 운동화에 가깝게 이동시키면서 각 반복 단계가 분류 경계를 넘어 빗나가서 적대적 분류를 변경하지 못하게 합니다.

알고리즘은 초기화 단계로 시작합니다. 적대적 대상 클래스의 샘플 이미지는 원본을 희석한 것으로 겹쳐져서 적대적 입력을 생성합니다. 이는 결과 이미지가 분류 경계의 반대쪽에 위치할 때까지 샘플 샌들 이미지를 원본 운동화 이미지에서 선택된 픽셀로 겹쳐서 수행합니다. 이 과정을 무수히 반복합니다. 추가 변경으로 인해 이미지가 비적용에 해당될 때까지 중첩, 테스트, 반복을 합니다. 이 시점에서 이미지는 분류 경계를 넘어 이동했으며 운동화로 분류합니다. 너무 멀리 지났으므로 원본 이미지의 입력이 아주 조금 줄어들어 적대적(샌들) 분류로 돌아갑니다.

개념적으로 이미지를 샘플에서 원본으로 이동시킨 다음 원본을 분류하기 직전에 경계에서 멈춥니다. 초기화 단계의 끝에서 이미지의 위치는 [그림 6-9]에서 '1'로 표시된 삼각형으로 표시합니다.

---

11 『Decision-Based Adversarial Attacks: Reliable Attacks Against Black-Box Machine Learning Models』 Proceedings of the International Conference on Learning Representations(Wieland Brendel et al., 2018), http://bit.ly/2Y7Zi6w.

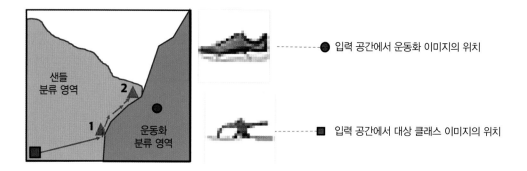

1 ▲ 초기화 단계 이후 최종 적대적 이미지의 위치

2 ▲ 입력 공간에서 최종 적대적 이미지의 최종 위치

그림 6-9 표적 있는 제한된 블랙박스 경계 공격

초기화 단계가 끝나면 현재 이미지가 적대적 경계 안에 위치하게 됩니다. 그러나 섭동이 은닉되기에는 원본과 비슷하지 않을 것입니다. 이 경우 여전히 샌들처럼 보입니다. 그런 다음 알고리즘은 경계의 가장자리를 따라 잘라내서 각 단계에서 입력을 원본 운동화에 더 근접하게 하는 임의의 섭동을 테스트합니다. 매번 입력이 대상 DNN에 전달됩니다. 공격자의 경계를 벗어나면 버려집니다. 따라서 샘플 이미지를 원본에 근접하게 만들기 위해 반복할 때마다 여러 단계를 거칠 수 있습니다. 어떤 시점에서 이미지는 원본과 비슷해 보이지만 여전히 샘플의 적대적 분류를 유지합니다.

Fashion-MNIST의 표적 경계 공격을 예제 코드로 살펴보겠습니다. 우리는 [그림 6-9]와 같이 운동화를 샌들로 바꾸려고 시도할 것입니다.

> **NOTE_ 예제 코드: 돌출 공격**
> 이 예제 코드는 주피터 노트북(chapter06/fashionMNIST_foolbox_boundary.ipynb)에 수록되었습니다.

경계 공격의 예제 코드에는 원본 이미지(x)와 시작점 이미지를 지정합니다. 먼저 원본 이미지를 지정하고 분류를 설정한 후 표시합니다(그림 6-10 참조).

```
original_image_num = 9

x = test_images[original_image_num]
y = np.argmax(predictions[original_image_num]) ❶
y_name = class_names[y]
print("Prediction for original image:", y, y_name)

plt.imshow(x, cmap=plt.cm.binary)
```

❶ y는 원래 (비적대적) 예측입니다.

출력이 생성됩니다.

원본 이미지 예측 : 7 Sneaker

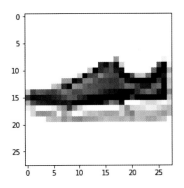

그림 6-10 실행 결과

다음으로 시작점 이미지를 선택하고 분류를 설정한 후 표시합니다(그림 6-11 참조). 이 이미지에는 필요한 적대적 분류가 있습니다.

```
starting_point_image_num = 52

starting_point_image = test_images[starting_point_image_num]
y_adv = np.argmax(predictions[starting_point_image_num]) ❶
y_adv_name = class_names[y_adv]

print("Prediction for starting point image:", y_adv, y_adv_name)
import matplotlib.pyplot as plt

plt.imshow(starting_point_image, cmap=plt.cm.binary)
```

❶ y_adv는 대상 적대적 예측입니다.

다음과 같은 출력이 생성됩니다.

시작점 이미지의 예측 : 5 Sandal

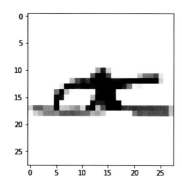

그림 6-11 실행 결과

이제 Foolbox 공격을 준비합니다.

```
import foolbox

fmodel = foolbox.models.TensorFlowModel.from_keras(model, bounds=(0, 1))
attack_criterion = foolbox.criteria.TargetClass(y_adv) ❶
attack = foolbox.attacks.BoundaryAttack(fmodel, criterion=attack_criterion)
```

표적 공격이므로 **TargetClass** 기준을 사용합니다.

그리고 공격을 실행합니다.

```
x_adv = attack(input_or_adv = x,
               label = y,
               starting_point = starting_point_image,
               unpack = False,
               log_every_n_steps = 500)
```

중간 결과를 보여줍니다.

```
run with verbose=True to see details
Step 0: 5.60511e-02, stepsizes = 1.0e-02/1.0e-02:
Step 500: 1.44206e-02, stepsizes = 1.5e-02/2.0e-03:
Step 1000: 3.43213e-03, stepsizes = 1.5e-02/1.3e-03: d. reduced by 0.26% (...)
Step 1500: 1.91473e-03, stepsizes = 6.7e-03/5.9e-04: d. reduced by 0.12% (...)
Step 2000: 1.54220e-03, stepsizes = 3.0e-03/1.7e-04: d. reduced by 0.03% (...)
Step 2500: 1.41537e-03, stepsizes = 8.8e-04/5.1e-05: d. reduced by 0.01% (...)
Step 3000: 1.37426e-03, stepsizes = 5.9e-04/2.3e-05: d. reduced by 0.00% (...)
Step 3500: 1.34719e-03, stepsizes = 3.9e-04/2.3e-05:
Step 4000: 1.32744e-03, stepsizes = 3.9e-04/1.5e-05: d. reduced by 0.00% (...)
Step 4500: 1.31362e-03, stepsizes = 1.7e-04/1.0e-05:
Step 5000: 1.30831e-03, stepsizes = 5.1e-05/2.0e-06:
```

공격은 기본적으로 알고리즘이 수렴되거나 5,000회 반복한 후에 중지됩니다. 이 시점에서 원
본 이미지와 똑같이 보일 만큼 가까운 위치로 결정 경계선 주위를 조금씩 조정하기를 권합니
다. 코드를 한번 살펴보겠습니다(그림 6-12의 출력 참조).

```python
preds = model.predict(np.array([x_adv.image]))

plt.figure()

# Plot the original image
plt.subplot(1, 3, 1)
plt.title(y_name)
plt.imshow(x, cmap=plt.cm.binary)
plt.axis('off')

# Plot the adversarial image
plt.subplot(1, 3, 2)
plt.title(class_names[np.argmax(preds[0])])
plt.imshow(x_adv.image, cmap=plt.cm.binary)
plt.axis('off')

# Plot the difference
plt.subplot(1, 3, 3)
plt.title('Difference')
difference = x_adv.image - x
plt.imshow(difference, vmin=0, vmax=1, cmap=plt.cm.binary)
plt.axis('off')

plt.show()
```

운동화	샌들	차이

그림 6-12 실행 결과

[그림 6-13]은 공격마다 100번(1,200회까지) 반복한 후의 이미지를 보여줍니다. 샌들은 분류를 변경하지 않고 원본 이미지와 점차 비슷해집니다. 샌들 예측은 각 이미지 아래의 괄호 안에 있습니다. 최적화 과정을 거치면서 예측이 0.5에 가까워지면 경계 주위로 이동할 수 있습니다. [그림 6-13]을 생성하는 예제 코드는 주피터 노트북(chapter06/fashionMNIST_foolbox_boundary.ipynb)에도 있습니다.

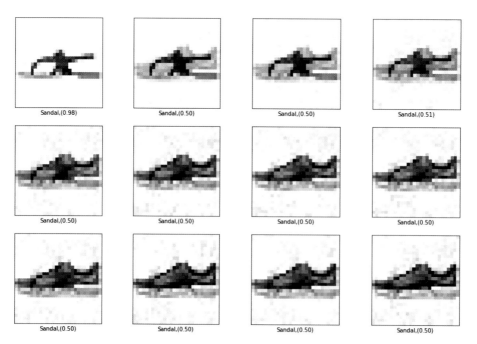

그림 6-13 경계 공격은 대상 클래스의 이미지로 시작해 점차 원본 이미지에 가깝게 이동합니다.

경계 공격은 적대적 입력을 효과적으로 생성하는 매우 강력한 공격입니다. 그러나 수천 번의 반복이 발생하며 각 반복에는 DNN의 여러 쿼리가 포함될 것입니다.

6.3 점수 기반 블랙박스 방법

점수 기반 방법은 화이트 박스와 제한된 블랙박스 범주의 사이에 있습니다. 때로는 연구 문헌에서 '점수 기반 모델'을 블랙박스라고 부르지만, 이 책에서는 점수 기반이라는 용어를 사용해 두 모델을 명확하게 구분합니다.

점수 기반 방법은 모델의 출력 클래스 확률에 접근해야 합니다. 즉, 공격자는 입력을 제출하고 DNN이 최종 결정(예: 분류)할 예측 점수를 받을 수 있습니다. 공격자가 사용할 수 있는 점수가 제한적일 (예: 상위 5개 확률) 수 있음에 유의해야 합니다.

점수 기반 방법은 제한된 블랙박스 방법에 더 가깝게 보일 수 있습니다. 결국 공격자가 적대적 입력과 출력에만 접근할 수 있기 때문입니다. 그러나 일반적으로 공격자가 원시 DNN 출력에 접근할 수 없으므로 점수에 대한 접근은 '권한'으로 간주할 수 있습니다. 따라서 특징을 보면 점수 기반 방법은 화이트 박스 방식에 더 가깝습니다. 우선, 예측 점수로 모델의 알고리즘을 근사한 후 다음 지능적인 검색을 수행해 적대적 목표를 달성하는 데 필요한 섭동을 설정합니다. 그러나 화이트 박스 공격과 달리 공격자는 모델 알고리즘에 접근할 수 없습니다. 따라서 앞에서 제시한 화이트 박스 방법에 필요한 알고리즘 그레이디언트를 계산할 수 없습니다. 다음에 설명한 대로 유전자 알고리즘 사용과 같은 예제를 검색하는 방법들이 있습니다.

검색을 위한 유전자 알고리즘 접근법

유전자 알고리즘은 많은 가능성 중에서 좋은 솔루션을 찾기 위해 소프트웨어에서 일반적으로 사용됩니다. 각 세대는 이전 세대보다 개선되어 지속적인 진화가 가능한 집단이라는 개념을 이용합니다.

적대적 생성에 적용하는 유전적 전략은 비적대적 입력 집단으로 시작하는데, 각각은 원래의 양성 샘플에 약간의 섭동을 발생시켜 생성합니다. 오디오와 관련하여 이 개체군은 원본 오디오 클립에서 여러 개의 임의 서브 클립을 선택하고 각각에 작은 임의의 섭동을 추가해 생성합니다. 각 샘플은 신경망으로 전달할 때 반환되는 결과에 따라 적대적 적합성 점수를 매깁니다.

그런 다음, 선택과 교차 그리고 변이가 반복되면서 차세대 샘플이 생성됩니다. 첫 번째, 기존 세대의 하위 집합은 '부모'로 선택되며, 더 높은 체력 점수를 가진 사람들이 선호됩니다. 부모의 적대적 측면이 결합되고(크로스오버) 일부 랜덤 노이즈(돌연변이)가 추가되어 다음 세대를 형성할 자식을 만듭니다. 다시 한번, 새로운 세대의 각 구성원은 신경망에서 반환된 점수를 기반으로 적대적 적합성을 평가합니다.

적대적 사례가 생성되거나 유전자 알고리즘이 결과를 생성하지 못한 경우, 즉 세대 수가 최대 임계값을 초과하는 경우에 과정이 완료됩니다.

이 시점에서 모델의 보안을 중시하는 조직이 점수를 제공하는 이유가 궁금할 것입니다. 예를 들어, 이미지가 소셜 미디어 웹 사이트에 부적절한 콘텐츠를 포함하는 것으로 자동 간주되어 제거 요건을 충족한 경우 이미지를 업로드한 개인은 이미지가 검열되었다는 경고 또는 알림을 받게 됩니다. 그들은 DNN이 이미지에 할당한 분류 확률을 나타내는 상세한 출력 점수를 받지 못할 것입니다. 따라서 조직은 이와 같은 시나리오에서 점수 정보를 제공하지 않습니다. 그러나 점수를 제공하는 DNN 기술을 소개하고 발전시키기 위해 이미 많은 개방형 API가 만들어졌습니다. 7장에서 볼 수 있듯이 모델 자체의 보안을 위협하지 않지만 공개적으로 사용 가능한 모델 API는 모델 대체물로 악용되어 자신의 모델을 만드는 노력을 줄일 수 있습니다.

6.4 요약

6장에서는 적대적 섭동을 생성하는 방법을 자세히 알아보았습니다. 이 방법들을 변형한 방법이 많으며 정기적으로 제안되고 있는 새로운 방법도 있습니다.

앞에서 살펴본 방법은 이미지를 기준으로 했지만 이 기술은 오디오나 비디오에도 적용할 수 있습니다. 또 적대적 입력을 생성하기 위해 수학적인 최적화 접근법이 항상 필요한지도 고려하길 바랍니다. 대상에 적대적 공격을 완화할 만한 대응책이 없는 경우 매우 간단한 방법을 이용할 수도 있습니다. 예를 들어, 비디오에 가끔 정지된 이미지를 삽입[12]하는 것만으로 비디오를 검

---

12 「Deceiving Google's Cloud Video Intelligence API Built for Summarizing Videos」(Hosseini Hossein et al. 2017), http://bit.ly/2FhbDxR.

색하거나 압축하는 알고리즘을 속일 수 있음이 밝혀졌습니다. 스틸 이미지에는 신경망이 잘못된 결과를 반환하게 하는 내용이 포함되지만 사람이 알아차리지 못할 정도로 매우 낮은 속도로 삽입됩니다.

적대적 섭동을 생성하는 알고리즘은 본질적으로 수학식을 이용한 최적화 과정입니다. 적대적 사례를 차단하기 위한 많은 접근방식이 모델의 알고리즘 변경이나 확장과 관련된다는 내용은 4부에서 '방어'를 설명할 때 알게 될 것입니다. 방어를 방해하는 적대적 사례를 만들면 다른 알고리즘에 대해서만 최적화 문제가 남습니다. 따라서 많은 방어 전략은 공격자가 사용할 수 있는 방법을 제한할 수는 있지만 방어를 보장하지는 못합니다.

6장에서는 DNN 모델의 적대적 사례를 생성하기 위한 수학적 접근법을 고려했습니다. 다음 3부에서는 공격자가 인공지능을 통합한 실제 시스템에서 이론적 접근법을 어떻게 사용하는지 살펴봅니다.

실제 위협 이해하기

2부에서는 DNN을 속이는 적대적 입력을 개발할 때 사용하는 수식과 알고리즘을 알아보았습니다. 3부에서는 2부에서 살펴본 내용을 바탕으로, DNN을 대상으로 광범위한 컴퓨터 시스템이라는 실제 상황에서 발생하는 위협을 알아봅니다. 음성 제어 장비, 웹 필터링 소프트웨어, 자율 주행차 등이 그러한 예입니다.

7장에서는 공격자가 공격 대상에 접근할 수 없는 경우 공격자가 선택할 수 있는 방법을 설명합니다. 직접 공격, 복제 공격, 전송 공격 등 다양한 공격 패턴을 살펴보고, 공격을 어렵거나 쉽게 만들 수 있는 요소를 생각해 보겠습니다. 또한 특정 대상을 겨냥해 개발된 공격법이 다른 대상에서도 작동하는지 여부도 살펴볼 것입니다.

8장에서는 실제 공격을 생성할 때 공격자에게 부과되는 복잡성을 고려합니다. 이러한 공격은 디지털 영역에서 벗어나 물리적 세계에서 생성되고 물리적 세계에 실제로 존재하는 적대적 물체나 소리로 이동합니다. 이 장에서는 환경 변화 등의 외부 요인이나 데이터를 캡처하는 카메라나 마이크로폰의 위치와 관계없이 적대적 방식으로 물리적 세계의 사례를 만드는 방법을 살펴보겠습니다.

위협을 이해함으로써 어떠한 시스템이든 지킬 수 있는 방어력을 강화하게 됩니다. 3부에서는 4부에서 설명할 방어 방법을 이해하는 데 필요한 기초를 마련합니다.

Part 3

실제 위협 이해하기

## CHAPTER 7

시스템에 사용하는 공격 패턴

7장에서는 공격자의 목표와 특성을 고려해 적대적 입력을 생성하는 다양한 공격 패턴을 살펴보겠습니다. 공격 패턴은 6장에 설명한 방법을 활용합니다. 배우면서 점차 알게 되겠지만 공격자는 적대적 입력을 테스트하고 개발하기 위해 대상에게 접근하는데, 그 방법은 대상 모델과 처리 과정에 대한 지식이나 정보의 수준과 같은 요인에 따라 달라집니다. 또한 적대적 섭동이나 적대적 패치를 다른 이미지나 오디오 파일에서 사용하는 방법도 살펴보겠습니다.

7.1 공격 패턴

6장에서는 적대적 사례를 생성하는 여러 가지 기법을 살펴봤습니다. 이런 방법은 '실험' 환경에서는 증명되었지만, 공격자가 대상 모델이나 시스템에 대해 가진 정보가 부족하거나 접근이 제한된 실제 상황에서는 어떻게 작동될까요? 실제 상황에 효과적인 적대적 입력을 생성하는 것은 모든 공격자에게 중대한 과제입니다.

적대적 입력을 생성한 후 교묘하게 공격하기 위해 활용할 수 있는 여러 유형의 패턴이 있습니다. 이런 패턴은 복잡성과 적대적 사례를 생성하는 데 다양한 자원을 필요로 합니다. 게다가 일부 접근법은 대상 시스템에 대해 많이 알아야 하거나 접근하기 쉬워야 가능합니다. 앞으로 살펴볼 패턴은 공격의 견고함과 기밀성을 요합니다.

이와 같은 접근방식은 다음과 같이 분류할 수 있습니다.

직접 공격

공격자가 대상 시스템 자체에 대한 공격을 개발합니다.

복제 공격

공격자가 대상 DNN의 '정확한' 복제본에 접근해 공격을 개발합니다.

전송 공격

공격자가 대상과 '비슷한' 대체 모델을 만들어 공격을 개발합니다.

범용 전송 공격

공격자는 대상 모델의 정보를 갖고 있지 않습니다. 대상 DNN에서도 작동하기를 바라며 대상과 유사한 기능을 수행하는 모델의 앙상블에서 작동하는 적대적 입력을 만듭니다.

[그림 7-1]은 4가지 접근방식을 요약해 보여줍니다.

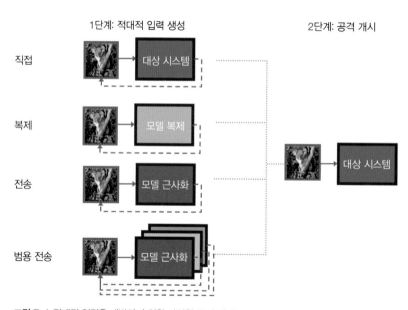

그림 7-1 적대적 입력을 개발하기 위한 다양한 공격 패턴

지금부터는 각 공격 패턴을 자세히 살펴보겠습니다. 여기서 공격자는 디지털 콘텐츠를 조작할 수 있다고 가정합니다. 적대적 사례를 실제로 사용하는 경우는 8장에서 알아보겠습니다.

> **NOTE_ 공격 패턴 용어**
>
> 이 책에서는 공격 패턴을 설명하기 위해 다양한 용어를 사용합니다. 설명을 위해 채택한 용어가 일관성이 없으면 이해하기가 매우 어려울 수 있습니다. 예를 들어 직접 공격을 일컫는 말로 '블랙박스'가 떠오를 수 있습니다. 마찬가지로, 화이트 박스 방법을 사용한 복제 공격을 일컬어 간단히 '화이트 박스 공격'이라고 하기도 합니다.
>
> 이러한 모호성을 피하고자, 이 책에서는 공격 패턴을 언급할 때 '화이트 박스'나 '블랙박스'라는 용어를 사용하지 않았습니다. 왜냐하면 이 용어들은 공격에서 사용되는 특정 알고리즘 방법을 의미하기 때문입니다. '복제 공격'을 예로 들어보겠습니다. 공격자가 모델, 모델 구조, 매개변수 등 공격 대상의 정보를 갖고 있으므로 '화이트 박스 방법'을 사용해 적대적 입력을 생성하는 것이 논리적으로 보입니다. 그러나 공격자가 경계 공격과 같은 블랙박스 방법을 사용할 수도 있습니다. 방어에 더 강력하거나 단지 구현하기가 더 쉽기 때문입니다. 마찬가지로 '전송 공격'은 때때로 '블랙박스'라고 불리지만 대체 모델에서 화이트 박스 또는 블랙박스 방법을 사용할 수 있습니다.

7.1.1 직접 공격

공격자는 실제 대상에 입력을 전달하고 해당 결과를 받을 수 있으므로 정확한 피드백으로 적대적 입력을 구체화할 수 있습니다.

공격자는 대상 시스템이 반환하는 제한된 응답보다 더 자세한 정보를 얻을 수는 없습니다.[1] 게다가 응답이 직접적이지 않지만 대상 시스템의 피드백만으로도 충분히 유추할 수 있습니다. 예를 들어 사용자가 대상 시스템에 악의적인 동영상을 업로드하다가 실패했다면 어떻게 분류되었는지 명시적으로 알 수는 없지만, 시스템이 폭력적인 콘텐츠를 분류한다는 점을 짐작할 수 있습니다. 그러므로 적대적 입력을 생성하기 위해서는 블랙박스 접근이 필요합니다. 입력 공간에서 적대적 영역으로 이동하기 위해 반환한 응답을 기반으로 시스템에 제출한 요청을 반복해서 점점 구체화합니다(6.2 참조).

직접 공격은 심각한 문제를 야기합니다. 경계 공격과 같은 블랙박스 접근방식은 완벽한 적대적 입력을 찾기 위해 많은 반복을 시도합니다. 각 반복 과정에서는 대상 DNN의 요청도 필요합니

---

1 공격 동기가 있을 수 있는 실제 시스템에서 공격자는 대상으로부터 원시 확률 점수를 받지 않습니다.

다. 방어 조직이 눈치채지 못할 것 같은 많은 요청입니다. 또한 상업 배포의 처리량과 대기 시간으로 인해 이러한 요청을 처리하는 속도가 느려집니다. 실제로, 대상 시스템은 이러한 공격으로부터 보호하기 위해 요청을 제한하거나 응답에 지연 시간을 도입할 수도 있습니다. 공격자가 대상으로부터 반환된 점수에 접근할 수 있을 정도로 운이 좋으면 유전자 알고리즘 접근법 (6.3 참조)과 같은 방식으로 보다 지능적인 전략으로 요청 크기를 줄일 수 있습니다. 그러나 앞에서 설명한 것처럼 점수에 접근하는 것은 제한될 것입니다.

직접 접근하는 방식을 사용할 때는 DNN뿐만 아니라 시스템이 사용하는 전체 처리 과정과 모든 능동적 방어를 고려해야 합니다. 따라서 공격자가 공격을 개발할 때 간접적인 접근방식 중 하나를 사용하더라도, 대상을 겨냥한 직접 실험 요소는 입력의 적대적 견고성을 보장하는 데 중요할 것입니다.

7.1.2 복제 공격

적대적 입력을 개발하는 명백한 접근방식은 표적이 되는 대상에게 공격을 개시하기 전에 대상의 정확한 복제본을 사용해 적대적 입력을 세분화하는 것입니다. 공격자가 전체 대상의 복제본에 접근할 수 있는 경우와 공격자가 DNN 알고리즘에만 접근할 수 있는 몇 가지 상황을 살펴보겠습니다.

복제 시스템

공격자가 실험할 전체 대상 시스템의 로컬 복사본을 가질 수 있습니다. 예를 들어, 상업적으로 구매한 디지털 음성 어시스턴트, 자율 주행차 등이 있습니다. 공격자는 블랙박스 방법을 사용해 반복적인 시뮬레이션 요청과 응답 모니터링으로 로컬 대상에 맞는 적대적 입력을 개발할 수 있습니다.[2]

실제로, 상업적으로 구매할 수 있는 대상 시스템은 웹 호스팅되지 않아 종종 디지털 입력을 받지 않고 디지털 응답을 반환합니다. 상업적으로 구매한 디지털 어시스턴트는 침입자가 반복한 요청에 따라 적대적 입력을 반복적으로 수정하는 데 사용할 수 있는 내부 프로그래밍 과정에 멋진 프로그래밍 인터페이스를 제공하지 않습니다. 대신 오디오 입력을 받고 오디오를 반환하

---

2   로컬 사본은 종종 음성 제어 오디오 어시스턴트의 경우와 같이 처리를 위해 중앙 집중식 백엔드로 정보를 다시 보낼 수 있습니다.

거나 (음성) 디지털 명령(예: 온라인 구매)을 요구합니다. 상호 작용(요청과 응답)이 디지털 방식으로 이루어지지 않으면 적대적 입력 생성을 자동화하는 것이 더 어려울 것입니다.

블랙박스 공격과 마찬가지로, 공격자는 완전한 복제본에 접근함으로써 대상 DNN뿐만 아니라 완전한 처리 체인에 대한 공격을 테스트할 수 있습니다.

복제 DNN

공격자가 공격 대상인 DNN의 정보(즉, 모델 구조와 매개변수)를 알고 무장한다면 적대적 입력을 생성할 수 있는 유리한 고지를 점령한 것입니다. 기존의 소프트웨어 측면에서 보면 대상 시스템에 내부 알고리즘(예제 코드)을 알고 있는 것과 유사합니다. 공격자는 이러한 정보와 충분한 기능으로 DNN의 복제본을 생성하고 복제본에서 원하는 방법을 사용해서 대상 DNN의 결함을 정확하게 악용하는 적대적 사례를 만들 수 있습니다.

적대적 입력을 개발하기 위해 대상의 사본을 사용하는 일은 쉽지 않은 일입니다. 그렇다면 공격자는 복제본에 어떻게 접근할 수 있었을까요? 보안에 민감하다고 해서 조직이 내부에서 사용하는 알고리즘을 어떤 식으로든 결코 공유하지 않는다는 것이 확실할까요? 반드시 그렇지만은 않습니다. 왜냐하면 DNN의 훈련 효과를 높이기 위해서는 막대한 양의 라벨이 지정된 데이터, 계산 리소스, 데이터 과학자가 필요하기 때문에, 조직이 단순히 시간과 자원을 절약하기 위해 상업적으로 얻거나 오픈 소스를 통해 얻은 이미 훈련된 모델을 사용한다는 것이 불합리하지 않기 때문입니다. 공격자가 사용 중인 모델을 알고 있고 복제본을 만들거나 게시된 기존 사본을 사용해 동일한 모델에 접근할 수 있다면 복제본 공격을 개시할 수 있습니다. 공격자가 사용 중인 모델의 내부 정보가 없어도 공개적으로 사용 가능한 모델과 대상 조직의 내부 처리 과정 중에 학습한 내용을 추측해 모델을 유추할 수 있습니다.

7.1.3 전송 공격

공격자가 방어 조직에서 사용하는 DNN 알고리즘에 접근할 수 없는 경우, 공격 대상 DNN을 충분히 근사화해서 대상에게 공격을 개시하기 전에 공격 입력을 개발할 수 있습니다. 이것을 전송 공격이라고 합니다.

전송 공격은 방어 조직이 내부에 구현한 DNN이 외부에 알려지지 않은 경우에 사용하는 전략입니다. 실제 상황에 가장 적합한 방법일 수 있습니다. 이 방법은 적대적 사례를 생성하는 과정에서 대상에 쿼리를 요청하지 않기 때문에 직접 공격보다 더 선호됩니다. 따라서 의심을 불러일으키지 않으며 요청 제한 등 그 밖의 어떤 제한도 받지 않습니다.

공격자는 전송 공격에서 대상 DNN이 응답하는 제한된 정보를 바탕으로 적대적 입력을 개발하기 위한 대체 모델을 생성합니다. 이들은 이 대체물에 화이트 박스, 점수 기반 블랙박스, 제한된 블랙박스 방법 등을 사용해 적대적 사례를 전달하기 전에 적대적 사례를 구체화합니다. 복제본 공격과 마찬가지로 자체 대체 모델을 만들 필요가 없거나 기존 모델(예: 개방형 API 접근을 사용하는 온라인 모델)을 악용할 수 있습니다.

물론 공격자가 해결해야 할 명백한 문제가 있습니다. 대체물은 적어도 적대적 입력에서 대상에게 비슷한 방식으로 행동해야 합니다. 그러니 '정확한' 모델에 접근하지 않고 작동하기에 충분한 근사치를 만들어내기가 얼마나 어려울까요?

대상 시스템의 DNN과 비슷한 것을 만들기는 극복하기 어려운 문제로 보일 수 있습니다. DNN의 복잡성을 생각해보십시오. 계층은 몇 개일까요? 사용하는 활성화 함수는 무엇이며, 구조와 출력 결과는 어떻게 예측할 수 있을까요? 대상 시스템에 효과적으로 전송할 근사 모델 대체물을 사용해 적대적 입력을 생성하는 것이 실제로 가능할까요?

대답은 매우 놀랍습니다. 모델의 정보에 접근이 제한되어도 두 모델 사이에 전송되는 적대적 사례를 개발할 수 있을 정도로 때로는 원본에 가깝게 모방하는 것이 가능하다고 밝혀졌습니다.[3] 이것을 이해하려면 DNN을 정의하는 다음의 내용을 고려해야 합니다.

입/출력 매핑

입력과 허용 출력의 형식과 정밀도를 포함합니다. DNN 분류기에는 분류 집합과 해당 클래스의 계층 구조가 있습니다(예: '개'는 '동물' 클래스의 하위 집합입니다).

내부 구조

신경망 유형(예: LSTM 또는 CNN)과 각 계층 그리고 각 계층의 노드 개수. 여기에는 활성화 함수의 세부 사항이 포함됩니다. 기본적으로 모델은 훈련하기 전에 정의합니다.

---

3 「The Space of Transferable Adversarial Examples」(Florian Tramèr et al., 2017), http://bit.ly/2IVGNfc.

매개변수

훈련 중에 만들어지는 가중치와 편향을 뜻합니다.

공격자는 입/출력 매핑, 내부 구조, 매개변수 등의 특징을 이용해 학습한 내용을 추측할 수 있습니다. 예를 들어 DNN 구조는 합성곱 신경망을 사용해 이미지를 분류한다는 것을 추측할 수 있습니다. 공격자는 심지어 전체 분류 목록에 대한 정보가 없어도 입력 해상도와 출력 결과를 예측할 수 있습니다.

공격자가 신경망 구조나 입/출력 매핑에 대한 정보를 바탕으로 추측한 점을 감안해 훈련 데이터의 일부 또는 전부에 접근할 수 있는 경우를 고려해보겠습니다. 훈련 데이터는 훈련 데이터를 생성하고 라벨을 지정하는 데 막대한 비용이 들어 종종 온라인으로 공유되기 때문에 이는 비합리적인 가정이 아닙니다.

공격자가 훈련 데이터를 알면 구조를 유추할 수 없어도 대상 모델의 근사치를 만들 수 있습니다. 다시 말해, 구조가 서로 다른 두 모델이 동일한 데이터로 훈련하면 유사한 적대적 사례의 영향을 받기 쉽습니다. 이 개념은 [그림 7-2]에 설명했습니다. 완전히 다른 두 모델이 동일한 데이터로 훈련해 유사한 예측 지도를 만듭니다. 이는 훈련 데이터 자체가 모델 매개변수를 정의하는 데 분명히 유용하기 때문에 예상한 대로입니다.

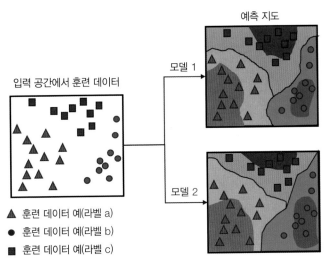

그림 7-2 훈련 데이터가 표시된 대상과 대체 모델의 입력 공간

모델이 잘못된 결과를 반환하는 입력 공간을 '적대적 하위공간'이라고 합니다. 이 하위공간은 제대로 일반화되지 않은 훈련 단계에 있습니다. 따라서 훈련 데이터를 공유하는 모델에서 유사한 위치에 있을 가능성이 높습니다. 그러므로 대체 모델이 훈련 데이터를 대상과 공유하는 경우 적대적 사례가 성공적으로 전송될 가능성은 있지만 보장할 수는 없습니다.

[그림 7-3]은 [그림 7-2]에 표시된 두 모델의 예측 지도를 사용해 여러 모델에서 유사한 적대적 하위공간 개념을 보여줍니다. 모델은 동일한 훈련 데이터를 기반으로 하는 유사한 적대적 하위공간을 가집니다. 따라서 적대적 사례가 이러한 모델을 거쳐 전송될 가능성이 높습니다.

예측 지도

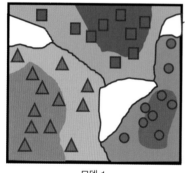 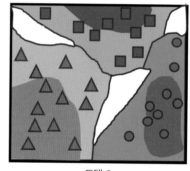

모델 1   모델 2

 적대적 하위공간

그림 7-3 적대적 하위공간이 흰색으로 표시된 대상과 대체 모델의 입력 공간

훈련 데이터 지식을 기반으로 DNN 모델을 근사화하는 기능은 정보 보안에 중요한 영향을 미칩니다(10장에서 자세히 다룹니다). 훈련 데이터는 훈련하는 데 사용하는 머신러닝 모델의 동작을 간접적으로 암시하므로 민감한 아티팩트로 간주해야 합니다.

7.1.4 범용 전송 공격

범용 전송 공격은 공격자가 대상 DNN이나 훈련 데이터에 대한 정보가 없을 때 사용하는 방법입니다. 이 방법에서는 공격자가 대체 모델의 앙상블을 사용해 적대적 입력을 만듭니다. 적대적 사례가 다양한 대체물에 작동하는 경우 대상으로 전송할 수 있을 만큼 유연할 것입니다.

훈련 데이터가 서로 다르더라도, 이들이 자연 세계를 나타내는 정보에서 도출된다면 입력 공간의 유사한 영역을 채울 가능성이 있다는 것은 흥미롭습니다. 대표 데이터(예: OoD 데이터[4])가 부족한 모델 영역은 훈련 데이터와 '관계없이' 서로 유사할 가능성이 있습니다. 훈련 데이터는 예를 들어 카메라 각도나 음성 특징이 일반적이기 때문에 서로 유사할 가능성이 있습니다. 다시 말해, 서로 다른 훈련 데이터는 특징, 특성 그리고 가장 중요한 적대적 하위공간에서 분포가 유사할 것입니다.

범용 적대적 하위공간은 범용 전송 공격을 가능하게 합니다. 달성하기가 더 어렵지만, 범용 전송 공격을 개시하는 능력은 공격자에게 매우 강력합니다. 여러 모델에서 작동하는 적대적 입력으로 다중 검색 엔진과 같은 DNN 그룹을 동시에 공격할 수도 있습니다. 실제로 공격자는 범용 전송 공격과 직접 공격을 결합할 수 있습니다. 다음 사례를 살펴봅시다.

가상의 예: 비디오 분류 우회하기

비디오 추천 서비스를 제공하는 웹 회사는 콘텐츠가 시청자에 따라 필터링되도록 비디오 분류를 개선하고자 합니다. 이 회사는 오디오나 이미지 정보의 조합에 따라 비디오를 분류할 수 있는 자동화된 DNN 알고리즘을 개발합니다(예: '폭력 포함', '약물 사용 특성').

적대적 조직은 업로드 중인 비디오 콘텐츠를 더 많은 사람이 볼 수 있도록 조작하려고 합니다. 이 조직은 대체 모델을 만들고 화이트 박스 방법을 사용해 해당 모델을 기반으로 적대적 입력을 개발합니다. 대체 모델은 대상 웹 회사가 개방형 데이터로 훈련한 신경망 구조를 사용했을 것이라고 가정해 만든 근사치입니다.

그런 다음 이 조직은 직접 공격 패턴을 전송 접근법과 결합해서 생성된 적대적 사례를 테스트하고 구체화해 효과적으로 전송하고 처리 과정을 견고하게 만듭니다.

범용 공격이 가장 흥미롭게 응용되는 사례는 대상 조직이 자사의 목적(예: 시장 분석)에 맞게 데이터를 처리하기 때문에 공격자가 대상으로부터 피드백을 받지 않는 경우입니다. 이것을 '블랙홀' 공격이라고 생각할 수 있습니다. 즉 공격자는 성공 여부를 절대로 알 수 없을 것이며 실패를 견디는 강도 높은 내성이 필요할 것입니다.

---

4 '분포 불능' 데이터는 5장에서 소개했습니다(5.1.1 참조).

7.2 재사용할 수 있는 섭동과 패치

서로 다른 입력 데이터에서 공유할 수 있는 재사용 가능한 적대적 섭동을 만들 수 있다고 상상해보십시오. 모든 이미지에서 효과적으로 작동하는 적대적 섭동이나 패치 또는 모든 오디오 파일에 적용 가능한 적대적 왜곡을 예로 들 수 있습니다. 한 번 생성돼 재사용되는 접근방식은 의심의 여지 없이 공격자에게 흥미로운 기회를 열어줄 것입니다. 더이상 모든 이미지나 오디오 파일에 새로운 적대적 콘텐츠를 재생성할 필요가 없습니다. 대신, 이전에 생성한 패치나 섭동을 덮어씌워 대상 시스템을 공격함으로써 비용, 시간, 쿼리를 절약할 수 있습니다.

브라운 연구원[5]은 다른 이미지에서 재사용할 수 있는 패치를 만들었습니다. 이미지에 추가한 패치는 크기나 위치에 따라 효과의 정도가 다르지만 이미지 전체에 작동합니다. 이는 매우 의미 있는 내용입니다. 만약 여러분이 신경망의 주의를 분산시키는 매우 두드러진 패치를 몇 개라도 찾을 수 있다면, 여러 이미지에 두루 걸쳐 작용할 가능성이 있기 때문입니다.

> **TIP_ 재사용 가능한 패치를 사용한 실험**
> 재사용 가능한 패치를 사용하려면 깃허브에 있는 주피터 노트북(chapter07/reusable_patch.ipynb)을 참조하세요.

직관적으로, 여러분은 재사용 가능한 적대적 섭동이 목적을 이루지 못하리라고 가정할 수 있습니다. 왜냐하면 적대적 변화가 특정 이미지나 오디오의 특징을 기반으로 목표를 달성하기 위해 만들어지기 때문입니다. 다시 말해, 적대적 섭동은 다른 시작점에서 작동하지 않을 입력 공간의 한 위치에서 이동하는 것입니다. [그림 7-4]는 바로 이 점을 보여줍니다. 그림은 가상의 입력 공간이 축소되고 2개의 이미지가 동일한 분류를 공유하지만 서로 다른 위치에 있음을 보여줍니다. 이미지 1을 잘못된 분류로 이동시키도록 계산된 적대적 섭동이 이미지 2에 적용되는 경우, 이미지 2는 여전히 올바른 분류 영역 내에 의심의 여지 없이 존재합니다.

---

5 「Adversarial Patch」(Brown et al.)

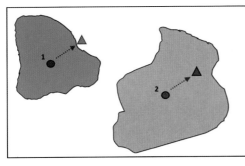

그림 7-4 적대적 섭동을 다른 이미지로 옮기기

무사비-데즈풀리 연구원[6]은 가능성은 적지만 보편적인 섭동을 생성할 수 있음을 증명했습니다. 이는 고립된 단일 이미지가 아니라 분포에서 이미지 샘플을 고려하는 공식을 사용해 적대적 섭동을 최적화함으로써 실현할 수 있습니다.

적대적 섭동은 초기 이미지를 분류 경계 밖으로 가져가기 위해 계산됩니다. 그런 다음 동일한 섭동이 샘플 내 두 번째 이미지에 적용됩니다. [그림 7-4]에 보이는 것처럼 섭동이 적용된 후에 두 번째 이미지가 바르게 분류된다면(즉 비적대적 상태에 있다면) 섭동이 두 개의 이미지에서 작동함을 보여주지 못합니다. 두 번째 이미지를 잘못 분류하기에 충분하도록 원래 섭동에 추가 델타가 계산됩니다. 이 두 번째 델타가 첫 번째 이미지를 올바른 분류로 되돌리지 않는 한 결과적으로 섭동은 두 이미지 모두에서 성공할 것입니다. [그림 7-5]는 두 번째 델타를 보여줍니다.

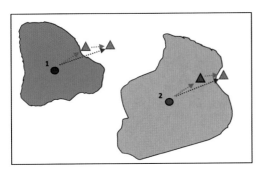

그림 7-5 보편적인 적대적 섭동 계산

---

6 「Universal Adversarial Perturbations」, IEEE Conference on Computer Vision and Pattern Recognition(Seyed-Mohsen Moosavi-Dezfooli et al., 2017), http://bit.ly/2WV6JS7.

이는 결과로 만들어진 섭동이 최소한 정량화된 변화(L^p-norm에 정의된) 내에서 유지되어야 하고 이미지의 특정 비율이 속아야 한다는(이른바 속지 비율$^{fooling\ rate}$) 제약조건을 가지고 사실적인 이미지의 분포에 걸쳐 반복됩니다. 분명히 속지 비율이 높을수록 섭동이 더 많이 필요할 테니 더욱 두드러지겠지만 그 결과는 인상적입니다. 섭동이 모든 이미지에서 작동한다고 보장할 수는 없지만 연구원들은 감지할 수 없으며 이미지의 80% 내지 90% 이상에서 작동하는 섭동을 생성하는 것이 가능함을 증명했습니다. 또한 그들은 이러한 섭동이 다른 모델로 잘 전달됨을 증명했습니다. 보편적인 섭동은 대상이 되지 않습니다. 즉 보편적인 섭동은 어떤 이미지이든 올바른 분류를 지정되지 않은 다른 분류로 변경하므로 결과적으로 적대적 분류가 이미지마다 다를 수 있습니다.

앞서 설명한 방법과 유사한 방법을 오디오에 적용할 수 있습니다. 이미지의 적대적 패치의 위치와 크기가 인식과 효율성에 영향을 주는 것과 마찬가지로, 오디오 패치는 최적으로 작동하도록 오디오 내의 특정 지점에 위치하거나 소리 크기를 조정해야 할 수도 있습니다. 재사용의 이점 외에도 범용 적대적 오디오 왜곡은 어떤 환경에서든 잠재적으로 재생되어 파형에 숨겨진 음성 명령으로 오디오 장치를 악의적으로 제어할 수 있습니다(8.2 참조).

여러 입력에서 작동하도록 설계한 적대적 섭동이 성공할 확률은 거의 없습니다. 그러나 비용이 저렴하므로 견고성이 중요하지 않은 경우(아래 글상자 참고: 가상의 예: 맥주 브랜딩)에 적합할 수 있습니다. 이 접근방식의 가장 흥미로운 점은 잠재적으로 다른 위협자들 간에 적대적 기능을 공유할 수 있다는 점일 것입니다. 예를 들어, 집단이나 개인은 패치를 이미지에 부착해주는 간단한 소프트웨어와 함께 온라인으로 적대적 패치를 판매할 수 있습니다.

가상의 예: 맥주 브랜딩

맥주를 만드는 양조 회사는 기업의 브랜드를 강화하고 인지도를 높이려 합니다.

잘못된 방식이지만 브랜드 관리의 일환으로 회사는 이미지 검색 엔진이 맥주 이미지를 더 인기 있는 맥주로 분류하도록 디지털 방식으로 적대적 패치를 개발합니다. 이 패치는 시각적으로 저작권법을 위반하지는 않습니다.

그들은 패치를 실제 맥주 캔과 온라인 디지털 광고 콘텐츠에 사용함으로써 새로 출시한 맥주 브랜드가 탄탄하게 자리를 잡은 브랜드로 검색되기를 희망합니다.

양조 회사는 연구 목적으로 제공된 공개 API를 사용해 점수 기반 블랙박스 방법으로 적대적 패치를 개발합니다. 이러한 시스템에 통합된 대기 시간과 쿼리 제한으로 몇 주가 걸립니다. 그러나 그들은 인내심을 가지고 결과를 기다립니다.

이러한 개방형 API는 공격을 탐지할 수 있지만 그 목적은 알지 못하며 개방형 API를 소유한 조직을 공격한 것도 아니기 때문에 은밀할 필요가 없습니다. 생성된 패치는 이미지들을 통해 그리고 온라인 검색 엔진으로 전송되리라는 열망을 품은 채 후속 디지털 마케팅 자료에 통합됩니다. 패치가 100% 성공하기를 기대하지 않습니다. 가끔만 검색되어도 목표를 이룬 것입니다.

7.3 통합: 하이브리드 접근법과 절충안

실제 공격은 여러 가지 접근방식으로 구성할 수 있습니다. 공격자는 처음에 대체 모델에 적용할 수 있는 적대적 사례를 개발할 것입니다. 그런 다음 대상 시스템에서 테스트해 모든 상황에 최대한 활용할 수 있는 공격 방법을 구성합니다.

모든 사이버 공격이 그렇듯이 준비가 중요합니다. 공격 전에 효과적인 적대적 입력을 생성하려면 대상 시스템에서 실험해 작동하는 것과 작동하지 않는 것을 정해야 합니다. 그래서 종종 기밀성과 견고함이 상충하곤 합니다. 강력한 적대적 사례를 개발하려면 대상에 더 많은 요청이 필요합니다. 그러나 더 많은 요청을 실행하면 탐지될 가능성이 커지기 때문입니다.

이론적인 환경에서 잘 작동하는 적대적 사례는 더 넓은 시스템에서 처리하기가 쉽습니다. 예를 들어 10장에서 볼 수 있듯이, 적대적 사례는 종종 디지털 데이터의 정확성과 해상도를 이용하므로 데이터 해상도를 낮추는 전처리로 인해 적대적 효과가 떨어질 수 있습니다. 따라서 공격자가 공격 중인 전체 시스템의 정확한 사본(즉, DNN이 아닌 전체 처리 과정)을 갖고 있지 않다면 대상 시스템에서 최소한의 몇 가지 실험을 거쳐야 합니다.

적대적 사례를 생성하는 과정은 은밀하게 처리하며 대상 시스템에 요청하는 수는 최소화해야 합니다. 복제, 전송, 범용 전송 공격 방법은 공격을 개시하기 전에 대체 모델을 개발해야 합니다. 공격자가 대체 모델에 접근할 수 있다면 훨씬 유리해집니다. 공격자는 실제 공격이 발생할 때까지 대상 시스템에 입력을 제출할 필요가 없으므로 탐지될 가능성도 줄어듭니다.

하지만 불행하게도 공격자의 이 모든 과정을 방어하는 시스템도 모든 입력을 단순히 수동적으로 처리하지는 않습니다. 적극적으로 방어할 수 있습니다. 방어 방법은 10장에서 자세하게 알아보겠습니다.

공격 대상에 대한 정보는 항상 공격자에게 유익합니다. 10장에서 살펴보겠지만, 훈련 데이터와 같이 DNN 모델 또는 이를 도출하는 데 사용하는 데이터는 조직의 중요한 자산으로 취급해야 합니다.

위협의 '표준'은 없습니다. 7장에서는 적대적 사례를 생성하는 몇 가지 접근법을 제시했지만 실제로 대상 시스템과 적대적 목표에 따라 절충해 가장 효과적인 접근법을 찾아야 합니다.

## CHAPTER 8

물리적 공격

7장에서는 디지털 이미지의 섭동이나 오디오의 왜곡으로 적대적 입력을 어떻게 생성하는지를 중점적으로 알아보았습니다. 그러나 공격자가 디지털 데이터 형식에 접근하지 못하는 경우가 많습니다. 즉 공격자는 데이터가 생성되는 물리적 세계에만 영향을 미칠 수 있습니다. 그 구분은 대상 처리 시스템이 입력을 외부에서 디지털 콘텐츠(예: 소셜 미디어에 업로드되는 데이터)의 형태로 가져오는지 아니면 센서에서 직접 가져오는지에 좌우됩니다. 앞으로 살펴볼 물리적 세계의 공격에서 발생하는 위협은 앞 장에서 설명한 디지털 세계와는 상당히 다릅니다.

물리적 세계에서 적대적 사례를 생성하는 일은 공격자에게 새로운 도전입니다. 이제 공격자는 실제로 존재하는 무언가를 만들어내거나 변경해서 적대적 섭동이나 패치를 물리적으로 표현해야 합니다. 카메라를 통해 수신되는 적대적 데이터의 경우, 변경되는 것은 2D 인쇄물 또는 3D 객체일 수 있습니다. 이와 마찬가지로, 마이크는 컴퓨터나 텔레비전과 같은 디지털 장치를 통해 환경에서 재생되는 조작된 오디오 샘플로부터 적대적 왜곡을 받을 수 있습니다. 예를 들어, 공격자는 적대적 물체가 조명 상태나 카메라 위치에 상관없이 견고하게 상태를 유지하도록 어떻게 보장할 수 있을까요? 또는 생성된 적대적 콘텐츠에 대한 어시스턴트의 근접성이 보장되지 않거나 환경에 존재하는 부산한 소음이 제거되지 않아도 어떻게 숨겨진 음성 명령으로 디지털 어시스컨트를 속일 수 있는 걸까요?

디지털 데이터에 접근하면 적대적 입력을 생성할 때 정교하게 제어할 수 있게 됩니다. 예를 들어, 디지털 이미지에 변경을 가하는 일은 미세한 픽셀 단위로 이루어집니다. 하지만 물리적 세계 공격은 일반적으로 적대적 물체를 제작하거나 적대적 음향을 산출하는 동안 미세한 부분이 손실될 수 있기 때문에 더 쉬운 접근법이 필요합니다. 섭동이나 왜곡을 정확하게 포착하는 센서(카메라, 마이크 등)의 성능은 강력한 공격 개시를 용이하게 해줍니다. 예측할 수 없는 물리적 세계에서는 소음과 같은 다양한 상황이 발생합니다. 물리적 세계의 적대적 사례는 예측 불가한 상황에 대응하기 위해 더욱더 견고해야 합니다. 그리고 물론 공격자는 변화를 감지하는 사람이 누구이고 처해 있는 여건이 어떠한가에 따라 달라지는 접근이나 탐지 가능성으로 인해 물리적 환경에 생기는 변화의 측면에서 매우 심각한 제약을 받습니다.

물리적 세계 공격이 가할 수 있는 위협을 알아봅시다. 먼저 카메라 센서가 인식할 수 있는 적대적 물체를 만드는 방법을 살펴보겠습니다. 그다음에는 적대적 음향으로 음성 명령을 생성할 수 있는 가능성을 알아보겠습니다. 두 가지 방식 모두 공격자가 직면한 핵심 과제입니다.

적대적 입력의 생성

디지털 방식으로 계산한 섭동이나 왜곡으로 적대적 물체를 제작하거나 적대적 음향을 산출합니다.

적대적 입력을 디지털 형식으로 포착

카메라로 적대적 물체를 포착하거나, 마이크로 적대적 음향을 포착하고 그 음향을 디지털 형식으로 변환합니다.

센서를 고려한 적대적 입력의 위치와 근접의 효과

카메라나 마이크의 위치가 물체나 음향이 적대적 목표를 달성할 가능성에 영향을 미칩니다.

환경 조건

조명, 날씨, 실내 음향시설의 변화와 같은 환경의 불확실성을 뜻합니다.

공격 제약

물리적 적대적 입력을 생성할 때 적에게 가해지는 공격에 특정한 제약. 이는 탐지되지 않은 채 공격자가 변경하거나 적대적 공격을 숨기는 위장일 수 있습니다.

8.1 적대적 물체

물리적 세계에서 적대적 물체를 만드는 동기는 다양합니다. 예를 들어, 카메라 센서로 포착한 이미지 데이터를 사용하는 자율 주행 시스템은 사용량이 증가함에 따라 시스템을 혼란스럽게 만드는 적대적 물체가 나타날 가능성이 커졌습니다. DNN 기술을 사용한 카메라는 수시로 발생하는 이벤트를 모니터링하고 자동으로 영상 데이터를 처리해야 합니다. 그러나 이러한 시스템은 물리적으로 생성된 적대적 물체의 공격에 쉽게 노출될 수밖에 없습니다.

이번에는 적대적 물체를 생성하는 데 따른 어려움과 타당성을 고려해봅시다. 카메라를 통해 적대적 물체를 제작하고 적대적 특성을 디지털로 포착하는 기본적인 문제를 생각해봅시다 (8.1.1 참조). 그런 다음 환경과 시야각의 복잡한 요소를 살펴보겠습니다(8.1.2 참조).

8.1.1 적대적 물체 제작과 카메라 성능

다음과 같은 가장 기본적인 질문으로 시작할 수 있습니다. 카메라가 인쇄물의 적대적 측면을 디지털 변환으로 충분히 포착할 수 있을까요? 이 질문의 답을 찾기 위해, 첫 번째 단계는 적대적으로 섭동된 이미지를 인쇄하고, 카메라가 이미지에서 섭동을 추출해 악의가 있는 디지털 표현을 생성할 수 있는지 확인하는 것입니다. [그림 8-1]은 실험의 단계를 설명합니다. 이 단계에서는 카메라 각도나 조명과 같은 외부 환경은 고려하지 않습니다. 단순히 카메라 센서가 인쇄물에서 적대적 정보를 성공적으로 전송할 수 있는지 여부에 관심이 있습니다.

1단계: 디지털 방식으로 적대적 이미지 생성

2단계: 이미지를 대상 시스템 카메라 앞에 배치

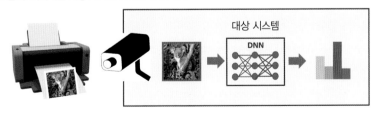

그림 8-1 인쇄된 이미지를 사용하는 제한적인 물리적 세계 공격

이 실험은 매우 간단하면서도 중요한 첫 단계이며 결과 또한 가능하다고 증명되었습니다.[1] 디지털 방식으로 생성한 적대적 사례는 인쇄하고 카메라 센서를 거친 후에도 여전히 적대적 상태였습니다. 그러나 다음과 같은 몇 가지 고려 사항이 있습니다.

적대적 물체 제작(인쇄물 또는 3D 프린팅)

공격자는 섭동이나 패치를 표현할 수 있는 일정한 수준 이상의 인쇄 도구가 필요합니다. 프린터가 표현할 수 있는 색상 범위(색 영역)가 RGB 디지털 데이터로 표현 가능한 모든 색상의 일부 범위에 불과하므로 문제가 생길 수 있습니다. 적대적 섭동이나 패치를 프린터가 재연할 수 없는 RGB값으로 포착하면 공격이 성공하지 못합니다. 이처럼 프린터는 적대적 공격에 필요한 픽셀 단위로 인쇄할 수 있어야 합니다.

또한 색상은 적대적 섭동이 효과적으로 작동하기 위해 '안정적으로' 재연되어야 합니다. 이미지 색상의 불일치와 부정확성은 프린터로 재연하기가 매우 어렵습니다. 이 문제를 해결하는 한 가지 접근법은 가능한 RGB 픽셀값을 실제 인쇄 색상에 매핑하는 것입니다. 그런 다음 정확한 값과 실제 값의 차이를 확인해 전체 그림에 걸쳐 '인쇄 오류'를 정량화할 수 있습니다. 그다음 인쇄 오류를 최소화하기 위한 요구사항이 적대적 비용 함수 내에 추가 제약조건으로 통합되어, 그 결과 생성된 적대적 섭동이 프린터에서 정확하게 렌더링되는 색상을 사용하도록 최적화됩니다.[2] 사실 이 접근법은 인쇄 오류가 여러 대의 프린터는 물론이고 동일한 프린터의 인쇄물 간에도 일치하지 않기 때문에 특별히 강력하지는 않습니다. 더 효과적인 접근법은 특정 색상에 덜 의존하는 적대적 사례를 만들어 적대적 사례가 색상 부정확성을 모면하게 하는 것입니다. 이 방법은 조명 효과와 같은 그 밖의 문제도 해결하므로 다음 절에서 자세히 설명하겠습니다.[3]

카메라 성능

적대적 정보를 정확하게 포착하는 정밀도는 카메라의 감도와 정확도에 제한됩니다. 예를 들어 카메라가 물체에서 떨어진 거리에서 픽셀 단위의 정밀도를 포착할 수 없다면, 인쇄된 이미지에

---

1 원서의 각주 1번을 삽입할 경우, 내용은 아래와 같으며 이후 일련번호를 수정해야 합니다.
   「Adversarial Patch」(Brown et al.), 「Adversarial Examples in the Physical Worlds」(Alexey Kurakin, Ian J. Goodfellow, and Samy Bengio), International Conference on Learning Representations (2017), http://bit.ly/2x0S0pq.

2 이 기술은 샤리프(Sharif) 등의 저서 『범죄에 악용하기(Accessorize to a Crime)』에 설명되었습니다.

3 구체적으로 Anish Athalye, Logan Engstrom, Andrew Ilyas 및 Kevin Kwok의 연구 맥락에서 「Synthesizing Robust Adversarial Examples」 International Conference on Machine Learning(2017), http://bit.ly/2FktLXQ.

서 단일 픽셀 내에 인코딩된 섭동은 손실될 것입니다.

물리적 세계와 디지털 공격에 필요한 전처리 과정에서는 데이터 정밀도, 이미지 노이즈와 왜곡의 처리 등을 고려해야 합니다(10.2.1 참조).

8.1.2 시야각과 환경

[그림 8-2]는 대상 시스템이 도로 표지판을 잘못 분류하도록 적대적 섭동을 추가하는 것이 목표입니다. 앞으로는 덜 제한적이고 현실적인 환경을 생각해보겠습니다. 더 나아가 카메라 각도와 외부 조건이 더이상 보장되지 않는 실제 3D 세계에서 물체를 변경하거나 만들려고 합니다.

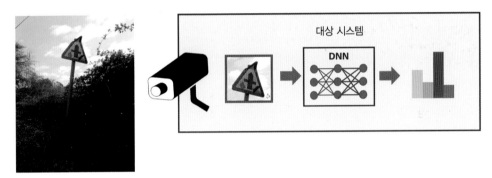

그림 8-2 무제한의 물리적 세계 적대적 공격

물리적 세계에서 적대적 물체가 직면한 첫 번째 도전은 물체와 물체를 포착하는 카메라가 움직일 수 있다는 것입니다. 예를 들어, [그림 8-3]은 카메라가 각도를 달리해 단 몇 분 만에 촬영한 사진입니다. 여기서는 각도, 조명, 노출 등 중요한 변화에 주목하겠습니다. 이러한 외부 변화가 적용된 표지판에 적대적 섭동을 추가한 경우에는 이미지에서 지금까지 설명한 방법을 사용해 적대적 섭동을 표지판에 추가한다면, 이들 이미지 간의 전송은 실패할 것입니다. 초기에 이러한 전송 가능성 문제는 강력한 물리적 세계 사례를 만드는 것이 실현 가능하지 않음을 나타내기 위해 가정된 것입니다.[4]

---

4 「No Need to Worry about Adversarial Examples in Object Detection in Autonomous Vehicles」, Conference on Computer Vision and Pattern Recognition(J. Lu et al., 2017), http://bit.ly/2XracqU.

그림 8-3 카메라 각도와 빛이 물리적 세계의 물체에 미치는 영향

공격자가 어떤 이미지에든 적용할 수 있는 재사용 가능한 적대적 섭동을 생성할 때 직면하는 문제(7.3 참조)와 유사하다는 것을 여러분도 알아차렸을 것입니다. 적대적 변화는 다른 이미지에서 작동할 수 있을 만큼 충분히 유연해야 합니다. 이를 위해 해결할 과제는 다음과 같습니다.

시야각과 거리

먼저 카메라의 상대적 위치와 설정, 그다음 결과적으로 이미지를 변형시키는 잠재적 요소를 고려하겠습니다. 고려 사항은 다음과 같습니다.

| 거리 |

카메라와 대상 물체 사이의 다양한 상대적 거리로 인해 또는 카메라 확대의 결과로 이미지가 확대될 수 있습니다. 결과적으로, 물체는 전체 카메라 시야에서 크거나 작은 영역을 차지할 수 있습니다.

| 물체의 변화와 이동 |

물체가 고정된 상태에서 카메라가 이동할 수도 있고, 반대로 카메라가 고정된 상태에서 물체가 이동할 수도 있습니다. 결과적으로, 카메라 프레임 내에서 물체가 움직이고 보는 각도도 달라집니다.

| 왜곡 |

카메라의 위치와 초점에 따라 물체의 상이 왜곡될 수 있습니다.

빛과 환경

어떤 관측 시점에서든 알고리즘이 견고하려면, 물체의 위치를 광원, 다른 물체들, 환경 조건과 관련지어 고려해야 합니다.

빛의 각도는 물체의 색과 질감 등 다양한 환경과 결합되어 카메라로 촬영한 이미지에 영향을 미칠 수 있습니다. 햇빛이 강한 날과 흐린 날의 차이조차도 카메라로 촬영한 이미지의 선명도와 색상에 막대한 영향을 미칩니다.

물체는 빛에 다르게 반응합니다. 빛이 물체 표면에서 반사되는 방법은 표면의 물질상태, 즉 질감, 색, 확산율과 반사율에 따라 달라집니다. 반사되지 않는 표면에서는 빛이 분산되어 다른 방향으로 반사되므로 더 '무광'한 모습을 보이게 됩니다. 반면에 반사 표면(금속 등)에서는 빛이 물체에 부딪히는 각도와 반대되는 각도로 반사됩니다. 거울 같은 이런 행동을 '거울 반사'라고 합니다.

또한 빛은 주변 물체의 위치와 환경 조건에도 영향을 받습니다. 적대적 물체가 부분적으로 가려지거나 반사 특성이 바뀔 수도 있습니다(예를 들어, 비 때문에).

이미지 촬영 시 노이즈가 발생할 위험이 있습니다. 어두운 곳에서 촬영한 이미지는 색상이나 임의의 밝기 변화로 원치 않는 노이즈가 발생해 이미지에서 '반점'으로 나타날 수 있습니다. 신경망 처리 이전의 센서나 데이터 처리 단계에서 사용하는 소프트웨어는 데이터 수집 단계에서 발생하는 노이즈를 제거할 수 있습니다. 노이즈를 제거하는 단계에서 노이즈로 가려졌던 원래의 미묘한 섭동이 다시 발생하지 않기 때문에 이는 공격자에게 유용하지 않습니다.

공격 제약사항

마지막으로, 물리적 환경에서는 공격자가 변경할 수 있는 것이 제한되는데 적대적 섭동이나 패치의 배치도 그런 제한을 받습니다. 공격 계획에 따라서는 이미 존재하는 특정 물체에 적대적 변경을 가할 수도 있고, 이와 달리 환경에 배치된 새로운 물체를 조작할 수도 있습니다. 공격자가 적대적 섭동을 완전히 숨기는 것을 목적으로 하지 않더라도 사람들에게 비적대적으로 보이도록 변경하는 것은 주요 고려 사항이 될 것입니다. 예를 들어 공격자는 공격을 로고로 위장할 수 있습니다. 물리적 환경에서는 대상의 특정 영역, 색상, 질감 등을 변경하는 것이 한계가 있으며, 변경을 위해 물리적으로 접근하는 것도 제한될 수 있습니다.

앞서 말한 문제들을 고려하면, 현실에서 적대적 물체를 만드는 것이 불가능해 보입니다. 그러나 2018년, 연구원들은 시각과 조명이라는 조건을 현실적으로 처리하는 적대적 사례를 생성하는 것이 가능함을 증명했습니다.[5] 그들은 적대적 사례를 만들기 위해 여러 방법을 조합해 사용했습니다. 먼저 2차원보다는 와이어 메시(철망) 3차원 이미지를 사용했습니다. 이 3차원 모델은 3차원 공간에서 디지털 방식으로 조작하고 회전할 수 있는 와이어 프레임으로 설명할 수 있는 3차원 객체입니다. 또 이 모델은 디지털 방식으로 색상과 질감을 합성해 다양한 조명 조건에 따라 물체에 영향을 줄 수 있습니다.

연구원들은 물체를 더 현실감 있게 표현하고 변형하는 방법을 테스트하기 위해 물체에 적용할 수 있는 함수를 만들었습니다. 이 함수에는 렌더링(3차원에서 2차원으로), 조명, 회전, 변환 등이 포함됩니다. 이어서 적대적 섭동을 계산하는 데 사용하는 비용 함수도 이러한 변환을 고려해야 합니다. 단일 2차원 이미지 변화의 목표 예측을 위한 비용 함수 그레이디언트를 설정하는 대신 화이트 박스 방법을 사용해 3차원 텍스처 모델 변환 분포의 변화를 고려합니다. 이 기법을 'EOT^Expectation over Transformation'라고 합니다.

[그림 8-4]는 아탈리에^Athalye의 논문에서 발췌한 이미지입니다. 3D 프린팅으로 만든 적대적 거북이를 촬영해 분류한 결과입니다.

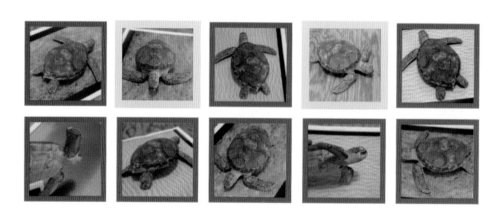

소총으로 분류

그림 8-4 소총으로 잘못 분류한 3D 프린팅으로 만든 거북이

5 「Synthesizing Robust Adversarial Examples」(Athalye, Engstrom, Ilyas, and Kwok)

이 연구는 디지털 적대적 사례 측면에서 주목할 가치가 있습니다. 3차원 모델링을 사용한 모형에 적대적 섭동을 생성하고, 2차원으로 렌더링해 전처리 과정과 방어 체계를 속일 수 있는 효과적인 방법입니다(10장에서 자세히 알아보겠습니다).

1장에서 논의한 에익 홀트[6]는 DNN이 의미를 잘못 해석하도록 하기 위해 2차원 이미지에 변환을 통합하는 유사한 접근법을 사용합니다. 적대적 패치는 [그림 8-5]와 같이 정지 신호를 속도 제한 신호로 잘못 해석하도록 유도합니다. 여기서 한 단계 더 나아가, 연구원들은 카메라의 도로 표지판에 가한 물리적 세계의 변화를 포착하고 이를 적대적 계산에 포함시킵니다.

제시한 두 가지 사례인 3D 프린팅 거북이와 정지 신호 스티커는 적대적 섭동이나 패치를 현실에 도입할 때 공격자가 고려해야 하는 다양한 제약사항을 강조합니다. 첫 번째 방법은 완전히 접근이 가능한 상황일 때의 적대적 사례입니다. 적대적 변경이 물체와 물체 자체의 형태에 가해지는 위치는 유연합니다. 물론 공격자는 다음의 가상 사례에 설명한 대로 배치될 환경 내에 이미 존재하는 것으로 보이는 물체를 생성하는 것을 목표로 합니다.

그림 8-5 정지 신호에 적용한 물리적 섭동(에익홀트, 2018)

---

6 「Robust Physical-World Attacks on Deep Learning Visual Classification」(Kevin Eykholt et al.)

정지 신호 예제에서는 존재하는 신호 그 자체에 변형을 주었습니다. 무관해 보이는 적대적 변형을 생성하기 위해서 연구원들은 섭동 계산을 이미지의 일부에만 제한해서 사람 관찰자가 흙이나 낙서로 보고 지나쳐버릴 가능성을 높였습니다.

가상 사례: 감시 오탐지

공공 장소를 감시하는 모든 카메라를 보안 담당자가 지속적으로 확인할 수는 없습니다. 잠재적인 위협에 신속하게 대응하기 위해서 이미지 데이터를 실시간으로 처리하면서 총기의 존재를 탐지하고 경고합니다. 경고 신호가 보안팀에 전달되면 오탐지인지 확인하고 실제로 발생할 수 있는 사태에 대비해 신속하게 대응합니다.

어떤 조직이 행사 기간 동안 행사장에 혼동을 야기하려고 합니다. 이 조직은 적대적 섭동이 포함되었으나 겉보기에는 무해한 로고가 있는 가방을 만들어 결국 총기로 잘못 분류하게 합니다. 적대적 섭동은 변형과 조명에 견고하며 여러 이미지 처리 모델에 두루 전달될 수 있도록 설계됩니다.

조직은 행사가 시작되기 전에 이 가방을 주변의 여러 노점상에 간접적으로 배포합니다. 그런 다음 행사에 참석한 개인들에게 공개적으로 판매하며, 행사장 내에 태연히 전시합니다.

결과적으로 오탐지 경고가 증가하면 위협 수준이 높아지고 보안 팀은 행사장에 참석한 사람들의 가방을 훨씬 더 많이 검사해야 하므로 대기 시간이 길어지고 행사가 중단됩니다. 사기를 감지하기도 전에 무장한 경찰들이 행사장에 투입됩니다.

8.2 적대적 음향

스마트폰, 태블릿, 웨어러블, 디지털 어시스턴트, 기타 장치 등을 제어하는 음성 인터페이스가 어디에나 있다는 것은 음성 인식 시스템에서 특히 적대적 음향이 흥미롭다는 것을 의미합니다. 이 기술로 작동하는 많은 장치는 사용하지 않을 때에도 항상 청취하여 개방형 공격의 빌미를 제공합니다. 공공 장소에서 들리는 소리뿐만 아니라 텔레비전, 디지털 콘텐츠 그리고 우리가 가정과 직장으로 전송하는 음악으로 인해 장치가 위험에 노출될 수 있습니다. 평범하게 들리는 소리 안에 무음의 음성 명령을 숨기는 것이 가능하지만, 물리적 환경, 예를 들면 스마트폰 디지털 어시스턴트에 이러한 기술을 사용해 적대적 공격을 개시하기가 얼마나 쉬울까요?

앞 절과 마찬가지로, 물리적 세계에서 적대적 음향을 재생하고 마이크를 통해 디지털로 듣는 간단한 문제로 시작합니다. 그런 다음 복잡한 환경 요인과 스피커와 마이크의 상대적 위치를 고려하겠습니다(8.2.2 참조).

8.2.1 오디오 재생과 마이크 기능

그림과 같이 스피커 하나에서 사운드가 나오며 마이크가 가까이 있는 가장 간단한 상황을 생각해보겠습니다(그림 8-6). 다른 노이즈가 없는 '완벽한' 사운드 환경을 가정하겠습니다.

1단계: 디지털 방식으로 적대적 오디오 생성

2단계: 마이크 범위 내에서 오디오 재생

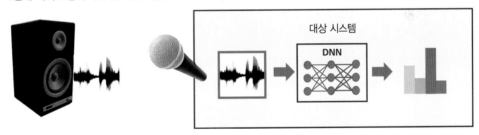

그림 8-6 적대적 음향을 이용한 물리적 세계 공격

알아야 할 제한사항은 다음과 같습니다.

디지털 오디오(스피커) 재생

적대적 물체를 프린트할 때처럼, 가장 기본적인 요구사항은 적대적 왜곡이 효과를 내는 데 필요한 정밀도로 디지털 오디오를 음파로 재생하는 것입니다. 이는 스피커의 정밀도와 성능에 따라 달라집니다.

이 위협은 많은 공격 시나리오에서 공격자가 디지털 음향을 소리로 바꿀 때 스피커를 제어하지 않는다는 측면에서 흥미롭습니다. 예를 들어 온라인에서 공유하는 적대적 음향 공격의 음질은 재생 장치가 사용하는 스피커에 달렸습니다. 스피커는 방에서 오디오를 재생하는 고품질 스피커부터 기본 스마트폰의 저품질 스피커까지 다양할 수 있습니다.

스피커는 일부 유연한 재료인 스피커 막의 진동을 통해 디지털 음향을 음파로 변환합니다. 프린터가 가능한 모든 디지털 RGB 조합을 생성할 수 없듯이 스피커로 생성할 수 있는 음향의 범위는 스피커 막에서 물리적으로 이동할 수 있는 속도에 제한됩니다. 이 제한을 벗어난 범위의 디지털 적대적 음향은 재생되지 않습니다.

마이크 기능

마이크로 데이터를 포착할 때는 잡음이나 왜곡이 발생할 위험이 있습니다. 이미지를 촬영할 때 발생하는 '반점'과 유사하게, 음향은 원치 않는 전자 변동에 의해 소리를 데이터에 변환하는 초기에 유입된 '정적'을 포함할 수 있습니다. 또한 마이크 또는 전처리 과정은 관련 기능을 추출하고 작업과 관계없는 데이터를 제거하기 위해 MFCC와 같은 전처리를 수행할 가능성이 높습니다(4.2 참조).

인식할 수 없는 적대적 명령을 무선으로 재생하고 스마트폰을 사용해 성공적으로 청취할 수 있음이 증명되었으므로,[7] 적대적 왜곡을 생성해 디지털 방식으로 청취할 수 있는 기본 기능을 실현할 수 있습니다.

8.2.2 오디오 위치와 환경

이제 환경과 스피커/오디오의 상대적 위치로 인해 발생하는 그외 복잡성을 고려해보겠습니다.

환경

물리적인 적대적 음향 공격을 개시할 때 근본문제는 적대적 음향이 환경의 다른 음향과 경쟁해

---

7 「Cocaine Noodles: Exploiting the Gap Between Human and Machine Speech Recognition」, USENIX Workshop in Offensive Technologies(Tavish Vaidya et al., 2015), http://bit.ly/2FldYIj.

야 한다는 것입니다. 많은 위협 상황에서 공격자는 서로 다른 환경에서 잡음의 양을 조절할 수 없습니다. 그러나 그들이 어떤 통제권을 가지고 있거나 적어도 사전 지식이 있는 경우도 있습니다. 예를 들어, 자동차에 내장된 음성 제어 시스템에 불리한 음성 명령을 생성하는 경우입니다. 공격자가 발생 가능한 경쟁 음향에 대해 전부를 알지는 못하지만 공격을 생성하는 동안에 자동차 엔진 소음이 상대적으로 미치리라고 예상되는 영향을 고려할 수는 있습니다.

우리는 환경이 달라지면 음색과 특징이 어떻게 변하는지 알고 있습니다. 예를 들어 실외에서 듣는 소리와 실내에서 듣는 소리는 크게 다릅니다. 실내에서는 음파가 벽과 실내 표면에서 반사되고 퍼져나갑니다. 가구와 방안의 물건과 같은 물체는 음파를 약화시키고 확산시킬 수 있습니다. 소리는 마이크에 도달하기 전에 근처의 물체에 의해 반사, 공진, 감쇠됩니다. 대상 장치 마이크를 기준으로 한 음원의 위치도 사운드와 음질에 분명 막대한 영향을 미칠 것입니다. 다양한 환경과 스피커/마이크 위치에도 무관한 적대적 음향을 만드는 것이 어렵겠지만, 공격자가 공격 시나리오에서 작은 방과 같은 일부에 집중하거나 공공 장소에서 소리를 만드는 경우 스피커와 그 위치를 제어할 수도 있습니다.

피드백과 확인

디지털 어시스턴트 기술은 일반적으로 사용자의 의도를 잘 전달하기 위해, 특히 명령에 큰 보안 위험이 있는 경우(예: 온라인 구매) 몇 가지 형태의 오디오 또는 시각적 피드백을 지원합니다. 예를 들어, 어시스턴트가 확인을 요청하기 위해 불을 켜거나 음성 응답을 생성할 수 있습니다. 실제 검증에 적대적 명령(예: 적절한 타이밍에서 들리지 않는 '예')이 포함되었을 수 있지만, 공격자는 오디오 피드백(예: '악의적인 계획을 계속 계속 진행하시겠습니까?')이 방관자에게 들리지 않게 해야 하는 문제가 있습니다.

공격자가 자신이 완벽하게 제어할 수 있는 음향(예: 온라인에서 비디오 공유된 음악)의 적대적 왜곡을 구성한 경우 디지털 어시스턴트의 응답 시점에서 생성하는 소리의 볼륨을 높일 수 있습니다. 공격이 항상 효과적이지 않더라도 문제 될 것은 없습니다. 때로는 누군가가 그 소리를 듣기 때문에 실패하겠지만, 이따금 아무도 그 근처에 없거나 그 소리를 감지하지 못할 때는 성공할 것입니다.

제약

적대적 물체와 마찬가지로, 적대적 음향 공격의 성공 여부는 왜곡이 감지되지 않는 선에서 공격자가 음향을 변경하는 정도에 달려 있습니다. 공격자가 제어하는 음향 내에서보다 기존 음향 내에서 적대적 명령을 숨기는 것이 더 어려울 수 있습니다. 예를 들어 공격자가 자신이 만든 일부 음악이나 음성에 음향 왜곡을 추가하면 공격을 은폐하는 음향을 훨씬 더 잘 제어할 수 있습니다. 또 다른 질문은 이것입니다. 적대적 음향을 완전히 숨겨야 할까요? 사람들이 그 소리를 인식하지 못해서 무시하거나 간과하는 한, 평범한 음악이나 말로 위장할 필요는 없습니다.

들리지 않는 음성 명령이 있는 공격은 더 까다로운 환경 조건에서도 가능합니다. 음향 변환과 사운드 스피커 재생 제한사항을 고려해 오디오 영역에서 적대적 3D 모델을 생성하기 위한 EOT 방법의 용도를 변경하는 것이 좋습니다(8.1 참조).

가상 사례: 믿을 수 없는 음성 어시스턴트 기술

음성 어시스턴트를 제작하는 기술 회사의 신용을 떨어뜨리려는 시도로, 적대적 그룹은 겉보기에 이상 없는 음악 트랙에 명령을 끼워넣습니다. 이는 표적 공격입니다. 명령은 '온라인 주문을 수행하라'는 요청과 같이 구체적입니다. 음성 어시스턴트가 확인을 요청하는 지연이 이어집니다. 그러면 적대적 그룹은 이 적대적 음향을 여러 소셜 미디어 채널의 비디오 콘텐츠에 배포합니다.

적대적 음향 개발은 주목받지 않습니다. 적대적 그룹은 대체 DNN을 사용해 공격을 개발한 다음 자체 음성 도우미의 사본으로 테스트합니다.

개발 중에 동일한 시스템 복제본을 사용하면 정확한 물리적 조건에 따라 공격이 강력해집니다. 그러나 조용한 환경에서 음성 어시스턴트가 재생되는 음향의 근접 범위 내에 있기 때문에 공격 성공률은 낮습니다. 낮은 성공률에도 불구하고, 제품과 제품 생산 업체에 대한 소비자의 신뢰도가 떨어진다고 보고한 사례처럼 공격은 성공적입니다.

8.3 실생활 속에서 적대적 사례의 타당성

적대적 물체와 음향을 생성하는 과정은 의심의 여지 없이 디지털 방식으로 적대적 사례를 만드는 과정보다 더 어렵습니다. 공격자에게는 다음과 같은 추가 문제가 있습니다.

- 사례의 물리적 표현에서 적대적 정보 유지
- 적대적 정보가 센서와 센서의 처리에 의해 수용되도록 보장
- 물리적 위치와 환경 조건의 변화 제공

적대적 물체와 음향이 항상 성공할 수 있는 실제적인 적대적 사례를 생성할 가능성은 낮지만 공격이 높은 성공률을 요구하지 않는다면 물리적 공격에 대한 동기는 사라지지 않고 여전히 남게 됩니다(8장 가상 사례 참조).

Part **4**

방어

4부에서는 3장에서 배운 내용을 바탕으로 실제 시스템의 DNN이 적대적 입력을 방어하는 방법을 살펴봅니다.

먼저 9장에서는 적대적 위협을 모델링하는 방법을 검토합니다. 모델링은 방어를 평가하는 데 매우 중요합니다. 그다음에는 신경망의 견고성을 경험적 및 이론적으로 평가하는 방법을 살펴봅니다.

10장에서는 적대적 공격을 방어할 더 강력한 방어법을 개발하기 위해 노력하고 있는 오픈 소스 프로젝트에 대해 알아보고, 적대적 입력에 대해 DNN 알고리즘을 강화하는 방법 중 가장 최근에 소개된 내용을 배웁니다. DNN이 안전하게 작동할 수 있는 입력 세트를 설정하는 것이 가능한지를 확인하기 위해 더 넓은 관점에서 DNN을 고려할 것입니다. 이 장에서는 6장에 처음 제시된 예제를 기반으로 방어와 방어 평가를 설명하는 코드 예제를 다룹니다. 또한 종합적 관점에서 정보 보증(IA)에 대한 내용을 이해하고 더 광범위한 처리 과정과 조직적 절차가 적대적 입력의 위험을 줄이는 데 미치는 영향을 고려합니다.

마지막으로 11장에서는 향후 DNN이 어떻게 진화할 것이며, 이것이 속일 수 있는 용이성에 미치는 영향을 살펴봅니다.

Part 4

방어

## CHAPTER 9

모델 견고성 평가

9장에서는 방어 탐색을 시작하기 위해 적대적 사례에 대한 DNN 모델의 견고성을 평가하는 방법을 살펴봅니다. 이 내용은 10장에서 설명하는 방어의 효과를 이해하는 데 기초가 됩니다.

DNN 구성요소의 견고성을 개별적으로 평가하면 모델과 방어 접근법을 객관적으로 비교할 수 있습니다. 예를 들어, 이 평가는 새로운 방어 접근법이 이전 방법보다 더 효과적인지 덜 효과적인지를 알아보려는 연구 목적으로 수행할 수 있습니다. 또 다른 목적으로는 조직에서 최근에 배포한 모델이 이전 버전 이상으로 안전함을 확실히 하기 위해 평가를 수행할 수 있습니다.

모델 평가에는 비교에 사용할 지표의 객관성을 보장할 일관된 방법론과 측정법이 필요합니다. 하지만 안타깝게도 적대적 사례에 대항하는 신경망의 방어력을 지표로 나타내는 것은 간단하지 않습니다. 이 점을 해결하기 위해서 다음 질문의 답을 찾아보겠습니다. '무엇을' 방어할 것인가? 7장과 8장에서 배운 내용을 바탕으로 방어를 위협하는 모델링 방법부터 살펴보는데, 이것이 앞으로 논의할 '위협 모델'입니다(9.1 참조).

> **CAUTION_ 완전한 정보 평가**
>
> 방어를 평가할 때 대상 시스템의 내부 작동을 기밀로 삼는 것 자체를 방어로 간주해서는 안 됨을 유념하기 바랍니다. 정보 보안 관행은 '불명확한 보안' 원칙을 따르지 않으므로, 적대적 공격을 평가할 때는 공격자가 대상 DNN과 모든 방어 메커니즘을 완벽하게 알고 있다고 가정해야 합니다. 이를 '완전한 정보' 공격 시나리오라고도 합니다.

일관된 위협 모델의 평가는 방어의 객관적 비교에서 무엇보다 중요합니다. 적대적 사례에 대한 모델의 견고성을 평가하는 기술은 '모델 평가'(9.2 참조)에서 살펴보겠습니다.

그리고 '경험적으로 도출한 견고성 지표'(9.2.1참조)에서는 테스트 중 위협 모델의 역할을 조사하고 모델 견고성을 확립하는 데 사용할 수 있는 경험적으로 도출한 지표 몇 가지를 고려합니다.

그런 다음 '이론적으로 도출한 견고성 지표'(9.2.2 참조)에서는 이론적 측면에서 접근해 모델의 견고성을 결정하는 것이 가능한지 여부를 고려하겠습니다 모델의 견고성을 알려주는 형식적 증거는 위협과 무관하되 모델과는 관계 있는 지표를 도출하게 해주는 이점이 있습니다.

> **NOTE_ 레드블루팀 방식**
>
> 레드팀과 블루팀은 공격함으로써 방어를 평가하는 개개인(레드팀)이 이를 개발한 당사자(블루팀)가 아니라고 가정합니다. 레드팀은 공격자의 행동을 모방하고 블루팀은 방어 조직을 모방합니다. 공격자와 방어자의 역할을 분리하면 공격 방법론에서 색다른 관점으로 사고하게 되어 시스템의 취약점을 발견할 가능성이 높아집니다.
>
> 레드팀은 7장과 8장에 설명한 것과 같은 방법으로 적대적 사례의 취약점을 악용해 최선의 공격을 모방해야 합니다. 모델 평가와 달리, 레드팀은 대상 시스템에 대한 정보를 전혀 제공받지 않아야 합니다. 정보로 인해 사고가 편향되어 취약점을 놓칠 수 있기 때문입니다(예를 들어 방어하는 것으로 알려진 곳에서는 공격을 고려하지 않는 것).

모델(모델에 내장된 방어를 포함해서) 평가는 중요하지만 그것이 전부는 아닙니다. 실제 시스템에 사용되는 DNN은 광범위하면서도 단순한 구성요소입니다. 개별로 하는 모델 평가는 모델 비교 및 개별 구성요소를 보장하는 데 유용하지만 시스템도 전체적으로 테스트해야 합니다. 적대적 사례에 대응할 만한 수준의 '시스템' 견고성을 보장하려면 적대적 사례를 잠재적 취약성으로 상정한 광범위한 시스템 보안 테스트가 필요합니다. 시스템의 사이버 보안 테스트의 일반적인 접근방식은 레드블루팀 방식입니다.

9.1 적대적 목표, 역량, 제약, 정보

공격자 프로필을 대상 시스템의 맥락에서 체계적으로 면밀히 조사할 때 그 위협을 일컬어 '위협 모델'이라고 합니다. 위협 모델링은 위협 행위자, 공격 경로, 위험에 대한 상세한 분석이며 조직과 시나리오에 따라 구체화됩니다. 9장에서는 완전한 위협 모델을 제공하지 않습니다. 오히려, 광범위한 위협 모델링 시나리오에서 사용할 수 있는 정보이자 적대적 사례의 위협을 모델링할 때 확인해야 하는 주요한 정보 몇 가지를 설명합니다.

가능한 위협을 모두 모델링하거나 예측할 수는 없지만 가능한 위협 시나리오를 다양하게 고려하는 것이 좋습니다. 공격자의 관점에서 이해하면 적대적 입력에 대비하는 안전한 방어의 설계에 도움됩니다.

적대적 사례는 종종 목표, 역량, 제약, 정보 측면에서 모델링됩니다.

9.1.1 목표

목표부터 알아봅시다. 공격자가 달성하려는 것이 무엇일까요? 그리고 목표는 시스템에 나타나게 될 적대적 입력의 성격을 어떻게 정의할까요?

가장 고차적 수준에서 보면, 공격자가 시스템을 속임으로써 달성하려고 하는 것을 위협 목표로 볼 수 있습니다. 이는 2장에서 제시한 초기 동기를 상기시킵니다. "내가 할 수 있기 때문에"와 같은 모호한 이유를 그냥 넘겨서는 안 됩니다. 그런 동기는 구체적이지 못한 목표와 명확하지 못한 위협 모델을 초래합니다. 그런 동기를 가지면 결과적으로 목표가 구체화되지 못하고 위협 모델이 명확해지지 못합니다.

고차적인 동기가 목표를 결정합니다. 이러한 목표는 공격의 필수 특이성, 최소 성공률, 최대 섭동 한계라는 요건으로 정의할 수 있습니다(그림 9-1).

특이성

공격의 필수 특이성은 목표가 단순히 DNN으로부터 거짓 예측(표적 없는 공격)을 생성하는 것인지 아니면 '특정한' 거짓 예측(표적 있는 공격)을 생성하는 것인지 여부를 나타냅니다. 예를 들어 특정한 해석을 회피하는 경우에 국한해서, DNN의 입력을 어떻게 해석하는지가 중요하지 않다면 표적이 없는 회피 공격으로 충분할 수 있습니다. 반대로, 혼란을 유발하는 공격은 DNN이 입력을 표적이 있는 방식으로 해석하게 해서 특정한 오탐[false positive]을 생성하게 할 수 있습니다.

성공률

공격 성공률은 공격이 필수 특이성으로 분류기를 속여 목표를 달성하리라는 공격자의 확신을 나타냅니다.

성공의 요건으로서 성공률은 입력이 목표 달성에 실패한 결과로 결정될 것입니다. 예를 들어 회피 공격은 일반적으로 오탐을 초래하는 공격보다 성공률이 더 큽니다. 인공지능을 회피하지 못하면 기소될 수 있으며, 위험 부담은 더 커질 것이고 적대적 입력이 실패에 견고해지도록 보장할 방법론에 더 심혈을 기울일 것입니다. 반대로, 결과적으로 오탐을 초래할 적대적 입력의 막대한 양으로 혼동을 야기하는 것이 동기라면 시간이 지나 공격이 실패해도 별 문제가 되지 않습니다. 탐지 회피하기와 같은 동기는 뚜렷하게 드러나지만, 서비스 거부(DoS) 생성과 같이 혼란을 야기하거나 단지 조직의 신용을 떨어뜨리려는 그 외의 동기도 간과해서는 안 됩니다. 이러한 유형의 공격은 높은 성공률을 요구하지 않을 수 있으므로 공격자가 훨씬 쉽게 공격을 개시할 수 있습니다.

섭동 한계(지각력)

섭동 한계는 공격자가 수용 가능한 최대 섭동이며 지각력의 간접적인 측정치입니다. 적대적 입력의 수용 가능한 지각력은 공격 동기와 맥락에 따라 달라집니다. 어떤 경우에는 적대적 변경을 가장할 필요조차 없습니다. 예를 들어 적대적 패치가 이미지 가장자리에 추가된 경우를 생각해봅시다. 이미지를 주고받는 송신자와 수신자는 모두 패치가 추가되었음을 알 수 있으므로 송신자는 주된 이미지 내용에 영향을 미치지 않으면 패치를 위장할 필요가 없습니다. 그러나 다른 시나리오에서는 지각력을 최소화하는 것이 매우 중요할 수 있습니다. 예를 들어 오디오에 악의적인 음성 명령을 추가하는 경우에는 알아차리지 못하게 하는 것이 중요합니다.

섭동은 일반적으로 L^p-norm으로 측정하지만 변화를 측정할 다른 방법을 사용하지 않을 이유가 없습니다. 아마도 그 방법은 인간 인식의 뉘앙스나 적대적 사례가 드러날 맥락을 고려한 더 복잡한 알고리즘을 통합할 것입니다. 예를 들어, '디지털 거리'가 동일하더라도 분명하지 못한 것보다 사람이 알아차리는 변화에 섭동의 가중치를 더 높게 부여하는 것입니다. 적대적 패치의 맥락에서 섭동 임계값은 이미지(예를 들어 이미지의 가장자리 근처)에 있는 픽셀의 위치에 대한 추가적인 제약조건과 함께 L^0-norm(간단히 변경된 픽셀 수)의 관점에서 섭동을 측정할 수 있다는 제약조건을 포함할 것입니다.

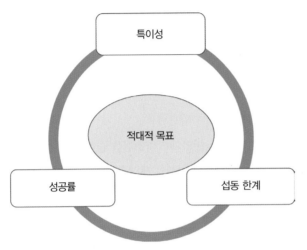

그림 9-1 적대적 목표는 필수 특이성, 성공률, 지각력(섭동 한계)의 관점에서 설명할 수 있습니다.

성공률과 섭동 사이에는 분명한 상관관계가 있습니다. 섭동에 대한 제약이 줄면 공격의 성공률이 높아집니다. 특정 입력 x에 허용된 섭동에 대한 특정 공격의 성공률을 도식으로 표현하면 [그림 9-2]와 같은 모양이 됩니다. 이 그래프는 허용된 섭동이 다양할 때 특정 입력에 대해 적대적 사례를 쉽게 만들 수 있음을 보여줍니다. 적대적 사례를 만들려면 최소한의 섭동이 필요합니다. 그래프 모양과 최소 섭동은 네트워크, 원본 이미지, 섭동 측정에 따라 달라집니다. 이 도식과 이와 관련된 지표는 신경망의 견고성 평가에 유용하므로 잘 기억해두기 바랍니다. 이 유형의 그래프와 이를 생성하는 데 필요한 코드는 10장에서 다시 살펴보겠습니다.

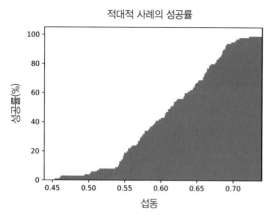

그림 9-2 섭동을 더 많이 허용하면 적대적 사례의 성공률이 더 높아집니다.

공격의 특이성은 적대적 입력을 생성하는 데 사용하는 논리의 제약조건을 늘리거나 줄여서 다양하게 나타납니다. 표적 공격은 생성한 적대적 입력에 더 엄격한 제약조건을 부과하므로 달성하기가 더 어려워 성공률이 낮습니다.

공격 목표는 적대적 사례를 생성하는 데 사용하는 수학적, 논리적 제약조건에 압축됩니다. 예를 들어, [그림 9-3]에 요약한 C&W 공격을 고려하겠습니다. 관련 수식은 6장에 자세히 설명했습니다(6.1.4 참조).

여러분은 이 알고리즘이 어떻게 적대적 목표를 나타내는지 알 것입니다. 특이성(이 경우 대상)은 DNN이 적대적 입력에 대한 대상 클래스를 반환한다는 제한에 의해 포착됩니다. 섭동은 적대적 사례와 원본 사이의 L^2-norm 측정을 포함해 원본 이미지와의 거리를 최소화하기 위해 계산되며 $\|\mathbf{x}^{adv}\text{-}\mathbf{x}\|_2^2$로 정의됩니다. 이것은 이미지가 필수 지각력 범위 내에 확실히 남아있게 하려는 목표를 이룹니다. 추가 견고성 요구사항 $c.l(\mathbf{x}^{adv})$는 성공률에 영향을 미칩니다.

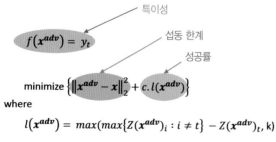

그림 9-3 적대적 목표는 C&W 알고리즘의 수식에서도 확인할 수 있습니다.

C&W 공격을 포함해 6장에서 알아본 공격을 생성하는 방법으로 공격자는 목표에 부합한 공격을 만들 수 있지만 신경망 알고리즘 자체만 고려할 수도 있습니다. 위협은 완전한 처리 과정과 모든 방어 메커니즘에 위배되므로 실제 목표에서 필수 특이성, 성공률, 섭동을 달성하려면 전체 목표에 대한 수학적 모델링이나 실험이 필요합니다. 즉, DNN에서 [그림 9-3]과 같은 알고리즘을 사용해 적대적 사례를 생성한다고 해서 사례를 전체 시스템에서 시도할 때 특이성, 성공률, 섭동 목표가 유지되는 것은 아닙니다.

9.1.2 역량, 지식, 접근

공격자가 이러한 목표를 달성하는 능력은 여러 가지 요소, 즉 역량, 대상에 대한 지식, 입력 데이터에 영향을 주어 적대적으로 만드는 능력에 좌우됩니다. 지식과 접근은 공격에 대한 잠재적 제약으로 해석할 수 있습니다. 대상을 잘 알지 못하면 입력 데이터를 변경하는 능력이 부족해 공격자가 목표를 달성하는 데 제약이 됩니다. 이 내용을 [그림 9-4]에 요약했습니다.

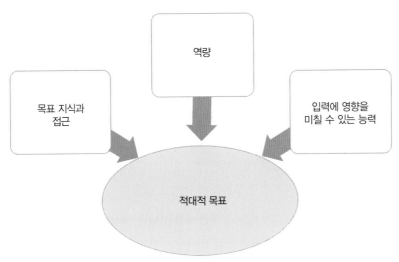

그림 9-4 적대적 목표는 대상에 대한 지식과 접근, 역량, 공격자가 입력에 영향을 미칠 수 있는 능력에 제한됩니다.

각 요소를 차례로 생각해보겠습니다.

역량

공격의 성공은 공격자가 사용할 수 있는 자원(기술, 소프트웨어, 하드웨어, 시간)에 의해 제한됩니다. 필요한 자원은 공격 목표에 따라 크게 달라집니다. 간단하고 저렴한 공격은 온라인에서 공유되는 적대적 패치를 디지털 이미지에 추가하는 것입니다. 반면에 앙상블 모델과 컴퓨팅 대용량을 사용해 강력한 섭동을 개발하려면 더 많은 비용, 시간, 전문지식이 필요합니다.

혼자 움직이는 위협 행위자의 역량을 과소평가해서는 안 됩니다. 해커는 혼자 일할지 모르지만 지식이 풍부하며 공공 클라우드와 온라인 자원을 활용해 공격을 개발할 수 있습니다.

입력에 영향을 미치는 능력

공격자가 데이터를 변경할 수 있는 정도는 적대적 입력을 생성하는 능력을 제한할 수 있습니다. 예를 들어, 변화가 사람의 인식에 영향을 주는 수준에 따라 디지털 이미지 콘텐츠를 변경하는 방법이 제한될 수 있습니다.

실제 공격에서 공격자는 디지털 데이터에 접근할 수 없으므로 적대적 콘텐츠를 만드는 데 상당한 제약이 따릅니다. 공격자는 필요한 센서에 물리적으로 접근하는 것과 같은 매우 낮은 기술 문제로 방해를 받을 수 있습니다.

대상에 대한 지식과 접근

DNN 모델 자체에 대한 지식은 적대적 사례를 작성하는 데 큰 도움이 됩니다. 예를 들어 적대적 입력을 개발하기 위한 더 강력한 복제 공격을 가능하게 합니다. 그러나 대상에 대한 지식을 모델을 복제하는 능력을 발휘할 때만 유일하게 사용해서는 안 됩니다. 강력한 적대적 사례 공격을 성공적으로 개시하려면 전체 처리 과정과 모든 방어 수단에 대한 지식도 필요합니다.

공격자가 대상을 완전하게 알지 못하는 경우에는 요청에 대한 응답을 분석해 대상의 동작을 유추할 수 있습니다. 대상 시스템을 직접 실험하면 적대적 사례의 견고성이 높아질 수 있지만 대상이 의심스러운 입력을 확인하는 경우 탐지할 수 있는 상쇄관계가 발생합니다. 따라서 공격 준비 중에는 대상에게 접근이 탐지되지 않은 상태를 유지해야 합니다. 공격자는 요청이 의심스러워 보이지 않게 해야 합니다(예: 쿼리 속도를 늦추거나 여러 IP에서 요청을 제출해 관련이 없어 보이게 하기).

공격자가 자신의 대상 복사본(예: 디지털 지원)을 가지고 있다면 시스템을 실험하고 지식을 얻을 수 있는 무제한의 접근 권한을 가진 셈입니다. 그러나 실제로 데이터를 가져와 비디지털 수단을 통해 직접 대응하는 시스템을 대상으로는 자동화된 실험을 수행하기가 더 어렵습니다. 예를 들어, 디지털 어시스턴트와 상호 작용하기 위한 프로그래밍 가능한 인터페이스가 없습니다. 이 경우, 공격자는 대체 모델에서 적대적 데이터를 생성한 다음 대상 장치에서 테스트를 개시하기에 앞서 실제 복사본에서 정밀한 테스트를 실행할 공산이 큽니다.

9.2 모델 평가

적대적 사례에 대한 모델의 견고성을 정량화하는 것이 과연 가능할까요? 이 질문이 흥미로운 이유는 이를 통해 운영 환경에 배포한 모델을 비교하고 보장할 수 있기 때문입니다. 예를 들어, 특정 방어가 DNN의 견고성에 미치는 영향을 정량화하는 것이 유용할 수 있는데, 방어가 정확도에 의해 상쇄되는 경우에 더욱 그렇습니다. 또는 어떤 방어가 모델의 안전한 작동을 보장하는 데 가장 효과적인지를 확인하기 위해 방어를 객관적으로 비교하는 것이 유용할 수 있습니다.

현재 가능한 모든 입력에서 완벽하게 작동하는 DNN을 생성할 수는 없습니다. 예를 들어, 저해상도(224*224픽셀) 컬러 이미지를 사용하는 네트워크조차도 $256^{(150528)}$개의 서로 다른 가능한 이미지를 올바르게 수행하는 것으로 증명되어야 합니다. 우리는 DNN이 의도적으로 적대적이지 않고 훈련 데이터셋을 대표하는 입력에서 뛰어난 정확도로 결과를 제공할 수 있음을 알고 있습니다. 그러나 모든 입력에서 네트워크의 무결성을 보장하는 것은 계산적으로 불가능합니다.

방어 평가는 경험적으로(실험) 또는 이론적으로(수학적 계산) 수행할 수 있습니다. 경험적으로나 이론적으로 방어를 평가할 때 모델의 정확도에 방어가 미치는 영향을 간과하지 않는 것이 중요합니다. 여기에는 두 가지 측면이 있습니다.

- 방어를 할 때 비적대적 데이터에 대한 모델 정확도를 다시 테스트해야 합니다. 모델 정확도 감소에 대한 내성은 운영 시나리오에 따라 크게 달라집니다.
- 기존 모델을 보강하기 위해 방어를 개발할 때 실수로 '좋은' 데이터에 대한 모델 정확도를 낮추지 않도록 주의해야 합니다. 매우 열악한 적대적 방어 메커니즘은 문제가 없는 데이터를 적대적 데이터로 잘못 예측할 수 있습니다(즉, 입력을 '참 부정true negative'이 아닌 '거짓 긍정false positive' 분류에 배치하기).

견고성 평가에 대한 경험적이고 이론적인 접근방식을 차례로 고려해봅시다.

9.2.1 경험적으로 도출한 견고성 지표

적대적 사례의 문제점은 모델을 속이려는 '의도적인' 시도라는 것입니다. 다음과 같은 이유로 적절한 적대적 평가와, 일관된 견고성 지표를 만들기는 매우 어렵습니다.

- 적대적 데이터의 성격은 예측하기가 매우 어렵습니다. 특정 공격 방법을 사용해 생성한 적대적 데이터가 다른 방법을 사용해 생성한 적대적 데이터와 성격이 완전히 다를 수 있습니다.
- 둘째, 데이터가 정상 작동 중에 모델을 속일 확률은 매우 낮아 보일 수 있습니다. 그러나 공격자가 모델을 속이기 위해 오랫동안 숙고한다면 데이터가 모델을 속일 확률은 훨씬 높아집니다.

특정 네트워크를 정확하고 유용하게 비교할 견고성 지표를 설정하려면 모델 견고성을 평가할 위협 모델, 공격, 테스트 데이터를 명확하게 정의해야 합니다.

위협 모델

위협 모델은 목표, 즉 특이성(표적 대 무표적), 성공률, 지각력의 임계값(사용되는 L^p−norm 측정, 허용 범위)을 포함합니다. 그리고 공격자가 입력에 영향을 미치는 능력(예: 물리적 세계의 제약조건 고려)을 포함할 수도 있습니다. 위협 모델을 명확하게 정의할 수 없다면 평가는 무의미합니다. 즉 평가하는 동안 적용할 적대적 테스트의 범위를 정의합니다.

위협 모델은 평가를 하는 이유에 따라 선택해야 합니다. 예를 들어, 연구의 관점에서 더 우수하고 강력한 DNN을 만들기 위해 방어를 평가할 수 있습니다. 이 경우, 다른 방어와 직접 비교하기 위해 일반적인 위협 모델을 선택할 수 있습니다. 이와 달리, 특정 운영 배포에 대한 방어를 평가할 수도 있습니다. 그런 다음 특정 위협 모델과 테스트 시나리오(예: 특정 대상 공격)에 집중하기를 선택할 수 있는데, 이것들이 조직에 더 큰 위험 요인이 되기 때문입니다. 실제로 여러분은 다양한 위협 모델에서 다중 평가를 수행하기로 선택할 수도 있습니다.

공격 방법론

사용한 매개변수를 포함해 공격 방법에 대한 포괄적인 설명은 평가의 일부를 구성합니다. 평가 적대적 사례를 생성할 때 시스템과 시스템의 방어에 대해 완전하게 안다고 가정해야 합니다.

어떤 방어가 한 공격에서 효과적으로 작용함이 증명된다고 해서 더 강력한 또 다른 방법에서도 반드시 그 효과가 보장되는 것은 아닙니다. 따라서 평가에는 다양한 공격이 포함되어야 합니다. 모든 공격을 알 수는 없지만 당시 알려진 공격 중 가장 강력한 공격이 포함되어야 합니다. 목표는 가능한 강력한 공격에 대한 방어를 평가하는 것이며, 여기에는 방어를 우회하는 데 적응한 공격도 해당합니다.

테스트 데이터

방어의 견고성 평가는 실험 중에 사용한 테스트 공격 데이터와 관련이 있습니다. 이 데이터는 사용한 공격 방법(매개변수 포함)과 이 방법으로 생성한 테스트 적대적 사례 데이터로 정의됩니다. 테스트 적대적 사례를 생성하는 데 사용한 원본 데이터를 변경하면 공격의 성공률에 영향을 줄 수 있습니다.

적대적 사례에 대한 견고성을 평가하는 것은 입력에 대한 모델의 평가라는 광범위한 문제에 속합니다. 따라서 방어 평가는 모델의 정확도를 설정하는 광범위한 작업의 일부가 됩니다. 테스트 데이터가 훈련 데이터와 유사한 분포를 가진다고 가정할 때 모델 정확도를 경험적으로 평가하는 데 일반적으로 사용하는 방법이 있습니다.

Fashion-MNIST 데이터셋 분류기를 생성하기 위해 3장에 제시한 예제 코드는 모델의 매우 기본적인 평가를 보여줍니다.

```
test_loss, test_acc = model.evaluate(test_images, test_labels)
print('Model accuracy based on test data:', test_acc)
```

다음과 같은 결과를 얻습니다.

```
10000/10000 [================] - 0s 35us/sample - loss: 0.3623 - acc: 0.8704
Model accuracy based on test data: 0.8704
```

이 평가에 따르면 모델에 제시한 모든 테스트 예제의 약 87%가 올바르게 분류되었음을 알 수 있습니다. '혼동 행렬'을 통해 모델의 정확성을 더 자세히 확인할 수 있습니다. [그림 9-5]는 3장에서 살펴본 분류기의 혼동 행렬입니다.

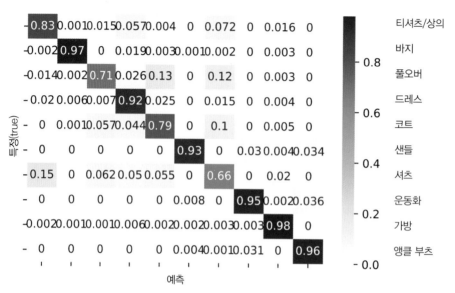

그림 9-5 Fashion–MNIST 분류기의 혼동 행렬은 각 패션 라벨에 모델의 수행을 요약합니다.

행렬의 각 행은 해당 행의 특정(true) 라벨이 있는 테스트 이미지에 해당합니다. 예를 들어, 맨 윗줄은 'T-shirt/top(티셔츠/상의)'으로 표시된 테스트 데이터를 나타냅니다. 셀에는 열 라벨에 따라 예측한 테스트 데이터의 비율이 포함됩니다. 따라서 올바르게 표시된 '티셔츠/상의'의 비율은 0.83(83%)입니다. '셔츠'로 잘못 표기된 '티셔츠/상의'의 비율은 0.07(7%)입니다. 모델이 테스트 데이터에 대해 완벽하게 수행했다면 대각선의 셀은 모두 1.0이고 그 외 모든 셀은 0이 되었을 것입니다.

혼동 행렬에서 분류기 모델에 대해 많은 것을 배울 수 있습니다. 예를 들어, [그림 9-5]는 셔츠가 잘못 분류될 가능성이 가장 높음을 나타냅니다(모델에서 '티셔츠/상의'으로 잘못 해석한 시간의 11%). 마찬가지로, 테스트 데이터에서 바지, 가방 및 앵클 부츠 예를 분류할 때 모델의 정확도가 가장 높습니다(98%). 10장에서 알아볼 혼동 행렬은 적대적 테스트 데이터가 어떻게 잘못 분류되는지를 나타내는 데 유용합니다.

혼동 행렬을 평가에 사용하려면 적절한 공격 방법론을 작성하고 적대적 테스트 데이터를 생성해야 합니다. 특정 방어의 효능을 평가하기 위해, 방어하지 않는 모델에서 테스트를 수행한 다음 방어가 적용된 모델에서 테스트를 반복해 수행합니다. 의도적으로 방어 메커니즘을 무력화하려는 목표로 가능한 한 가장 강력한 공격으로 평가를 수행해야 합니다. 새로운 공격이 지속적으로 진화하기 때문에 이 일은 매우 어렵습니다. 따라서 적대적 견고성 평가는 추가 공격이 발생할 때, 즉 재계산이 필요할 수 있는 특정 시점 평가입니다. 다시 한번, 우리는 특정 성공률을 달성하는 데 필요한 섭동의 차이에 관심이 있을 수 있습니다. 또는 적대적 사례에서 최소 섭동의 변화에 가장 큰 관심을 둘 수도 있습니다. 방어 평가에 혼동 행렬을 사용하는 방법은 10장 예제 코드에서 살펴보겠습니다.

또 다른 지표는 필요한 섭동의 관점에서 특정 대상 네트워크에 대한 적대적 사례를 만드는 것이 얼마나 어려운지를 나타냅니다. 이 지표는 [그림 9-2]의 이미지를 가져와 [그림 9-6]과 같이 활용합니다.

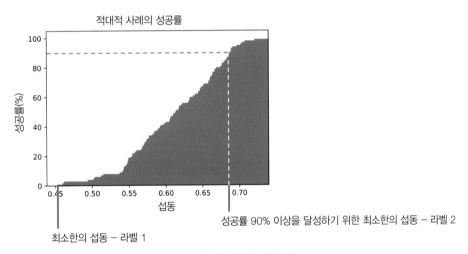

그림 9-6 섭동을 더 많이 허용하면 적대적 사례의 성공률이 증가합니다.

모든 공격에 대한 네트워크의 견고성을 측정하기 위해서 공격자가 성공하는 데 필요한 최소한의 섭동이 있는 최악의 경우(방어 관점에서)를 상정하기를 원할 수 있습니다(그림의 라벨 1). 위협 모델이 지각력 경계에 제약을 두지 않으면 방어 평가는 단지 성공률이 위협 모델 목표를 충분히 달성할 만큼 높은 지점일 뿐입니다(그림의 라벨 2). 10장 예제 코드에서 이 유형의 그래프를 생성하는 방법을 자세히 살펴보겠습니다.

한 네트워크의 견고성만 평가하려는 경우(예: 운영상 배포되는 모델 테스트) 방어가 추가되기 전과 후에 단일 모델에서 평가를 수행해도 됩니다. 그러나 방어에 대한 일반적인 평가(예: 연구 목적)의 경우 방어가 적용된 다양한 모델에서 평가를 수행하면 방어의 효과를 더 잘 파악할 수 있습니다.

9.2.2 이론적으로 도출한 견고성 지표

평가 방법과 관련 변수가 매우 많기 때문에 경험적 견고성 측정에는 모호한 점이 있습니다. 또한 적대적 사례를 생성하는 효과적인 공격 방법이 지속적으로 개발되고 있어서 네트워크의 견고성 측정이 보장되지도 않습니다.

견고성에 대한 경험적 측정보다 수학적 측정은 더 일관되고 신뢰도 높은 지표의 가능성을 열어줍니다. 소프트웨어 보증을 위해 수학적으로 계산한 지표는 특히 안전에 중요한 시스템의 평가와 관련됩니다. 적대적 사례의 맥락에서, 예를 들어 자율 주행 차량의 구성요소를 확실히 보증하기 위해 이론적 평가가 필요할 수 있습니다. 전체적으로 위협이 아닌 모델을 기반으로 해서 이론적으로 도출한 지표는 공격에 구애받지 않는다는 이점도 제공합니다.

한 가지 접근법은 적대적 사례를 생성하는 데 필요한 최소 섭동을 수학적으로 계산하는 것입니다. 현재까지 연구자들은 특정 입력 세트 각각의 정의된 거리 내에서 적대적 사례를 생성할 수 없음을 증명할 수 있었습니다. 따라서 적대적 사례가 없는 '정상' 입력 주변에 '안전 구역'이 있다고 가정할 때 모든 입력에서 최소한의(최악의 경우) 안전 구역을 설정할 수 있을까요? 이에 대한 아이디어는 [그림 9-7]에 설명되었습니다.

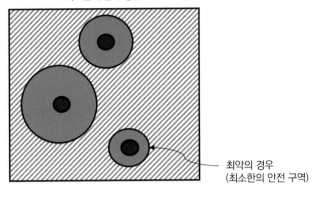

최소한의 입력 공간

최악의 경우
(최소한의 안전 구역)

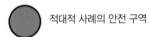 데이터 포인트의 위치

적대적 사례의 안전 구역

그림 9-7 입력 공간에서 적대적 사례의 안전 구역 계산

계산할 지표는 올바르게 분류한 모든 분포 입력(가장 작은 안전 지대)에서 적대적 사례를 생성하는 데 필요한 최소 섭동입니다. 이는 입력 공간의 광대함과 예측 지도의 복잡성에 비하면 쉬운 계산입니다. 그러나 연구원들은 수학적 근사법을 사용해 고도의 정확도로 견고성 지표를 설정하는 방법을 제안했습니다.[1] 이 연구는 글을 쓸 당시 초기 단계에 있지만, 이와 같이 이론적으로 도출한 지표는 DNN 네트워크 보안 평가에서 점점 더 중요한 부분을 차지할 것입니다.

9.3 요약

9장에서는 위협 모델을 고려하고 적대적 사례에 대한 견고성을 평가하는 다양한 방법을 탐색했습니다. 모델을 평가하는 접근법을 일관되게 하기는 어렵지만 10장에 열거한 공개 프로젝트를 통해 모델 견고성을 평가하는 표준 경험적 측정 방법을 마련하는 데는 상당한 관심이 모아지고 있습니다.

---

1 「Evaluating the Robustness of Neural Networks: An Extreme Value Theory Approach」, International Conference on Learning Representations(Tsui–Wei Weng et al., 2018), http://bit.ly/2Rn5TH0.

모델의 경험적 평가는 특정 위협에 국한됩니다. 모델을 비교하려면 고려하고 있는 위협이 일관적이어야 합니다. 모델 자체를 기반으로 해서 이론적으로 도출한 지표의 가능성은 매력적이며, 더 많은 연구로 더 다양한 접근법을 고안해서 모델을 비교할 수 있는 객관적 지표를 생성할 수 있기를 바랍니다.

10장에서는 적대적 입력을 방어하기 위해 제안된 다양한 접근방식을 알아봅니다. 방어를 탐색할 때 9장의 평가 방법을 다시 살펴보겠습니다.

---

2 『On Evaluating Adversarial Robustness』(Nicholas Carlini et al., 2019), http://bit.ly/2IT2jkR.

## CHAPTER 10

방어

10장에서는 적대적 사례의 공격을 탐지하고 방어하기 위해 제안된 몇 가지 방법을 살펴보겠습니다. 좋은 소식은 일부 방어가 효과적이라는 것입니다. 그러나 나쁜 소식은 각 방어에 한계가 있으며, 공격자가 방어 방법을 알고 있는 경우 공격을 조정해서 방어를 우회할 수 있다는 것입니다.

10장에서는 방어를 세 가지 관점에서 접근합니다.

모델 개선

강력한 신경망을 만들기 위해 제안한 모델 자체와 기술에 초점을 맞춥니다.

입력에서 적대적 측면 제거

모델에 제출하기 전에 적대적 입력을 양성으로 처리할 수 있는지 살펴보겠습니다(10.2 참조).

적대적 지식 최소화

그다음에는 성공적인 적대적 사례를 만들기가 더 어렵도록, 공격자가 대상 모델과 광범위한 처리 과정을 잘 알지 못하게 할 방법을 고려할 것입니다(10.3 참조). 9장에서 강조한 바와 같이 대상 은닉은 방어 수단에 의존해서는 안 됩니다.

현재 이 문제에 대한 해결책은 없지만 활발히 연구되고 있는 분야입니다. [표 10-1]에는 10장에서 설명한 방어 기법의 성능이 요약되었습니다.

표 10-1 방어 요약

방어	모델 견고성 향상	적대적 데이터 특징 제거	공격자의 지식 최소화
그레이디언트 마스킹 (10.1)	제한적	해당 없음	해당 없음
적대적 훈련(10.1)	제한적	해당 없음	해당 없음
OoD 감지(10.1)	유망하지만 보장되지 않음	해당 없음	해당 없음
무작위 드롭아웃 불확실성 측정(10.1)	유망하지만 보장되지 않음	해당 없음	해당 없음
데이터 전처리(10.1.1)	해당 없음	제한적	해당 없음
대상 은닉(10.3)	해당 없음	해당 없음	제한적

실제로, 적대적 공격을 성공적으로 개시하는 역량은 광범위한 처리와 보안에 의해 부과되는 몇 가지 요소에 의해 제한됩니다. 10장에서는 구성요소인 모델과 시스템을 모두 고려합니다.

그리고 10장은 실제 시스템의 적대적 사례에 대한 견고성을 개발할 때 유용한 실질적인 조언으로 마무리하겠습니다(10.4 참조).

10.1 모델 개선

적대적 사례로부터 모델 자체를 보호할 수 있는 일이 무엇인지 살펴보겠습니다. 예를 들어, DNN이 적대적 입력에 강력하도록 재훈련될 수 있을까요? 공격을 탐지하는 데 사용할 수 있는 적대적 사례들 간에 공유되는 특성이 있을까요? 또는 알고리즘이 잘못 수행될 가능성을 예측해 덜 확실한 결과의 신뢰도를 낮출 수 있을까요?

방어 목적으로 모델을 변경하더라도 알고리즘의 정확도에 허용할 수 없을 정도로 영향을 주어서는 안 된다는 점을 명심해야 합니다. 우리는 적대적 입력뿐만 아니라 좋은 데이터에도 미치는 방어 메커니즘의 영향을 고려해야 합니다.

우리는 네 가지 접근법을 고려할 것입니다.

그레이디언트 마스킹

이 접근법은 예측 지도에서 그레이디언트를 숨기도록 모델을 변경해서 적대적 사례를 만들기
어렵게 합니다.

적대적 훈련

적대적 입력을 구별하는 법을 학습하기 위해 신경망을 훈련(또는 재훈련)시킵니다. 이때 적대
적 사례가 포함된 훈련 데이터로 훈련시키는 접근법입니다.

OoD 감지

신경망이 예측할 뿐만 아니라 높은 정확도로 작동하는 분포 내에 데이터가 있는지 여부에 따라
예측을 반환하도록 신경망을 훈련시킬 수 있는지 살펴봅니다.

무작위 드롭아웃 불확실성 측정

마지막으로, 이 접근법은 모델 훈련 뒤에 '무작위 드롭아웃randomized dropout'이라는 훈련 기술을
추가해 신경망 예측의 불확실성을 줄입니다. 이것은 적대적 입력이 더 큰 불확실성을 초래해
이를 감지할 수 있다는 점을 근거로 합니다.

10.1.1 그레이디언트 마스킹

그레이디언트 마스킹[1]은 적대적 사례의 계산을 더욱 어렵게 만들기 위해 제안된 기법입니다.
그 개념은 DNN 알고리즘 예측 지도의 그레이디언트를 숨기거나, 공격자에게 쓸모 없게 되도
록 그레이디언트를 완만하게 만드는 것입니다.

물론 이 접근법은 공격자가 DNN 알고리즘에 접근 가능하고 그레이디언트를 사용해 공격을

---

1 이 용어는 니콜라스 페이퍼노트의 글에서 맨 처음 사용되었습니다. 「Practical Black-Box Attacks Against Machine Learning」,
Sixth International Conference on Learning Representations (Nicolas Papernot et al., 2018), http://bit.
ly/2IrqeJc.

개발할 수 있는 상황에만 유용합니다. 모델 그레이디언트를 악용하는 공격을 방지하는 가장 확실한 방법은 공격자로부터 알고리즘을 숨기는 것입니다(10.3 참조). 이러한 유형의 공격에는 대상에 적용하는 화이트 박스 그레이디언트 기반 방법(6.1 참조)과 점수 기반 방법(6.3 참조)이 있습니다. 점수 기반 방법에서는 예측을 사용해 그레이디언트를 유추하므로, 신경망 점수를 사용자에게 반환해야 하는 경우가 아니라면 이 정보가 응답을 통해 직간접적으로 노출되어서는 안 됩니다.

그레이디언트를 사용하는 방법을 이용해 적대적 사례를 생성하는 능력을 저해하는 '방어적 증류'라는 기법이 제안되었습니다.[2] 이 접근법은 신경망의 크기를 줄이기 위해 처음에 제안된 증류법을 사용합니다. 신경망의 증류는 DNN 함수(그 매개변수)를 다시 만들어서 훈련 지점 근처 예측 지도의 그레이디언트를 평활하게 합니다.

> **NOTE_ 신경망을 증류하는 방법**
>
> 신경망을 '증류'하기 위해, 여느 훈련처럼 라벨을 사용해 훈련합니다. 그런 다음 모델을 사용해 훈련 데이터셋에 대한 예측을 만들어냅니다. '증류된' 새로운 버전의 모델은 초기의 하드 라벨이 아니라 훈련 데이터와 예측(확률)을 사용해 훈련합니다.
>
> 불연속 라벨로 훈련한 신경망은 확률에 대해 훈련한 신경망보다 예측 지도 그레이디언트가 덜 완만합니다. 증류 과정의 평활화는 모델 크기를 줄이는 효과가 있지만 모델의 정확도를 낮출 수 있습니다. 이는 의미 있는 내용입니다. 작은 설치 공간은 모바일 장치와 같은 하드웨어 제약이 있는 모델을 실행하는 데 유용할 수 있습니다.

[그림 10-1]은 신경망 증류의 개념을 보여줍니다. 이미지는 증류 전후의 특정 분류를 나타낸 예측 지도입니다. 증류 신경망의 훈련 데이터 지점 근처의 입력 공간에 뚜렷한 그레이디언트가 없으므로 입력 공간의 특정 지점에서 그레이디언트를 추론하는 방법이 작동하지 않습니다. 적대적 사례를 만들어내는 변화의 방향이 분명하지 않습니다.

방어에서는 그레이디언트가 적대적 입력을 설정하는 데 중요하다고 가정하기 때문에 모델 그레이디언트의 평활화는 적대적 공격을 방어할 가능성을 제한합니다. 6장에서 소개한 방법을 고려해봅시다. 그레이디언트는 FGSM, JSMA와 같은 공격에서 중요합니다. 그러나 화이트 박스 L-BFGS 공격과 같이 그레이디언트를 사용하지 않고 검색 공간을 탐색하거나 경계 공격과

---

2 「Distillation as a Defense to Adversarial Perturbations Against Deep Neural Networks」(Nicolas Papernot et al., 2016), http://bit.ly/2KZXfOo.

같은 제한된 블랙박스 방법을 사용하는 방법에서는 중요하지 않습니다. 공격자는 그레이디언트 접근법 중 하나를 사용하는 경우에도 알고리즘에 임의의 단계를 도입해 마스킹된 그레이디언트를 피하는 입력 공간으로 입력을 이동시켜 그레이디언트 마스킹을 우회할 수 있습니다.

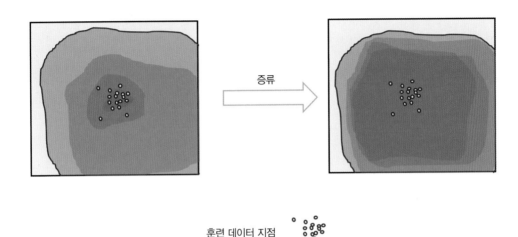

그림 10-1 증류가 특정 분류에서 훈련 지점 주변의 예측 지도에 미치는 영향

그레이디언트를 완만하게 하면 전송 공격에 대한 보호 기능도 제공하지 않습니다. 실제로, 그레이디언트 마스킹을 거치지 않은 대체 모델에서 그레이디언트 기반의 접근법을 사용해 생성한 적대적 사례는 그레이디언트가 마스킹된 대상 모델로 전송할 수 있습니다.

10.1.2 적대적 훈련

적대적 훈련은 아마도 적대적 사례에 대비해 신경망을 강화하는 가장 직관적인 접근법일 것입니다. 결국 신경망이 복잡한 특성과 패턴을 구별해내도록 훈련할 수 있으니, 모델이 발견할 수 있는 적대적 사례의 특성이 분명 있는 걸까요?

적대적 입력은 DNN이 모든 입력에 일반화할 수 없음을 나타내는 DNN 알고리즘의 결함을 나타냅니다. 따라서 적대적 입력을 감지하고 올바르게 처리하면 알고리즘의 견고성이 향상됩니다. 적대적 입력을 감지할 수 있는 경우, 아마도 출력을 예측해 신뢰도를 낮추거나 추가 검증 또는 조치(기본적으로, 이 입력에 대한 추가 분류 도입하기)를 취하기 위해 입력을 '적대적'으로 플래그 지정해 적절하게 응답할 수 있습니다. 다른 방법은 원래 비적대적인 라벨로 적대적 데이터를 올바르게 분류하도록 신경망을 훈련시키는 것입니다.

7장에서 논의한 바와 같이, 대부분의 적대적 사례는 적대적 하위공간, 즉 입력 공간 내의 연속적인 오분류 영역 내에 있다고 여겨집니다. 그렇다면 라벨이 붙은 여러 가지 적대적 사례를 사용해 모델을 훈련 또는 재훈련시켜서 이러한 하위공간을 올바르게 일반화하는 방법을 배울 수 있을까요? [그림 10-2]는 바로 그 방법을 알려줍니다.

적대적 사례를 사용해 모델을 훈련시키는 개념은 여러 관점에서 탐구되었습니다.[3] 불행히도, 이 기법은 좋은 방어력으로 보일 수 있지만 훈련한 모델은 적대적 훈련 데이터와 동일하거나 유사한 방법으로 생성한 적대적 사례에만 견고합니다.

예측 지도

◇ 적대적 하위공간
⬠ 적대적 훈련 데이터

그림 10-2 적대적 사례로 훈련한 모델의 예측 지도

적대적 훈련의 한계를 이해하려면 적대적 훈련 데이터를 어떻게 생성하는지를 생각해봐야 합니다. 훈련하려면 6장에서 설명한 방법 또는 이와 유사한 방법을 통해 많은 훈련 예제를 생성해야 합니다. 이러한 기법 중 몇 가지는 계산 비용이 막대하거나 많은 반복이 필요하므로 이를 생성하는 능력이 제약됩니다. 반복 경계 공격을 예로 들어보겠습니다. 적대적 사례를 생성하기 위해 수천 번 반복을 거쳐야 하므로 전체 적대적 훈련 데이터셋을 생성하기에는 너무 느릴 것

---

3 Goodfellow et al., 'Explaining and Harnessing Adversarial Examples.'를 참조

입니다. 이러한 이유로 간단한 근사치(예: FGSM 및 변형)를 사용해 훈련 데이터셋을 생성하는 빠른 적대적 생성 방법을 사용하는 것이 명백히 이롭습니다.

그러나 특정 유형의 적대적 사례를 인식하도록 신경망을 훈련시키기만 하면 됩니다. 속도와 자원을 위해 적대적 훈련 데이터가 모델 그레이디언트를 근사하는 화이트 박스 방법을 사용해 생성하면 DNN은 유사한 방법을 사용해 생성한 적대적 사례의 특성만 인식할 수 있습니다. 공격자가 다른 방법을 사용해 (가령 그레이디언트를 사용하지 않는 경계 공격과 같은) 사례를 생성하면 방어가 실패합니다. 또한 공격자가 다른 대체 모델에 대해 이와 동일한 간단한 그레이디언트 접근법을 사용하고 전송 공격의 경우, 방어는 다른 그레이디언트 세트를 사용해 '적대적인' 것처럼 보이는 것이 무엇인지 알게 되었기 때문에 적대적 사례를 탐지할 수 없습니다. .

"좋습니다. 경계 공격 방법을 사용해 적대적 훈련 데이터를 작성하십시오."라고 말할 수 있습니다. 그러나 여기에는 문제가 있습니다. 새로운 적대적 방법이 지속되지 않으므로 DNN이 완전히 강력하다는 것을 결코 확신할 수 없습니다. 적대적 훈련은 유사한 방법으로 생성한 훈련 데이터로부터 얻은 유사한 적대적 입력만을 포착할 수 있습니다. 훈련 데이터를 생성할 생각이나 시간이 없는 방법 또는 아직 고안되지 않은 방법으로부터 안전하게 보호하지는 못합니다.

> **NOTE_ 적대적 훈련을 위한 주피터 노트북**
>
> 주피터 노트북(chapter10/fashionMNIST_adversarial_training.ipynb)에는 적대적 데이터로 신경망을 훈련시키는 예제 코드가 수록되었습니다.
>
> 주피터 노트북(chapter10/fashionMNIST_adversarial_training_evaluation.ipynb)에는 적대적으로 훈련한 신경망을 실험하고 평가하는 예제 코드가 수록되었습니다.

방어를 개선하기 위해 제안하는 방법은 '앙상블 적대적 훈련'의 사용입니다.[4] 이 기법은 여전히 FGSM, JSMA와 같은 저렴한 방법을 사용해 훈련 데이터를 생성합니다. 그러나 매개변수와 그레이디언트가 다른 여러 모델을 사용해 적대적 훈련 데이터를 생성하면 모델이 해당 매개변수에 밀접하게 연결되지 않은 적대적 사례를 학습할 수 있습니다. 그러면 적대적 훈련 데이터 섭동은 더 다양해지고 좋아지며 적대적 입력을 인식하는 모델은 더 강력한 능력을 나타내게 됩니다.

---

4 「Ensemble Adversarial Training: Attacks and Defenses」, International Conference on Learning Representations(Florian Tramèr et al., 2018), http://bit.ly/2XldcFh.

모델이 적대적 훈련을 받는다고 해서 모든 적대적 사례를 올바르게 분류할 수 있는 것은 아니지만 그렇다고 해서 적대적 훈련의 가치가 없는 것은 아닙니다. 모델이 적대적 입력을 몇 개라도 올바르게 분류할 수 있다면, 이로울 것입니다. 그러나 방어를 위해 적대적 훈련에 의존해서는 안 됩니다.

적대적 훈련을 통해 Fashion-MNIST 모델의 적대적 사례에 대한 견고성이 향상되는지 알아보겠습니다.

첫 번째는 적대적 훈련 데이터를 만드는 단계입니다. 예제 목적으로 Foolbox와 함께 제공되는 간단한 GradientSignAttack를 약하게 공격하는 원래 훈련 데이터셋의 이미지를 사용해 이를 생성합니다.

먼저 공격을 정의합니다.

```
import foolbox
fmodel = foolbox.models.TensorFlowModel.from_keras(model, bounds=(0, 1))

attack_criterion = foolbox.criteria.Misclassification()
attack_fn = foolbox.attacks.GradientSignAttack(fmodel,
                            criterion=attack_criterion,
                            distance=foolbox.distances.Linfinity)
```

6,000개의 추가 적대적 이미지로 훈련 데이터를 보강하고 모델을 재훈련시킵니다.

```
x_images = train_images[0:6000, :]
predictions = model.predict(x_images)

x_train_adv_images, x_train_adv_perturbs, x_train_labels = 
                    enerate_adversarial_data(original_images = x_images,
                                            predictions = predictions,
                                            attack_fn = attack_fn) ❶
```

❶ generate_adversarial_data는 레파지토리에 포함된 헬퍼 유틸리티입니다. 제공된 이미지를 반복해 각각에 대해 하나의 적대적 사례를 만듭니다. 적대적 사례를 찾을 수 있다고 가정합니다. 또한 사용할 섭동 거리와 라벨에 대한 추가 정보를 출력으로 반환합니다.

다음과 같은 경고가 발생합니다.

```
Warning: Unable to find adversarial example for image at index: 2393
Warning: Unable to find adversarial example for image at index: 3779
Warning: Unable to find adversarial example for image at index: 5369
```

알고리즘이 적대적 사례를 찾지 못한 6,000개 이미지 중에서 3개를 제외했습니다. 아직도 훈련하기에 충분한 5,997개의 이미지가 남아있습니다.

다음 예제를 사용해 훈련 데이터를 보강하고 모델을 재훈련시킵니다.

```
train_images_adv = np.concatenate((train_images, x_train_adv_images),
                                  axis=0)
train_labels_adv = np.concatenate((train_labels,
                                   np.full(x_train_adv_images.shape[0],
                                   adversarial_label)), axis=0)


model_adv = keras.Sequential([keras.layers.Flatten(input_shape=(28,28)),
                              keras.layers.Dense(56, activation='relu'),
                              keras.layers.Dense(56, activation='relu'),
                              keras.layers.Dense(10, activation='softmax',
                                                 name='predictions_layer')
                  ])
model_adv.compile(optimizer=tf.keras.optimizers.Adam(),
                  loss='sparse_categorical_crossentropy',
                  metrics=['accuracy'])

model_adv.fit(train_images_plus_adv, train_labels_plus_adv, epochs=6)
```

아래와 같은 결과를 출력합니다.

```
Epoch 1/6
65996/65996 [==============] - 5s 72us/sample - loss: 0.5177 - acc: 0.8151
Epoch 2/6
65996/65996 [==============] - 4s 67us/sample - loss: 0.3880 - acc: 0.8582
Epoch 3/6
65996/65996 [==============] - 4s 67us/sample - loss: 0.3581 - acc: 0.8677
Epoch 4/6
65996/65996 [==============] - 5s 69us/sample - loss: 0.3310 - acc: 0.8763
Epoch 5/6
65996/65996 [==============] - 4s 58us/sample - loss: 0.3141 - acc: 0.8839
Epoch 6/6
65996/65996 [==============] - 4s 64us/sample - loss: 0.3016 - acc: 0.8881 Out[29]:
<tensorflow.python.keras.callbacks.History at 0x181239196a0>
```

가장 먼저 확인해야 할 것은 적대적으로 훈련한 새로운 모델이 원래 테스트 데이터의 원본과 마찬가지로 성능을 발휘하는지 여부입니다.

```
test_loss, test_acc = model.evaluate(test_images, test_labels)
print('Original model accuracy based on nonadversarial test data:', test_acc)
test_loss, test_acc = model_adv.evaluate(test_images, test_labels)
print('Adversarially trained model accuracy based on nonadversarial test data:',
        test_acc)
```

다음과 같은 출력을 생성합니다.

```
10000/10000 [==============] - 0s 37us/sample - loss: 0.3591 - acc: 0.8699
Original model accuracy based on nonadversarial test data: 0.8699
10000/10000 [==============] - 1s 53us/sample - loss: 0.3555 - acc: 0.8707
Adversarially trained model accuracy based on nonadversarial test data: 0.8707
```

나쁘지 않네요! 실제로 약간 더 좋은 성능을 발휘하므로 훈련이 모델의 정확도에 영향을 미치지 않는 것으로 보입니다.

이제는 적대적 테스트 데이터가 필요합니다. 적절한 평가를 하기 위해 공격자가 방어에 대해 완전한 정보(또는 지식)를 가지고 있으며, 적대적 훈련을 받은 모델이라고 가정합니다. 먼저 이전 모델과 비교하기 위해 단순한 접근법을 사용합니다. 비적대적 훈련을 받은 원래의 모델을 사용해 테스트 데이터를 만듭니다.

공격을 정의합니다.

```
import foolbox
fmodel = foolbox.models.TensorFlowModel.from_keras(model, bounds=(0, 1))
attack_criterion = foolbox.criteria.Misclassification()
x_images = test_images[0:600, :]

attack_fn = foolbox.attacks.GradientSignAttack(fmodel,
                            criterion=attack_criterion,
                            distance=foolbox.distances.Linfinity)
```

그런 다음 테스트 데이터셋을 생성합니다. x_test_adv_images1이라고 부르겠습니다.

```
(x_test_adv_images1, x_test_adv_perturbs1, x_test_labels1) =
                generate_adversarial_data(original_images = x_images,
                        predictions = model.predict(x_images),
                        attack_fn = attack_fn)
```

초기 모델로 생성한 적대적 사례로 적대적으로 학습한 모델의 성능을 보여주는 혼동 행렬을 살펴보겠습니다(그림 10-3).

```
show_confusion_matrix(model_adv, x_test_adv_images1, x_test_labels1, class_names)
```

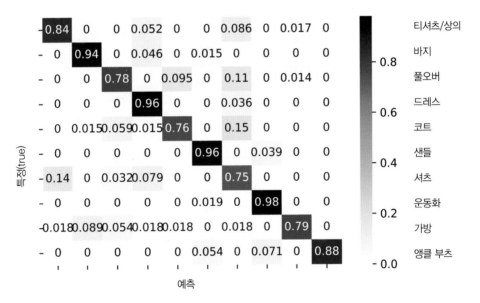

그림 10-3 실행 결과

결과가 좋아 보입니다. 대부분의 적대적 테스트 데이터는 모델에 의해 올바르게 분류되었습니다.

그러나 불행히도 평가 결과는 좋지 않네요. 먼저 특정 공격에 대한 모델의 견고성만 테스트했습니다(노트 참조). 둘째, 적절한 평가를 하기 위해서는 공격자가 모델과 방어에 대해 완전히 알고 있다고 가정해야 합니다. 완전한 정보를 갖춘 공격자는 적대적 훈련을 받은 모델에 대해 적대적 데이터를 직접 생성할 수 있으므로 이 상황을 감안해 평가해야 합니다.

첫 번째 단계는 적대적 훈련을 받은 모델을 사용해 테스트 데이터를 재생성하는 것입니다. x_test_adv_images2라고 부르겠습니다.

```
fmodel_adv = foolbox.models.TensorFlowModel.from_keras(model_adv, bounds=(0, 1)) ❶
attack_fn = foolbox.attacks.GradientSignAttack(fmodel_adv,
                       criterion=attack_criterion,
                       distance=foolbox.distances.Linfinity)

(x_test_adv_images2, x_test_adv_perturbs2, x_test_labels2) =
                  generate_adversarial_data(original_images = x_images,
                       predictions = model_adv.predict(x_images), ❶
                       attack_fn = attack_fn)
```

❶ 두 행에서 적대적 모델을 사용한 것에 주목하기 바랍니다.

아래와 같은 결과를 출력합니다.

```
Warning: Unable to find adversarial example for image at index: 76
```

[그림 10-4]는 혼동 행렬 결과를 보여줍니다.

```
show_confusion_matrix(model_adv, x_test_adv_images2, x_test_labels2, class_names)
```

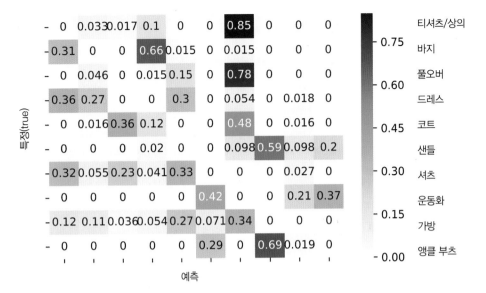

그림 10-4 실행 결과

이번에는 모델이 훨씬 더 나빠지고 적대적 사례를 올바르게 분류하지 못했음을 알 수 있습니다 (왼쪽 위에서 오른쪽 아래로 이어지는 0의 대각선 참조). x_test_adv_images2 예제가 모두 적대적 훈련을 받은 이 모델을 속이기 위해 개발되었으므로 이는 놀라운 일이 아닙니다.

이제 공격자가 적대적 훈련을 받은 모델에 대한 공격적 사례를 만드는 것이 더 어려운지 살펴보겠습니다. 필요한 섭동에 대한 성공률을 표시합니다.

generate_adversarial_data 헬퍼 메서드는 발견한 각각의 적대적 사례에 대한 거리 측정값을 반환합니다. GradientSign 메서드가 최소 거리를 최적화한다고 가정하면, 각 적대적 사례에 필요한 최소 거리를 나타내야 합니다.

원래 모델과 적대적 훈련을 받은 모델에 대한 적대적 사례를 생성하는 섭동에 대해 살펴보겠습니다.

```
plt.hist((
    x_test_adv_perturbs1['foolbox_diff'], ❶
    x_test_adv_perturbs2['foolbox_diff']), ❷
    bins=20, ❸
    cumulative=True, ❹
    label=('Original model','Adversarially trained model'))
```

```
plt.title("Adversarial example success rate")
plt.xlabel("Perturbation")
plt.ylabel("Number of successful adversarial examples")
plt.legend(loc='right')

plt.show()
```

❶ 원본 모델을 사용해 생성한 사례에 대한 각 적대적 사례의 섭동 측정(이 경우 L^∞−norm) 목록을 출력합니다.

❷ 적대적 훈련을 받은 모델을 사용해 생성한 사례에 대한 각 적대적 사례의 섭동 측정(이 경우 L^∞− 표준) 목록을 출력합니다.

❸ 히스토그램 'bins'의 개수를 정의합니다.

❹ 누적 히스토그램을 정의합니다.

[그림 10−5]는 결과 그래프입니다.

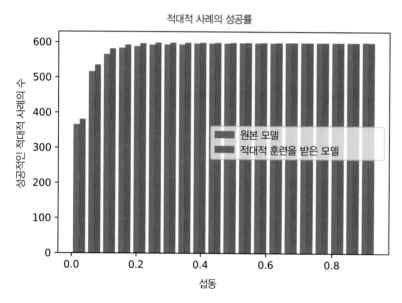

그림 10-5 실행 결과

실망스러운 결과입니다! 그래프는 섭동에 대한 적대적 성공률이 원래의 것보다 적대적 훈련을 받은 신경망에서 더 나쁘지 않음을 나타냅니다. 적대적 훈련은 동일한 공격 방법을 사용해 적대적 사례를 만드는 것을 더이상 어렵게 만들지 않았습니다.

그 이유를 이해하려면 다시 한번 예측 지도를 고려해야 합니다. 적대적 사례를 만들기 위해 이미지가 섭동될 수 있는 수천 가지 방향이 있습니다. 훈련한 신경망은 이러한 옵션 중 일부를 차단했지만 알고리즘에 더 많은 기능을 사용할 수 있습니다. 광범위한 적대적 훈련을 통해 점점 더 많은 옵션을 제거할 수 있지만, 적대적 알고리즘에 대해 열려있는 모든 가능성을 다루지는 않을 것입니다. 하지만 적대적 입력을 찾는 데 알고리즘이 더 오래 걸릴 수도 있습니다.

히스토그램에서 최소 섭동을 주의 깊게 살펴보면 적대적 훈련을 받은 신경망의 성공률이 원래 신경망보다 약간 더 우수함을 알 수 있습니다. 이는 알고리즘이 원래 모델에서 최상의 결과를 얻지 못했음을 나타냅니다. 즉, 가능한 최소한의 섭동이 있는 적대적 사례를 항상 반환하지는 않습니다. 이는 그레이디언트 공격의 각 반복이 현재 이미지의 지점에서 예측 지도의 그레이디언트를 기반으로 하기 때문일 수 있습니다. 이러한 그레이디언트가 이미지에서 더 멀리 떨어져 있는 그레이디언트를 반영하지 않으면 알고리즘이 최적의 결과를 얻지 못하는 방향으로 나아갈 수 있습니다.

10.1.3 OoD와 신뢰도 훈련

지금까지 알아본 것처럼, DNN은 때때로 가능한 모든 입력에 대해 올바르게 일반화하지 못하기 때문에 확신하며(즉 신뢰도가 높은) 잘못된 결과를 생성합니다. DNN이 어려움을 겪고 있는 많은 일반화는 더 일반적인 'OoD$^{Out-of-Distribution}$' 범주인 훈련 데이터의 분포에 포함되지 않은 입력입니다. 따라서 신경망의 안정적인 수행을 기대할 수 없는 입력입니다.

5장에서 OoD 입력을 고려했습니다. [그림 10-6]은 OoD 데이터의 개념을 보여줍니다. 왼쪽의 입력 공간은 세 가지 분류에 대한 훈련 데이터의 분포를 보여줍니다. 오른쪽에 표시된 테스트 데이터를 사용하는 철저히 훈련한 모델은 훈련 데이터와 유사한 분포의 테스트 데이터에 적합합니다. 그러나 이 배포 범위를 벗어난 시점에서 올바르게 수행된다는 보장은 없습니다.

입력 공간: 훈련 데이터 · 입력 공간: 테스트 데이터

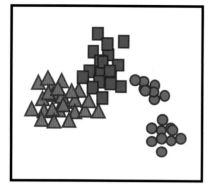
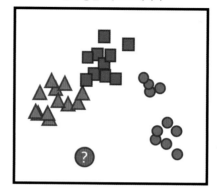

세 가지 분류를 위한 데이터 위치

? OoD 데이터 지점

그림 10-6 테스트 데이터(오른쪽)는 하나의 OoD 지점을 제외하고 훈련 데이터(왼쪽)와 유사하게 분포합니다.

OoD 입력이 반드시 적대적인 것은 아닙니다. 훈련 데이터셋으로 표현하지 않은 단순한 사례일 수 있습니다. 또는 비현실적이거나 무의미한 이미지일 수도 있습니다. OoD 입력의 문제점은 신경망이 여전히 이 데이터에 대한 확신 있는 예측을 반환할 수 있지만 이 예측의 신뢰도는 훈련 데이터셋과 유사한 입력의 신뢰도보다 더 낮다는 것입니다.

1장에서는 실제 이미지처럼 보이지 않지만 특정 분류에 높은 신뢰도를 얻은 OoD 적대적 사례를 통해 이 점을 설명했습니다. [그림 10-7]은 이러한 예 중 하나를 보여줍니다.

예측 결과: 치타

그림 10-7 디지털 방식으로 생성한 적대적 사례는 OoD이지만 이미지 분류기는 '치타'라고 높은 신뢰도로 예측합니다 (Nguyen et al. 2015의 이미지)

그렇다면 모든 적대적 사례가 OoD일까요? 반드시 그렇지는 않습니다. 적대적 사례는 입력 공간에서 OoD 영역에 있을 수 있지만 [그림 10-6]에 표시된 OoD 데이터 지점과 같이 알고리즘이 제대로 일반화하지 못한 입력 공간의 지점을 이용할 수도 있습니다. 이 지점은 여전히 훈련 데이터와 동일한 분포에 있을 수 있습니다. 두 가지 경우가 [그림 10-8]에 나와있는데, 이 그림은 훈련 데이터셋에서 발생하는 예측 지도를 묘사한 것입니다. 적대적 지점 1은 OoD가 맞지만, 적대적 지점 2는 훈련 데이터 분포 내에 존재하지만 알고리즘이 올바르게 일반화할 수 없는 곳에 있습니다.

OoD 입력을 감지할 수 있었다고 해서 모든 적대적 사례를 감지할 수 있는 것은 아닙니다. 그러나 신뢰도를 모델의 예측과 연결하면 더 큰 이점이 있습니다. 신경망이 올바르게 수행할 수 있는 데이터 분포를 측정하는 방법은 입력이 '안전한' 분포에 속하는지 식별하는 데 도움됩니다.

주변 픽셀 사이의 높은 대비를 감지하는 등 이미지의 사실성을 확인하는 몇 가지 방법이 있습니다. 이러한 방법은 [그림 10-7]에 표시된 '치타'와 같은 '명백한' OoD 데이터를 캡처하는 데 성공할 수 있지만 더 명확한 모양과 패턴으로 OoD 이미지를 감지하는 데는 성공하지 못합니다.

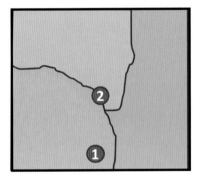

| 예측 지도에서 훈련 데이터의 위치 | 예측 지도에서 적대적 사례의 위치 |

● ▲ ■ 세 가지 분류를 위한 훈련 데이터의 위치

① 적대적 사례의 데이터 지점(OoD)

② 적대적 사례의 데이터 지점(OoD 아님)

그림 10-8 적대적 사례가 반드시 OoD일 필요는 없습니다.

신경망 외부에서 통계적으로 OoD를 탐지하기는 어렵지만 신경망 자체를 사용하는 다른 기법들이 제안되어 왔습니다. 유망한 접근법은 신경망이 OoD로 분류할 때 점수를 교정하거나 신뢰도가 낮은 입력을 플래그로 지정하는 것입니다. 이를 달성하기 위해 예측 점수뿐만 아니라 신경망의 예측 신뢰도를 출력하도록 DNN을 훈련시킵니다. 예를 들어 이 접근법이 DNN 아키텍처에 적합한 방식은 [그림 10-9]에 나와있습니다(4.1.2 참조).[5]

신경망은 훈련하면서 예측하는 법을 학습하면, 예측 신뢰도를 추정하는 법을 익힙니다.

3장에서 소개한 훈련 비용 함수는 실제 예측의 정확성뿐만 아니라 신뢰도의 정확성을 최적화하기 위해 재구성할 수 있습니다. 따라서 훈련 신경망이 훈련 예제에서 잘못된 예측을 하는 경우 낮은 신뢰도 점수를 반환해야 합니다. 이 경우 높은 신뢰도 점수를 반환하면 훈련 중에 신경망에 불이익이 가해집니다. 즉, 비용이 증가합니다. 이와 유사하게, 수정한 비용 함수는 부정확한 예측에 대해 낮은 신뢰도 점수로 분명 불이익을 받게 됩니다. 신경망은 대상의 라벨에 가깝게 예측하는 방법을 배웠을 뿐만 아니라 각 훈련값에 대한 신뢰도 측정값을 정확하게 생성할 수 있도록 훈련했습니다.

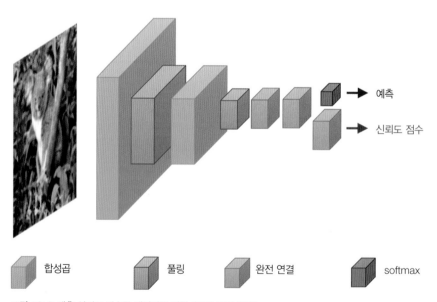

그림 10-9 예측 신뢰도 점수를 계산하기 위한 CNN 구조 확장

5 「Learning Confidence for Out-of-Distribution Detection in Neural Networks」(Terrance De Vries and Graham W. Taylor, 2018), http://bit.ly/2XZHpH1.

신경망에서 추가된 피드백은 입력이 안전하게 수행하도록 훈련한 데이터의 분포 내에 있는지 여부를 나타냅니다. 예를 들어, [그림 10-7]의 이미지에 대한 치타 확률 점수가 높더라도 신경망이 올바르게 작동하면 해당 점수에 대한 신뢰도는 낮을 것입니다. 이 연구는 글을 쓰고 있는 당시 초기 단계에 있지만 유망한 결과를 보여줍니다.

10.1.4 무작위 드롭아웃 불확실성 측정

신경망이 훈련 데이터에 과적합할 가능성을 줄이기 위해 신경망 훈련 중에 사용하는 '정규화'라고 통칭하는 일군의 기법이 있습니다. 이 기법은 신경망의 복잡성을 줄여서 더 일반화함으로써 더 다양한 데이터를 처리하도록 합니다. 드롭아웃은 정규화 기법 중 하나입니다. 뉴런을 무작위로 '제거해' 훈련 반복에 기여하지 않고 후속 반복을 위해 복원합니다. 이것은 직관적이지 않은 것처럼 보일 수 있습니다. 신경망이 훈련하기가 더 어려워질까요? 그렇습니다. 그러나 바로 이것이 기법의 요체입니다. 결정을 내릴 때 신경망이 신경망의 특정 장치에 지나치게 의존하는 것을 방지해 신경망이 일반화되도록 합니다.

드롭아웃은 훈련 시간 동안 모델 과적합을 방지하는 데 유용할 뿐만 아니라 모델이 작동할 때도 사용할 수 있으므로 확인할 때마다 모델이 다른 단위에 의존하게 됩니다. 신경망에 약간의 불확실성을 초래하므로 특정 입력에 대한 예측은 결정적이지 않습니다. 동일한 입력을 사용해 신경망에 반복되는 쿼리는 다른 결과를 반환하고, 이러한 결과의 분산은 특정 인스턴스에 대한 신경망의 불확실성을 측정합니다.

파인만과 그의 연구원들[6]은 무작위 신경망이 자연 신경망보다 더 확실하지 않기 때문에 적대적 사례가 탐지되는 '베이지안 신경망 불확실성'이라는 적대적 탐지 방법을 제안합니다. 이 방어는 비적대적 입력에 대한 예측이 적대적 입력에 대한 예측보다 더 일관성이 있을 것이라는 전제에 의존합니다. 따라서 임의의 드롭아웃을 여러 번 통합한 신경망에 동일한 입력이 주어졌을 때 해당 입력이 적대적일 경우 예측이 더 다양해집니다. 특정 입력에 대한 분산 지표를 정의한 임계값을 초과하면 입력을 적대적으로 분류합니다. 이 접근법은 공격자가 방어에 대해 알고 있다고 가정하더라도 적대적 입력을 탐지해내는 유망한 결과를 보여주었습니다.[7]

---

6 「Detecting Adversarial Samples from Artifacts」(Reuben Feinman et al., 2017), http://bit.ly/2XpavTe.

7 「Adversarial Examples Are Not Easily Detected: Bypassing Ten Detection Methods」(Nicolas Carlini and David Wagner, 2017), http://bit.ly/2WTMhBe.

이 책에서 지금까지 사용한 'sequential' API 대신 앞으로는 케라스의 'functional' API를 사
용하겠습니다. 훈련 후 무작위 드롭아웃을 통합하는 신경망을 만들 수 있기 때문입니다.[8]

다음은 이전과 동일한 Fashion-MNIST 분류기를 작성하는 예제 코드이지만 은닉층 중 하나
에서 드롭아웃을 사용할 수 있습니다.

```python
from tensorflow.keras.layers import Input, Dense, Flatten, Dropout
from tensorflow.keras.models import Model

inputs = Input(shape=(28,28))

x = Flatten()(inputs)
x = Dense(56, activation='relu')(x)
x = Dropout(0.2)(x, training=True) ❶
x = Dense(56, activation='relu')(x)
predictions = Dense(10, activation='softmax')(x)

model = Model(inputs=inputs, outputs=predictions)

model.compile(optimizer=tf.train.AdamOptimizer(),
              loss='sparse_categorical_crossentropy',
              metrics=['accuracy'])
model.summary()
```

❶ 이 행은 드롭아웃을 추가합니다. training = True 매개변수는 훈련 도중뿐만 아니라 훈련
후에 드롭아웃을 적용해야 함을 직관적으로 나타냅니다. 이는 신경망의 불확실성을 예측합
니다. 불확실성의 비율은 Dropout 함수에 전달한 매개변수에 의해 결정됩니다. 노트북에서
이 수준의 불확실성을 실험해 그 효과를 확인할 수 있습니다.

다음과 같은 출력이 생성됩니다.

---

8   두 가지 프로그래밍 방식에 대한 자세한 내용은 Sequential 모델 및 Functional API 안내서에 대한 Keras 문서를 참조합니다.

```
Layer (type)                  Output Shape           Param #
=================================================================
input_5 (InputLayer)          (None, 28, 28)         0
flatten_4 (Flatten)           (None, 784)            0
dense_12 (Dense)              (None, 56)             43960
dropout_4 (Dropout)           (None, 56)             0        ❶
dense_13 (Dense)              (None, 56)             3192
dense_14 (Dense)              (None, 10)             570
=================================================================
Total params: 47,722
Trainable params: 47,722
Non-trainable params: 0
```

❶ 드롭아웃 계층을 추가합니다.

다음으로, 모델을 훈련시키고 Fashion–MNIST 데이터셋의 테스트 데이터와 비교해 정확도를 살펴봅니다.

```
model.fit(train_images, train_labels, epochs=12) ❶
```

❶ 훈련 중 드롭아웃을 통합한 모델은 동일한 정확도를 설정하기 위해 더 많은 에폭이 필요합니다. 따라서 epochs 매개변수는 이전 예제보다 더 높게 설정됩니다.

결과는 다음과 같습니다.

```
Epoch 1/12
60000/60000  [===============] - 4s 63us/sample - loss: 0.3243  - acc:  0.8777
Epoch 2/12
60000/60000  [===============] - 4s 63us/sample - loss: 0.3174  - acc:  0.8812
Epoch 3/12
60000/60000  [===============] - 4s 61us/sample - loss: 0.3119  - acc:  0.8834
Epoch 4/12
60000/60000  [===============] - 4s 61us/sample - loss: 0.3114  - acc:  0.8845
Epoch 5/12
60000/60000  [===============] - 4s 63us/sample - loss: 0.3042  - acc:  0.8854
Epoch 6/12
60000/60000  [===============] - 4s 61us/sample - loss: 0.2987  - acc:  0.8882
Epoch 7/12
60000/60000  [===============] - 4s 61us/sample - loss: 0.2982  - acc:  0.8870
Epoch 8/12
60000/60000  [===============] - 3s 53us/sample - loss: 0.2959  - acc:  0.8889
```

```
Epoch 9/12
60000/60000   [===============] - 4s 61us/sample - loss: 0.2931   - acc:   0.8902
Epoch 10/12
60000/60000   [===============] - 4s 63us/sample - loss: 0.2894   - acc:   0.8909
Epoch 11/12
60000/60000   [===============] - 3s 53us/sample - loss: 0.2859   - acc:   0.8919
Epoch 12/12
60000/60000   [===============] - 4s 66us/sample - loss: 0.2831   - acc:   0.8927
Out[11]:
<tensorflow.python.keras.callbacks.History at 0x156074c26d8>
```

신경망의 정확성을 확인해봅시다.

```
test_loss, test_acc = model.evaluate(test_images, test_labels)
print('Model accuracy based on test data:', test_acc)
```

다음과 같은 결과를 볼 수 있습니다.

```
10000/10000 [===============] - 0s 40us/sample - loss: 0.3827 - acc: 0.8689
Model accuracy based on test data: 0.8689
```

주피터 노트북에서 이 셀을 다시 실행하면 신경망의 불확실성으로 인해 정확도가 계속 변경됩니다.

이제 비적대적 이미지와 적대적 이미지가 필요합니다. Fashion-MNIST와 함께 제공한 테스트 데이터와 이전에 생성한 적대적 이미지를 일부 사용합니다. 이 예제에서는 원래 모델에 대해 FastGradient Foolbox 공격을 사용해 생성한 이미지를 사용합니다.

```
import numpy as np

num_images = 1000
x_images = test_images[:num_images]
x_images_adv = .... ❶
```

❶ 적대적 이미지를 생성하려면 이전에 사용한 generate_adversarial_data 헬퍼 유틸리티를 사용합니다. 간결성을 위해 이 예제 코드는 여기에 포함하지 않습니다.

두 데이터 배치 모두에 대해 드롭아웃 모델을 사용해 예측을 반복해서 생성합니다. 각 이미지가 모델에 제출되는 횟수는 L로 정의합니다.

```
L = 100
num_classes = 10

predictions_matrix = np.zeros((L, num_images, num_classes)) ❶
predictions_matrix_adv = np.zeros((L, num_images, num_classes)) ❷

for i in range(L):
    predictions = model.predict(x_images)
    predictions_adv = model.predict(x_images_adv)
    predictions_matrix[i] = predictions
    predictions_matrix_adv[i] = predictions_adv
```

❶ predictions_matrix는 L 제출에 대한 모든 비적대적 이미지에 대한 예측을 나타내는 행렬입니다.

❷ predictions_matrix_adv는 L 제출에 대한 모든 적대적 이미지에 대한 예측을 나타내는 행렬입니다.

다음에는 모든 이미지 예측의 변동량을 나타내는 각 이미지의 단일 불확실성 값을 계산합니다. 단일 이미지에 대한 예측 세트의 불확실성을 결정하는 함수는 다음과 같습니다.

```
def uncertainty(predictions):
    return(np.sum(np.square(predictions))/predictions.shape[0]
            - np.sum(np.square(np.mean(predictions, axis=0)))) ❶

uncertainty_results = np.zeros((num_images))
uncertainty_results_adv = np.zeros((num_images))

for i in range(num_images): ❷
    uncertainty_results[i] = uncertainty(predictions_matrix[:,i])
    uncertainty_results_adv[i] = uncertainty(predictions_matrix_adv[:,i])
```

❶ 이 코드는 칼리니와 와그너가 2017년에 정의한 다음 수식을 구현한 것입니다.

$U(x) = \left(\frac{1}{L} \sum_{i=1} \| F_r(x) \| \right) - \| \frac{1}{L} \sum_{i=1} \| F_r(x) \|$, 여기서 $\| y \|$는 L^2-norm의 제곱으로 간주합니다. 단순히 일련의 예측에 대한 분산 측정값을 계산하는 방법입니다.

❷ 비적대적 이미지의 불확실성, 적대적 이미지의 불확실성 각각의 목록을 생성하기 위해 각 이미지에 대한 불확실성 측정값을 계산합니다.

마지막으로 결과를 그려보겠습니다.

```python
import matplotlib.pyplot as plt

plt.hist((uncertainty_results, uncertainty_results_adv),
    bins=50,
    label=('Nonadversarial','Adversarial'))

plt.title("Model prediction uncertainty")
plt.xlabel("Uncertainty per image")
plt.ylabel("Number of images")
plt.legend(loc='right')

plt.show()
```

[그림 10-10]은 실행 결과입니다.

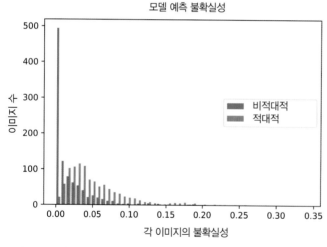

그림 10-10 실행 결과

모델이 반환한 예측값이 적대적 이미지에 대한 불확실성보다 더 큰 경향이 있음을 알 수 있으므로 좋은 결과입니다. 이 경우 데이터를 '적대적' 또는 '정상'으로 분류할 임계값은 명확하지 않습니다. [9] 임계값은 다음 노트에 설명한 것처럼 ROC 곡선을 사용해 설정할 수 있습니다.

NOTE_ ROC 곡선

머신러닝에서 중요한 도구는 '수신자 조작 특성receiver operating characteristic(ROC)' 곡선입니다. 이 곡선은 이진 결정을 내리는 예측 임계값을 설정하는 문제를 해결하기 위해 종종 사용합니다. ROC 곡선은 'ROC 공간'에서 거짓 양성 비율에 대한 참 양성의 비율을 표시합니다. 참 양성(이점)과 거짓 양성(비용)을 비교해 임계값을 설정하는 데 이 곡선을 사용할 수 있습니다.

적대적 방어의 경우, 이진 임계값은 입력이 '적대적'일 가능성이 의미하는 임계값일 수 있습니다. 예를 들어 방어가 50% 확실할 때 적대적 입력을 식별하면 실제 비율은 얼마가 될까요? 즉, 이 임계값으로 인해 적대적 입력으로 잘못 분류된 비적대적 입력이 몇 개나 될까요? 실제 결과가 아닌 것에 대한 허용 가능한 임계값은 상황에 따라 다릅니다. 비적대적 데이터의 정확도를 낮추는 대가로 적대적 입력을 받는 것이 더 중요할까요? ROC 곡선을 사용해 이를 평가의 일부로 설명할 수 있으므로 특정 상황에 대한 임계값을 설정할 수 있습니다.

주피터 노트북을 사용해 다른 공격이나 드롭아웃 모델 자체에서 생성한 적대적 데이터를 실험할 수도 있습니다. 훈련 중 드롭아웃이 활성화된 상태입니다. 훈련 후에 드롭아웃이 활성화된 모델을 사용해 적대적 사례를 생성하려고 하면 흥미로운 결과가 나올 수 있습니다. 지속적으로 변화하는 예측 지도에서는 공격이 작동하기가 어렵습니다.

드롭아웃을 사용해 적대적 입력을 탐지하는 모델은 드롭아웃을 사용하지 않는 모델과 함께 사용해 시스템의 기능적 동작을 결정할 수 있습니다.

10.2 데이터 전처리

이제 다른 접근법을 취하고 DNN에 제출하기 전에 광범위한 처리 체인에서 적대적 데이터를 제거할 수 있는지 고려해보겠습니다.

다음의 두 가지 영역에 중점을 두겠습니다.

---

9 연구진은 정상과 적대적을 명확히 구분해 이보다 더 좋은 결과를 얻었습니다. 그들이 우리의 매우 단순한 분류기보다 더 정확한 모델을 사용했기 때문일지도 모릅니다.

광범위한 처리 과정에서 전처리

먼저 광범위한 처리 과정에서 사전 처리가 실수로 악의적인 입력에 미칠 수 있는 영향을 살펴보겠습니다.

적대적 콘텐츠의 지능적 제거

다음에는 DNN에 도달하기 전에 적대적 콘텐츠를 의도적으로 제거할 수 있는 증명된 통계적 방법이 있는지 살펴보겠습니다. 이것은 적대적 입력 자체를 탐지하거나 모델이 잘못된 결과를 반환할 수 있는 모든 데이터에서 측면을 제거하는 것일 수 있습니다.

10.2.1 광범위한 처리 과정에서 전처리

실제 애플리케이션에서는 DNN이 분리되어 존재하지 않습니다. 적대적 사례의 효과는 광범위한 처리 과정의 결과로 실험실 환경 외부에서 테스트할 때 더 많은 요소에 따라 달라집니다. 공격자들은 아름답게 제작한 적대적 사례가 의도적이거나 의도적이지 않은 방식으로 대상 시스템의 처리 과정에서 발견되지 않을 것이라고 확신할 수 없습니다.

광범위한 처리 과정으로 신경망과 컴퓨터 보안 솔루션은 악성 콘텐츠를 포함할 가능성이 있는 데이터를 자동으로 탐지해 위협으로부터 보호합니다. 가장 일반적으로 이는 데이터의 출처, 즉 신뢰할 수 있는 출처에서 획득했는지 여부 또는 데이터 자체인 멀웨어를 나타내는 콘텐츠를 포함했는지 여부에 따라 위험을 평가하는 방화벽과 바이러스 백신 소프트웨어를 통해 달성됩니다.

불행히도, 이미지, 오디오, 비디오를 처리하는 DNN은 물리적 세계(예: 카메라)나 신뢰할 수 없는 디지털 세상(예: 웹 업로드)에서 직접 생성한 데이터를 가져오기 때문에 신뢰도에 따라 적대적 사례를 탐지할 수 없습니다. 마찬가지로, 적대적 사례가 대상 시스템에는 양성으로 보이기 때문에 콘텐츠 기반 탐지가 어려워집니다.

데이터가 방화벽이나 다른 보안 경계를 통과하면 조직 처리를 적용합니다. 몇 가지 서로 다른 사례 시나리오를 생각해보면 도움이 됩니다.

사례: 소셜 네트워크 이미지 업로드 필터링

이미지 또는 비디오를 소셜 네트워킹 사이트에 업로드하기 위한 처리 과정은 벡터화 및 신경망에 처리되기 전에 다양한 전처리 단계를 겪는 이미지를 포함할 수 있습니다. 압축, 정규화, 유연화, 크기 조정과 같은 잠재적인 변환을 포함할 수 있습니다.

사례: 디지털 어시스턴트

입력은 신호에 노이즈를 발생시키거나 캡처되는 데이터를 필터링할 수 있는 입력 센서(이 경우에는 마이크로폰)에서의 제한 또는 전처리에 종속됩니다.[10] 그런 다음 DNN에 도달하기 전에 푸리에 변환 등을 추가로 수행합니다.

종종 입력을 적대적으로 만드는 것은 이용되는 데이터의 정밀도이므로, 데이터에서 정밀성을 일부 제거하는 변환은 입력을 비적대적으로 만들 수 있습니다.

이미지 정밀도 감소가 적대적 사례에 종종 미칠 수 있는 영향을 고려해보세요. 4장에서 이미지의 정밀도는 공간 해상도와 픽셀 밀도로 정의되었습니다. 몇 개의 픽셀(L^0-norm 측정을 최소화함으로써 생성된)에 의존하는 적대적 사례는 픽셀 밀도가 감소되는 경우 변경된 픽셀이 손실될 수 있기 때문에 감소된 공간 해상도의 영향을 받을 수 있습니다. 반대로, 전체 이미지에서 픽셀의 미세한 변화(L^∞-norm을 최소화함으로써)가 있는 적대적 사례는 색상의 미묘한 변화가 손실되는 경우 색상 해상도를 감소시키는 데 덜 효과적일 수 있습니다. 처리 과정 동안에 손실되거나 근사화한 특성을 무의식적으로 악용하는 적대적 입력은 덜 견고해질 수 있습니다.

전처리 과정에서 데이터가 감소하는 다음과 같은 여러 가지 이유가 있습니다.

정규화 및 압축

처리 과정은 정규화 단계를 수행할 수 있습니다. 예를 들어, 데이터를 일관된 포맷으로 변환하거나 이미지를 DNN에 제출하기 전에 이미지 크기를 조정하는 것입니다. 이 정규화 단계로 인해 데이터에 포함된 정보가 줄어들면 입력이 적대적 정보를 제거할 수 있습니다.

---

10 물리적 환경에서 제기되는 그 외 문제는 8장에서 논의되었습니다.

압축은 또한 디지털 인코딩 단계의 중요한 측면이며 정밀도가 떨어질 경우 적대적 입력과 관련이 있을 수 있습니다(노트 참조).

모든 디지털 정보의 정밀도는 이전 처리에서 가장 낮은 정밀도로 제한됩니다. 이미지 그래픽 디스플레이에 적합한 640×480픽셀로 저장된 이미지는 항상 해당 해상도를 유지합니다. HD 텔레비전 화면에 표시해도 공간 세부 정보가 증가하지 않으며 더 높은 해상도의 파일 형식으로 저장되지 않습니다.[11]

노이즈 및 외부 데이터 제거

처리 과정은 해당 데이터 처리를 지원하거나 사람의 인식을 위해 데이터를 개선할 가능성이 있는 경우 소스에서 노이즈 또는 외부 데이터를 제거합니다.

'노이즈'는 데이터 캡처 단계에서 종종 발생하는 데이터 왜곡을 나타냅니다. 이미지의 시각적 왜곡은 장면을 정확하게 나타내지 않는 픽셀로 표시할 수 있습니다. 예를 들어, 어두운 곳에서 촬영한 이미지에 반점이 나타날 수 있습니다. 오디오 노이즈는 마이크로폰 센서 또는 오디오 장비에서 발생하는 잡음 또는 간섭, 잔향, 에코, 배경 노이즈로 나타날 수 있습니다.

'가우시안 블러'는 이미지에서 노이즈를 제거할 때 일반적으로 사용하는 블러링 방법입니다. 이 방법은 이미지를 정리하기 위해 DNN과 관계없는 좀 더 광범위한 시스템 전처리에서 수행할 수 있습니다. '노이즈'로 분류하거나 처리 과정과 무관한 적대적 섭동 또는 패치는 제거할 수 있습니다.

전처리 중에 다른 외부 데이터도 제거할 수 있습니다. 예를 들어, 음성 처리 시스템은 특정 오디오 처리 기법을 이용하는 MFC(4.2 참조)를 사용해 사람의 성대에서 나는 소리와 가장 비슷한 사운드를 추출할 수 있습니다.

> **NOTE_ 무손실 및 손실 데이터 압축**
> 디지털, 오디오, 비디오 형식은 공간을 절약하기 위해 압축되곤 합니다. 동일한 데이터를 더 작은 바이트를 사용해 저장하는 간단한 방법을 무손실 압축이라고 합니다.
> 반대로 손실 압축은 지능형 알고리즘을 사용해 불필요한 데이터를 제거합니다. 이 방법은 이미지, 오디오, 비디오가 현저한 품질 저하 없이 공간을 덜 차지한다는 장점이 있습니다. 반면에 손실 압축 중에 손실된 데이터가 영구적으로 손실되며, 이미지, 오디오, 비디오가 압축 해제되어도 복원되지 않는다는 단점이 있습니다.

....

11 누락된 데이터를 유추해 이미지와 오디오의 해상도를 높이는 처리 기법이 있지만 이 기법은 데이터 압축과 정규화 중에 이전에 손실된 적대적 섭동을 복원하지 않습니다.

> 예를 들어 MP3 형식은 오디오의 복잡도에 따라 비트 전송률을 기반으로 하는 지능형 (손실) 압축을 사용해 오디오 데이터를 압축합니다. 덜 복잡한 양상들은 더 낮은 비트 전송률로 저장될 수 있습니다.[12] 또한 JPEG 는 손실 압축을 사용해 필수적이지 않으며 사람이 놓칠 것 같지 않은 정보를 제거해 이미지 크기를 줄입니다.

데이터 전처리는 공격자가 변환 단계를 인식하지 못하는 단순한 공격을 막을 수 있습니다.[13] 또한 공격에 추가 제한을 두어 공격을 더 어렵게 만들 수 있습니다. 그러나 방어를 효과적으로 하려면 데이터 전처리에 의존해서는 안 됩니다.

10.2.2 적대적 콘텐츠를 지능적으로 제거

현재로서는 DNN에 제출하기 전에 적대적 사례를 테스트할 수 있는 통계적 방법이 없습니다 (노트 참조).

> **NOTE_ 적대적 사례 탐지를 위한 통계적 방법**
>
> 적대적 사례를 통계적으로 검출하는 몇 가지 방법이 제안되었습니다. 예를 들어, 그로스와 그의 연구원들[14]은 데이터 분포 방법을 사용해서 '최대 평균 불일치'라는 기법을 이용해 적대적 입력을 구별할 수 있는지 없는지 확인합니다. 그리고 파인만과 그의 연구원들[15]은 원시 입력이 아닌 적대적 입력을 탐지하기 위해 최종 은닉 층 신경망 출력의 분포를 분석할 것을 제안합니다. 이 은닉층의 출력은 입력으로 추출한 상위 레벨 특성을 나타내므로 이 방법은 원시 픽셀 데이터가 아닌 시맨틱 정보의 분포를 고려합니다. 불행히도 이 접근법은 아직 효과적인 방어 수단으로 증명되지 않았습니다.[16]

대안적인 접근법으로, 비적대적 입력의 분류에 영향을 미치지 않지만 적대적 입력을 변경해서 적대적 특징을 제거하도록 지능적인 변환을 적용하는 것이 더 쉬울 수 있습니다. 이를 위해서 는 적대적 입력을 탐지할 필요가 없으며, 데이터가 DNN으로 전달되기 전에 전처리 단계에서 '적대성'으로 악용될 가능성이 있는 입력의 측면만 제거하면 됩니다.

---

12 푸리에 변환은 MP3 압축에도 사용합니다.

13 「Adversarial Examples Detection in Deep Networks with Convolutional Filter Statistics」 International Conference on Computer Vision(Xin Li and Fuxin Li, 2017). http://bit.ly/2FjDIVu. 저자는 이미지 위에 필터를 전달하면 FGSM과 같은 간단한 기법으로 생성된 예제에서 적대감을 성공적으로 제거할 수 있음을 증명합니다.

14 「On the (Statistical) Detection of Adversarial Examples」(Kathrin Grosse et al., 2017). http://bit.ly/2IszblI.

15 「Detecting Adversarial Samples from Artifacts」(Reuben Feinman et al., 2017). http://bit.ly/2XpavTe.

16 「Adversarial Examples Are Not Easily Detected: Bypassing Ten Detection Methods」(Carlini and Wagner)

예를 들어, 이미지의 일부 픽셀은 비적대적 데이터에 대한 이미지 분류를 결정하는 데 중요하지 않지만 DNN이 잘못된 결과를 생성하도록 적대적 사례에 이용할 수 있습니다. 데이터에서 이러한 픽셀을 제거하면 '좋은' 데이터의 예측에는 부정적 영향을 미치지 않으면서 '적대성'을 제거할 수 있습니다. 이와 유사하게, 음성 임계값을 벗어난 오디오 주파수를 제거하면 음성 인식 시스템의

효과에 영향을 미치지 않으면서 음성 범위 밖에서 적대적 입력을 생성할 가능성이 제거됩니다.

강구해온 접근법 하나는 의사결정에 가장 큰 영향을 미치는 데이터 특성을 식별하는 수학 기법 PCA[Principal Component Analysis]를 사용하는 것입니다. PCA는 좋은 데이터에 대한 결정에 영향을 미치지 않는 적대적 사례에 의해 어떤 데이터 부분이 악용되는지 확인하는 방법으로 테스트되었습니다. 애석하게도, '적대성'에 영향을 미치는 뚜렷한 특성이 없는 것으로 판명되었으므로 아직 효과적인 방어 수단은 아닙니다.[17]

10.3 대상 감추기

대상 은닉에서 중요한 점 하나는 DNN만을 대상으로 하지 않는다는 사실입니다. 즉 방어 메커니즘을 포함한 완벽한 처리 시스템도 대상으로 합니다.

7장에서는 실제 세계에서 견고한 적대적 콘텐츠를 생성해야 하는 과제를 살펴보았습니다. DNN에 대한 정보가 부족하거나 대상에 대해 잘 알지 못하면 적대적 입력을 생성할 수 있는 용이성에 큰 영향을 줍니다. 반대로, DNN에 대한 정보(또는 지식)가 충분하면 공격자가 대상 시스템에서 공격을 개시하기 전에 적대적 입력을 개발하고 정련하기 위해 복제본을 만들 수 있습니다. 대상 시스템 공격을 테스트하는 능력도 적대적 입력을 검증하거나 블랙박스 방법을 사용한 공격(대개 대상에 대한 많은 쿼리가 필요함)을 실행하는 데 긴요한 도움이 됩니다.

조직에서 사전 교육을 받고 공개적으로 또는 상업적으로 이용 가능한 모델을 사용하는 경우 공격자는 복제본 DNN을 생성해서 정확한 적대적 사례를 개발하기가 매우 쉽습니다. 7장에서 보았듯이, 공격자는 훈련 데이터에 접근할 수만 있어도 원본에 가까운 모델 대체품을 생성해서 적대적 사례를 성공적으로 전송하기에 충분한 정보를 얻을 수 있습니다. 그러나 상업적으로 입

---

17 In Carlini and Wagner, 'Adversarial Examples Are Not Easily Detected.'

수하거나 공개적으로 사용할 수 있는 모델을 기반으로 하는 DNN 알고리즘은, 이상적이지 않지만 일반적으로 신경망 훈련에 라벨이 지정된 데이터가 대량으로 필요할 때 유일한 실용적인 옵션이 될 수 있습니다.

처리 과정에 대한 완전한 지식에는 적대적 입력을 비적대적인 입력으로 변환할 수 있는 전처리 단계에 대한 지식과 신경망의 출력 처리가 포함됩니다. 여기에는 결정을 내리기 위한 예측 임계값과 이러한 예측에 대한 조직의 대응도 포함됩니다.

유효한 방어에 대한 지식에는 적대적 입력을 식별하거나 제거하는 방법에 대한 지식이 포함됩니다. 방어에 대한 이러한 지식은 시스템을 확인하고 적대적 입력에 대한 광범위한 조직의 대응을 점검하는 테스트를 통해 확립할 수도 있습니다. 예를 들어 공격자가 적대적 패치를 식별할 때 여러분이 그 패치를 사용해 다른 적대적 이미지를 검색하리라는 것을 감지한다면, 그들은 그 패치를 재사용하지 않을 것을 알거나 이를 악용해 오탐을 생성할 수도 있습니다.

대상에 대한 공격자의 접근을 제한해 적대적 입력을 생성할 수 있는 실질적인 조치가 있는데, 이는 다음과 같습니다.

제한 쿼리

많은 양의 쿼리가 필요한 블랙박스 직접 공격은 쿼리의 수행 속도를 방해함으로써 더 어려워질 수 있습니다. 그러나 결의를 다짐한 공격자는 악용하는 다양한 식별자(예: 다양한 IP 주소 또는 계정)를 사용해 쿼리를 실행하기 때문에 클라이언트 식별을 기반으로 한 제한은 거의 영향을 미치지 못합니다.

쿼리 패턴을 기반으로 탐지

또는 대상 시스템은 매우 유사하지만 동일하지 않은 많은 양의 입력을 테스트해서 블랙박스 직접 공격 시도를 탐지할 수 있습니다. 이러한 공격에는 많은 유사한 쿼리가 필요하기 때문에 각각 이전 입력에 대해 반복적으로 조정합니다. 예를 들어, 이미지 해싱을 통해 입력 유사성을 빠르게 감지할 수 있습니다. 이미지 해싱은 이미지에 '해시값'[18] 을 할당하는데 유사한 이미지에는 서로 가까운 해시값을 할당합니다. 물론 많은 양의 유사한 쿼리가 반드시 적대적인 것은 아

---

18 해시값을 입력의 유사성을 나타내지 않는 암호화 해시와 혼동해선 안 됩니다.

니므로 방어와의 관련성은 시나리오에 따라 달라집니다.

피드백 최소화

공격자는 쿼리에서 대상 시스템으로의 응답을 활용해 강력한 적대적 사례를 생성할 수 있습니다. 이러한 응답은 적대적 입력 자체를 개발하거나 대체 모델로 제작한 후에 적대적 입력을 테스트하는 데 사용할 수 있습니다. 쿼리에서 반환되는 유용한 정보의 양을 줄이면 적대적 입력을 생성하기가 더 어려워집니다. 즉 모델 점수가 공개되지 않고 오류 메시지에 불필요한 정보가 담기지 말아야 합니다.

비결정적 응답 제공

비결정적 응답은 공격자가 시스템의 세부적인 작동을 설정하지 못하게 하는 경우 매우 강력한 방어입니다. '무작위 드롭아웃 불확실성 측정'(10.1.4 참조)에는 이러한 접근법의 예가 나와있지만 운영 상황에 적합한 경우 비결정성을 광범위한 처리 과정에 도입할 수도 있습니다.

10.4 적대적 입력에 대항하는 강력한 방어 구축

10장에서는 적대적 입력을 탐지하거나 제거하기 위한 여러 가지 접근법을 소개했습니다.

신경망이 견고해질수록 공격도 정교해집니다. 이 지속적인 과정(공격자와 방어자의 '경쟁')은 멀웨어 탐지나 스팸메일 필터링의 진화 과정과 유사하며, 적대적 사례 환경 역시 사용 가능한 방어 수단과 함께 비슷하게 변화할 것입니다.

10.4.1 프로젝트 열기

확실한 방어법은 아니지만, 현재 시점에서는 적대적 공격을 탐색하고 공개된 방어 메커니즘을 확고히 함으로써 DNN 알고리즘의 견고성을 향상시켜야 합니다. 이 중 일부는 6장에서 언급했으며, 이외에 시작하기에 좋은 도구는 다음과 같습니다.

CleverHans

CleverHans는 방어를 개발하는 오픈 소스 라이브러리와 코드의 저장소입니다.[19] 적대적 사례에 대한 머신러닝 시스템 취약성을 벤치마킹합니다.

Foolbox

Foolbox는 방어법을 테스트하고 적대적 사례를 만드는 도구 상자입니다.[20]

IBM의 Adversarial Robustness Toolbox

이 라이브러리의 코드 저장소에는 공격, 방어, 탐지 방법이 들어있습니다. 또한 견고성 지표를 지원합니다.

Robust ML

Robust ML은 방어, 분석, 평가 학습법을 제공합니다.

Robust Vision Benchmark

Robust Vision Benchmark는 공격의 효과와 모델의 견고성을 테스트하기 위한 플랫폼을 제공합니다.

경연 대회

구글이 주관한 대회를 비롯해 여러 대회에서 적대적 공격과 방어 일반화에 동참하길 장려하고 있습니다.[21]

또한 많은 적대적 사례 문제와 캐글을 참조합니다.[22]

---

19 「Technical Report on the CleverHans v2.1.0 Adversarial Examples Library」(Nicolas Papernot et al., 2017), http://bit.ly/2Xnwav0.

20 「Foolbox: A Python Toolbox to Benchmark the Robustness of Machine Learning Models」(Jonas Rauber et al., 2018), http://bit.ly/2WYFgPL.

21 「Adversarial Attacks and Defences Competition」(Alexey Kurakin et al., 2018), organized as part of the Neural Information Processing Systems (NIPS) conference 2017, http://bit.ly/2WYGzy9.

22 가령 NIPS 2017와 같은 대회가 있습니다.

10.4.2 종합적 관점

방어는 DNN이 구축된 상황과 적대적 사례가 조직에 잠재적으로 미치는 위험에 따라 달라집니다. 인공지능이 데이터를 완전히 제어하고 신뢰하는 경우 적대적 입력으로 인한 공격 위험이 없을 수 있습니다.

적대적 사례에 견딜 수 있는 엔드 투 엔드 솔루션을 개발하려면 여러 가지 접근법이 필요합니다. 조직에서 단독으로 사용하는 모델(또는 여러 모델들)만이 아니라 '전체 시스템'도 고려해야 합니다. 일부 위협은 간단한 과정이나 처리 과정을 변경하는 것만으로도 위험을 줄일 수 있습니다.

예를 들어, 공격자에게서 능력(자원과 기술)을 제거하지 못할 수 있지만 공격자가 입력에 미치는 영향이나 대상 정보에 접근하는 권한을 제거함으로써 공격의 난도를 높일 수 있습니다. 이는 응답에서 부주의하고 불필요한 정보의 유출을 방지함으로써 이룰 수 있습니다. 물리적 공격의 위험이 있는 경우, 적대적 공격이 발생할 수 있는 물리적 영역의 모니터링과 같은 간단한 비기술적 조치로 위협을 제거할 수 있습니다.

실제로 많은 응용 프로그램에는 이미 인공지능 구성요소를 보호하는 추가 정보 보증(IA)이 있습니다. 예를 들어, 디지털 어시스턴트는 송금과 같은 영향력 있는 조치하기 위한 인증 요구 및 음성 명령에 대한 오디오 응답 제공과 같은 부주의한 명령을 방지하기 위해 추가 보안 레벨을 제공합니다. 다른 데이터 소스에서 얻은 정보를 통해 모델 출력의 정확성을 설정해서 위험을 줄일 수도 있습니다. 예를 들면, 카메라 데이터로 지식을 보강할 수 있지만 이미지 정보에 전적으로 의존하지 않는 자율 주행 차량입니다.

공격자가 완전한 지식을 가지고 있다는 가정하에 방어를 평가해야 합니다. 따라서 모델, 처리 과정, 방어에 대한 모든 지식을 바탕으로 공격할 수 있는 시스템의 견고성을 평가해야 합니다. 또한 평가를 수행할 때는 가장 강력한 공격을 감행해야 합니다. 이를 위해서는 공격과 방어의 최신 개발 기법에 대한 정보를 입수해야 합니다. 평가는 일회적으로 끝나는 것이 아니라 더 우수한 공격과 방어 기법이 개발될 때마다 함께 진행되어야 합니다. 평가는 전체 시스템에 대한 공식 평가와 사이버 보안 테스트를 결합해서 적대적 사례가 테스트에 대한 '레드블루'팀 접근법에 통합되어야 합니다.

종합적 관점에서는 기법으로 해결할 수 있는 방어에 대해서만이 아니라 그런 공격이 조직에 미칠 광범위한 영향을 이해하고 부적절한 대응을 예방할 방법 또한 이해해야 합니다. 예를 들어

DoS 공격은 감시 카메라 경보가 울리기 전에 사람이 공격을 감지해서 예방할 수 있습니다. 인공지능은 감시 데이터를 분류할 뿐이며 최종 결정은 인간의 몫입니다.

적대적 공격을 탐지할 수 있다면 대응책을 고려해보세요. 스팸메일을 처리하듯 로그만 남긴 채 공격을 무시하는 방법이 적절한 대응이 될 수 있습니다. 다른 상황에서는 더 적극적으로 대응하는 방법이 적절할 수 있습니다. 적대적 입력이 반복적으로 탐지되면 (가령) 이를 근거로 소셜 미디어 플랫폼에 대한 사용자의 후속 접근을 제한할 수 있습니다. 만일 적대적 입력이 매우 뚜렷하게 탐지된다면, 적대적 사례로 넘쳐나더라도 DoS 공격에 노출될 수 있는 방식으로 조직이 대응하지 않게 해야 합니다.

마지막으로, 적대적 입력을 탐지하고 처리하는 것은 머신러닝 모델이 보증하는 일부 기능에 불과합니다. 입력이 적대적이든 그렇지 않은 간에, 모델이 주어진 입력에서 안전하게 작동하는지 확인하는 것도 보증에 포함됩니다. 또한 정보 보증 시 고려해야 할 머신러닝에 대한 적대적 위협도 있습니다. 예를 들면 모델의 무결성에 영향을 미치는 훈련 데이터의 중독, 기밀 훈련 데이터를 추출하는 '리버스 엔지니어링' 등입니다.

## CHAPTER 11

미래 동향: 속지 않는 견고한 인공지능

지금까지 인간을 속이지 않는 인공지능을 속이는 기술을 배웠습니다. 사람이 보고 들을 때 착각을 한다는 약점을 잊지 말아야 합니다. 흥미롭게도 연구에 따르면 일부 적대적 사례는 시간에 구속되는 인간을 속일 수도 있습니다.[1] 반대로, 착시 현상은 신경망을 속일 수도 있습니다.[2]

이러한 사례들은 생물학적 인식과 인공적 인식에 다소 유사한 점이 있으나 적대적 입력은 딥러닝 모델이 생물학적 방식과는 다르게 데이터를 처리한다는 기본 원칙을 이용한다는 사실을 시사합니다. 딥러닝은 감각 입력을 처리하는 데 있어 사람의 능력에 버금가거나 이를 능가하는 모델을 만들 수 있지만, 이러한 모델은 인간이 실제로 시각과 청각 정보를 배우고 인식하는 방식과는 거리가 멀 것입니다.

딥러닝에서 인공적 인식과 생물학적 인식을 더 잘 융합할 수 있는 주목할 만한 연구가 진행되고 있습니다. 그러한 연구에 힘입어 인공지능은 적대적 사례에 대한 복원력이 더 우수해질 것입니다. 방법은 다음과 같습니다.

---

1 「Adversarial Examples that Fool both Computer Vision and Time-Limited Humans」(Gamaleldin F. Elsayed et al., 2018), http://bit.ly/2RtU032.

2 「Illusory Motion Reproduced by Deep Neural Networks Trained for Prediction」, Frontiers of Psychology(Watanabe Eiji et al., March 2018), http://bit.ly/2FkVxmZ.

11.1 윤곽을 인식해 견고성 향상하기

신경 과학자들과 심리학자들은 사람이 움직임과 물리적 탐험을 통해 우리를 둘러싸고 있는 주변 세계를 이해한다는 사실을 일찍이 알았습니다. 아기는 자신이나 물체의 움직임에 따라 달라지는 여러 각도에서 사물을 봅니다.

시각적 인식은 움직임과 시야각에 크게 좌우되므로 물체와 그 경계를 배울 수 있습니다. DNN이 객체의 윤곽에 더 중점을 두면 섭동 공격을 실행할 수 없습니다. 유사한 원리가 오디오에도 적용되는데, 특정 광범위한 시간 패턴과 상대적 피치가 이해를 결정합니다. 우리가 세상을 이해하기 위해 감각 데이터에서 추출하는 두드러진 특성은 DNN에 의해 추출되는 특성과 분명히 다릅니다.

가이호스와 그의 연구원들[3]은 이미지넷 데이터(예: 이미지넷 ResNet50)로 훈련한 합성곱 신경망은 객체의 윤곽선보다 이미지의 질감에 더 중점을 둔다고 주장합니다. 반대로, 인간은 결정을 내릴 때 물체의 모양에 더 중점을 둡니다. 연구원들은 모양과 질감 정보가 서로 상충하는 이미지넷에서 생성한 이미지로 이주장을 테스트했습니다. 예를 들어, 논문에서 인용한 [그림 11-1]은 질감과 모양이 서로 상충하는 이미지에서 ResNet50이 어떻게 질감을 분류하는지 보여줍니다.

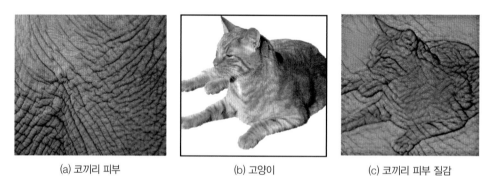

(a) 코끼리 피부   (b) 고양이   (c) 코끼리 피부 질감

그림 11-1 (a) 코끼리 피부 (b) 고양이 (c) 코끼리 피부 질감 단서가 있는 고양이의 ResNet50 분류(가이호스, 2019)

---

3 「ImageNet-Trained CNNs Are Biased Towards Texture; Increasing Shape Bias Improves Accuracy and Robustness」(Robert Geirhos et al., 2019), http://bit.ly/2N0FuB2.

연구원들은 훈련 데이터셋을 새로운 질감이 아니라 객체의 모양으로 라벨링된 훈련 데이터로 '양식화된' 이미지로 구성해서 새롭게 만들었습니다. 그리고 이 훈련 데이터셋으로 CNN을 재훈련시켜서 질감에 대한 편향을 줄이고 윤곽에 더 중점을 두게 할 수 있었습니다. 이 접근법은 분류기가 이미지 왜곡에 더 견고하다는 이점을 갖습니다. 왜냐하면 질감은 왜곡의 영향을 받는 경향이 있는 반면 객체의 윤곽은 비교적 안정적으로 유지되기 때문입니다.

신경망을 적대적 사례에 견고하게 만든다는 관점에서 이 연구는 전도유망합니다. CNN이 결정을 내릴 때 윤곽에 중점을 두면 이미지에 두루 있는 적대적 섭동의 영향을 덜 받을 것입니다.

11.2 다중감각 입력

신경 과학 이론에서는 뇌의 작용 원리에 대해 주목할 만한 새 아이디어를 제시합니다. 이 아이디어는 인간의 인식을 더 정확하게 모방하는 인공지능을 구축하는 새로운 접근법이 될 수 있습니다.

예를 들어, 인간의 뇌는 세계를 이해하기 위해 다중감각 입력(예: 시각, 청각, 촉각, 온도 감지)을 성공적으로 결합하는데, 다중감각 입력은 우리를 둘러싼 데이터를 지속적으로 검증합니다(다음 노트에 설명한 것처럼 틀릴 수 있더라도).

> **NOTE_ 맥거크 효과**McGurk Effect
> 뇌가 시각 정보와 청각 정보 모두를 바탕으로 말을 인식함을 보여주는 청각적 착각을 의미합니다.
> 상충하는 시각 정보(예: 누군가가 'fah' 소리를 내는 장면을 보여주는 비디오)와 쌍을 이루는 청각 자극(예: 누군가가 'bah' 소리를 내는 뇌는 청각 자극보다 시각 자극을 더 우선시하여 'fah' 소리를 듣습니다.
> 〈BBC Two〉 비디오 'Try The McGurk Effect!rHorizon: Is Seeing Believing?'를 보고 시연해보기 바랍니다.

인공지능 시스템은 진화하면서 출처가 전혀 다른 데이터(예: 센서 데이터와 비센서 데이터)를 더 많이 융합해서 인공지능 시스템이 세계를 제대로 이해하고 있는지 검증할 것입니다. 우리가 이 문제에 대한 자연의 접근법을 이해할 수 있다면 오디오와 이미지 같은 비정형 데이터를 융합할 때 고도의 정확도를 발휘하는 인공지능 시스템을 만들 수 있습니다.

호킨스와 그의 연구원들[4]은 '지능의 천 뇌 모델Thousand Brains Model of Intelligence'을 제시합니다. 그들은 신피질이 병렬로 작용해 감각 정보를 처리하는 '피질 기둥'이라는 많은 작은 뇌로 구성된다고 이론화합니다. 이 피질 기둥 각각은 이 세상의 물체를 완전히 이해합니다. 피질 기둥 각각은 시각 필드의 작은 영역이나 손가락 터치에서 나오는 특정 감각 입력을 수신하고 이 데이터를 이용해 물체를 규명하는데, 이때 감각 입력이 물체의 나머지 부분에 상대적인 입력의 위치에 따라 (예를 들어 컵이나 모자) 물체를 규명합니다.

연구자들은 누군가가 머그잔을 바라보면서 한 손가락을 머그잔에 터치하고 있을 때 감각 입력을 동시에 수신하는 피질 기둥의 사례를 제시합니다. 이 기둥은 머그잔을 터치한 손가락에서 발생한 '터치' 데이터를 수신하는 한편 또 다른 기둥은 머그잔의 다른 시각적 부위를 나타내는 시각 피질로부터 데이터를 수신합니다. 각각의 피질 기둥이 습득한 이 세상의 학습된 모델을 바탕으로 각 기둥은 감지한 물체의 정체와 그 물체에서 감지된 데이터의 위치를 교육받은 대로 추측합니다. 결과 정보는 모든 기둥에서 취합되어 물체가 무엇인지 결정을 하는데, 분쟁이 있을 경우 일종의 '투표 메커니즘'으로 결정합니다.

뇌가 물체 한 개에 대해 수천 개의 모델을 동시에 생성한다는 아이디어는 상위 레벨의 특성을 추출해서 객체에 대한 이해를 점차 높여가는 DNN의 엄격한 계층적 접근법과 매우 다릅니다. 또한 이 병렬 처리는 다양한 감각으로부터 다중 입력을 병합해 오류 복원력을 높일 수 있으며 맥거크 효과를 설명하는 하나의 방법이 됩니다.

11.3 객체 구성과 계층

천 뇌 이론에서는 뇌가 다른 물체들 내에서 물체의 구성을 처리하는 메커니즘을 설명합니다. 연구원들은 위치 정보에 따라서 피질 기둥이 변위를 이해하고 이에 따라 물체 간의 관계도 이해하게 된다고 상정합니다.

다른 연구자들은 대안적인 접근법을 소개하며 이미지 처리를 설명하는 주된 접근법으로 자리잡은 CNN을 재고할 것을 권합니다. 합성곱 층은 이미지 전체에서 특성을 추출하지만 그 특

---

4 「A Framework for Intelligence and Cortical Function Based on Grid Cells in the Neocortex」, Frontiers in Neural Circuits 12, 121 (Jeff Hawkins et al., 2018), http://bit.ly/2ZtvEJk.

성이 한 이미지 내에서 차지하는 상대적 위치에 기반해 학습을 하지는 않습니다. 예를 들어, CNN은 눈, 코, 입과 같은 특성 자체에 기반해 얼굴을 인식할 수 있지만, 그 특성들의 상대적 위치는 중요시하지 않습니다.

제프리 힌튼과 그의 팀은 이 세상에 있는 객체의 계층적 표현과 관계를 더 잘 공식화하기 위해 '캡슐 네트워크'를 제안합니다.[5] 이러한 관계를 캡슐 네트워크 계산의 핵심으로 삼음으로써 이 네트워크는 객체 구성요소들 간의 관계에 대한 이해를 통합해서 시야각에 상관없이 이미지 내 객체를 더 잘 이해하게 됩니다. 캡슐 네트워크는 이미지의 맥락을 이해하기 때문에 적대적 공격에 대해 복원력이 더 좋아짐을 나타내 보여줍니다.

11.4 마치며

신경 과학 인공지능 분야에서 융합은 초미의 관심사가 되고 있습니다. 뇌의 작용 원리를 더 잘 이해하게 되면 인공지능 방법론에 이러한 새로운 아이디어를 적용해서 결과적으로 인간 학습을 더 잘 모방하게 될 것입니다. 그러나 이와 동시에 인공지능 알고리즘이 우리의 뇌와 같이 약점에 취약하다는 사실을 암시합니다. 우리가 이를 방지할 정교한 전략을 프로그래밍하지 않는 한 말입니다. 신경 과학의 관점에서 인공지능은 뇌의 작용에 관한 가설을 테스트하는 방법을 제공합니다. 인간과 인공지능이 데이터를 잘못 해석하는 방법과 그 시점을 연구함으로써 융합의 발전에 기여할 수 있습니다.

인공지능이 생물학적 지능과 유사해질수록 인간과 기계가 속는 방법상의 불일치를 제거할 수 있습니다. 신경망이 진화하면서 인간의 인식을 더 잘 모방하게 되면 이미지와 오디오 적대적 사례는 아마도 과거의 뒤안길로 사라질 것입니다.

---

5 「Dynamic Routing Between Capsules」(Sara Sabour et al., 2017), http://bit.ly/2FiVAjm.

수식 설명

[표-1]은 이 책에서 사용한 수학 용어를 요약한 내용입니다.

표 A-1 수식 설명

수식	설명
x	스칼라를 나타냅니다.
$\mathbf{x}$	벡터를 나타냅니다.
$y = f(\mathbf{x}; \Theta)$	함수 f는 벡터 입력 x에 대한 결과입니다. 여기서 f는 매개변수 Θ에 종속됩니다. 이 책에서는 특정 입력에 대한 DNN 모델의 출력을 나타냅니다. f는 DNN 모델 알고리즘을 나타내고 Θ는 훈련 중에 결정된 매개변수를 나타내며 x는 모델 입력입니다.
$C(f(\mathbf{x}; \Theta), \mathbf{y})$	$f(x; \Theta)$와 벡터 y가 주어진 함수 C. 이 책에서는 필요한 출력 y와 관련하여 특정 입력에 대한 DNN 모델의 비용(또는 손실)을 나타냅니다.
$\mathbf{x}_i$	벡터 x의 요소 i.
$\dfrac{dy}{dx}$	x에 대한 y의 미분.
$\dfrac{\partial y}{\partial x}$	x에 대한 y의 편미분입니다. 여기서 x는 y에 영향을 미치는 변수입니다.
$\nabla_{\mathbf{x}} f$	나블라 기호(역삼각형)는 '기울기(gradient)'를 의미합니다. $\nabla_{\mathbf{x}} f$는 벡터 x에 대한 함수 f의 편미분 벡터를 나타냅니다. 간단히 말해서, x값의 아주 작은 변화가 함수 f에 미치는 영향을 의미합니다.
$\{1, 2, \dots L\}$	1에서 L까지의 숫자 집합입니다.
$\mathbb{R}$	실수 세트.
$\{x : P(x)\}$	$P(x)$가 참인 x의 모든 값 집합입니다. 여기서 $P(x)$는 부울 문입니다.

$\underset{x}{\arg\min}\ \{f(x):\ P(x)\}$	$P(x)$가 참이되도록 $f(x)$가 최소화 된 x를 반환합니다.
$x \in \mathbb{R}$	x가 실수에 속함을 나타냅니다.
$\|x\|_p$	벡터 x의 L^p-norm입니다(5.5.1 참조)
$\sum x$	모든 x값의 합계입니다.
$\sum_{x \neq t} x$	$x \neq t$ 인 모든 x값의 합.
ε	그리스 문자 ε(엡실론)은 극히 적은 양(무한한)을 나타냅니다.

INDEX

INDEX

INDEX